이미 시작된 미래사회 그리고 교회
FUTURE AND CHURCH

●● 박준호 ●●

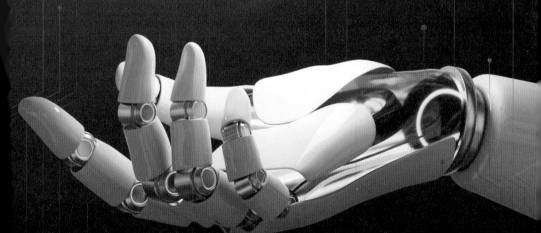

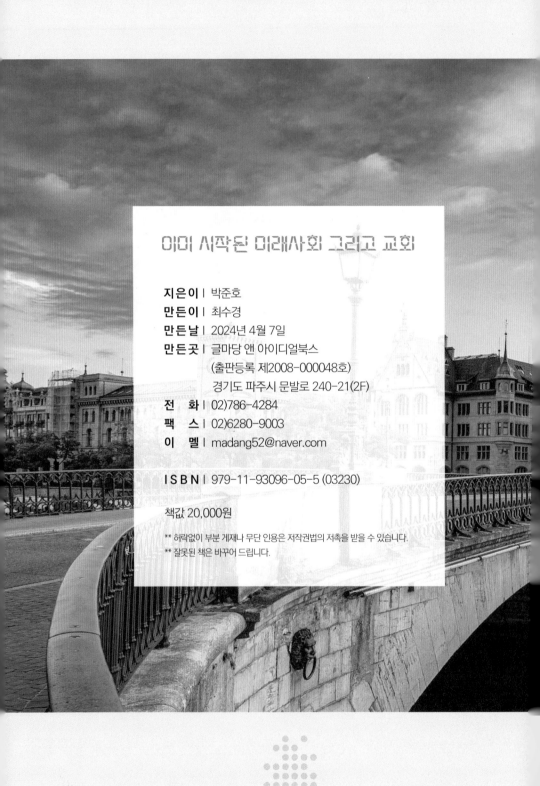

이미 시작된 미래사회 그리고 교회

지은이 ┃ 박준호
만든이 ┃ 최수경
만든날 ┃ 2024년 4월 7일
만든곳 ┃ 글마당 앤 아이디얼북스
　　　　　　(출판등록 제2008-000048호)
　　　　　　경기도 파주시 문발로 240-21(2F)
전　화 ┃ 02)786-4284
팩　스 ┃ 02)6280-9003
이　멜 ┃ madang52@naver.com

ISBN ┃ 979-11-93096-05-5 (03230)

책값 20,000원

교회가 무엇을 준비하고 대응해야 하는가를 제시

이영훈(여의도순복음교회 담임목사)

4차산업혁명은 인간의 육체가 아닌 지적 능력을 대신하는 기술의 발전이라는 점에서 이전의 변화와는 근본적으로 다릅니다. 1, 2, 3차 산업혁명은 육체노동이 기계로 대체되었다면 4차산업혁명은 사람의 두뇌를 인공지능이 대체하는 것입니다. 인공지능뿐 아니라 우주항공, 빅 데이터, 사물 인터넷, 나노 바이오, 가상현실 등 과학기술의 획기적인 발전은 지금까지 경험하지 못했던 새로운 변화를 가져오고 있습니다.

이처럼 급변하는 시대, 교회는 4차산업혁명의 실체를 이해하고 무엇을 준비하며 어떻게 대응하는지 알고 실천하는 것이 중요합니다. 변화에 잘 대처하고 새로운 기술을 활용할 줄 아는 사람이 다가오는 미래를 주도할 것이기 때문입니다.

『이미 시작된 미래사회 그리고 교회』에는 새로운 시대 교회가 무엇을 준비하고 어떻게 대응해야 하는지 제시하고 있습니다. 혁명적인 변화의 시대를 맞아 기독교의 설 자리가 어디인지 고민하는 분들에게 큰 유익이 될 것입니다. 박준호 박사님의 탁월한 통찰을 담은 이 책을 통해 4차산업혁명이 기독교인들에게 막연한 두려움이 아닌 새로운 부흥의 기회로 다가오게 되기를 소망합니다.

교회가 이 책을 통해
탁월한 적응력을 보이기를 기대하며

박시경 박사(그레이스신학대학교)

18세기 영국에서 시작된 산업혁명은 전 유럽을 충격의 도가니로 몰아넣었다. 물레를 돌려 베를 짜던 유럽인들은 영국의 거대한 방직기계를 보면서, 말이 끄는 마차만 보아왔던 유럽인들은 흰 연기를 뿜으며 달리는 증기 기관차를 보면서 벌린 입을 다물지 못했다. 그리고 그 산업혁명의 결과물이 유럽 대륙에 상륙하여 일반화되기까지 100여 년이 걸렸다.

제4차 산업혁명으로 불리는, IT를 기반으로 한 기술혁명은 세계인의 삶을 송두리째 바꾸어 우리의 의식구조, 가치관까지 급속도로 변화시키고 있다. 현재 60대 이상의 연령층에 있는 사람들은 광속으로 발전해 나가는 이 기술혁명이 자신들의 삶을 어느 방향으로 이끌고 있는지조차 가늠하기 어려울 정도로 가상현실과 자신들 사이의 괴리가 커지고 있다.

박준호 박사는 필자가 재직하고 있는 Grace Theological Seminary에서 2018년 문화교류학 박사학위 (Dr. of Intercultural Studies)를 받은 바 있다. 교회와 문화, 변화하는 세상 속에서 진리를 고수해야 하는 교회에 대해 지대한 관심을 가진 그가 '미래사회와 교회'에 대한 저술은 자연스러운 귀결이라 하겠다.

가까운 미래에 제5차, 6차, 7차 산업혁명을 내다보면서 이 지상의 그리스도의 교회는 어떻게 대처할 수 있는가 하는 문제는 목회현장에 있는 목사들을 긴장시키고 남음이 있다. 특히 2050년이 되면 가상현실과 현실 세계의 구분이 없어진다는 저자의 진단은 그리스도의 교회가 어떤 모습으로 변모해야 하는지 가늠하기조차 어렵다.

그러나 한 가지 확실한 것은 변하는 세상에서 변치 않는 하나님의 말씀을 전해야 하는 의무를 지닌 교회는 탁월한 적응력을 보일 것으로 의심하지 않는다. 지금과 형태는 다소 달라지겠지만, 인간으로서 태생적으로 지닌 죄의식, 소외감, 영혼에 관한 관심, 사후 세계…. 등은 N차 산업혁명 세대에게도 여전히 각자의 의식의 밑바닥에 남아있을 것이며, 저들은 절대자 하나님의 도우심을 필요로 할 것이다.

무엇보다 거의 200여 개에 달하는 참고문헌 리스트는 저자의 주장이 미래에 대한 주관적인 환상이 아니라 냉철한 팩트에 근거하고 있음을 보여줌과 동시에 본서에 대한 학문적인 수준은 물론, 그 주자에 대한 신뢰도를 높여주고 있다.
적절한 방법으로 준비하는 목회자들만이 미래 세대를 가장 효과적으로 주님께로 인도하게 될 것이다.

Dr. Stephen Park
Department of Intercultural Studies
Grace Theological Seminary

이 책을 통해 미래 동향에
큰 관심을 갖게 되기를...

다니엘 뉴먼 박사(아주사퍼시픽대학교)

일반적으로 그리스도인의 시간에 대한 지향은 독특하다. 우리는 역사상 가장 의미 있는 순간들, 즉, 창조, 십자가와 부활, 그리고 개인 신앙의 여정에서 겪은 중요한 경험을 되돌아본다. 또한, 현재에 살면서 모든 결정을 통해 하나님께 영광을 돌리려고 노력하면서 오늘에 기반을 두고 있다. 미래에 대해서도 생각하지만 주로 천국과 영원의 관점에서 생각한다.

목회자들과 기독교 지도자들은 하나님의 공동체에 헌신적이고 충실한 종이다. 그러므로 당연히 그들은 교회와 성도들의 즉각적인 필요에 관심을 쏟는다. 다른 일에 대해서 신경을 쓸 시간이 거의 없다.

그러나 우리에게는 실질적인 사각지대가 있다. 교회와 사역에 큰 영향을 미칠 미래 동향에 별로 관심을 기울이지 않는다. 저자는 바로 이것을 지적해서 우리에게 문을 열고, 앞으로 직접적으로 영향을 미치게 될 의미 있는 대화에 참여하도록 초대한다. 박사님의 분석한대로, 원하든 원하지 않든 앞으로 다가올 미래 트렌드를 우리는 틀림없이 만날 것이다. 문제는 작은 것이 아니며 앞으로 모든 기독교인에게 큰 조정이 필요할 것이다. 이미 시작된 재사회화에 어떻게 대응할 것인가? 사후에 반응하는 것보다 박 박사님이 우리 모두에게 다가올 사역 분야를 살펴보고 앞으로 하나임 나라를 가장 잘 수행할 수 있는 방법을 기도하는 마음으로 계획하도록 요청한다.

———————————

Daniel Newman, PhD
Director, Doctor of Ministry ProgramsProfessor, Department of Ministry

우리가 맞이할 미래사회를 대비하는
주제들을 다양하게 분석한 책

이상명 박사(미주장로회신학대학교 총장)

　가속화하고 있는 탈종교화 시대에 『이미 시작된 미래사회 그리고 교회』가 출간하게된 것은 유의미하고 시의적절하다. 저자는 크리스천 기자의 시각으로 미래사회를 진단하고 그것의 변화 추이에 교회가 어떻게 대처할 것인가를 광범위한 영역의 주제를 나루먼서도 실제적으로 논증하고 있어 독자로 하여금 관심과 흥미를 끌기에 충분하다.

　21세기 초입에 들어선 세계는 지금 '문명사적 전환'으로 지칭되는 격변의 와중에 놓여 있다. 2010년 이후 시작된 4차 산업혁명과 2019년 말에 발생한 장기 팬데믹의 여파는 우리 사회에 엄청난 변화를 초래하였다. '초연결성', '초지능화', '융합화'에 기반한 4차 산업혁명이 가져올 미래사회를 어느 누구도 정확히 예측할 수 없다. 다만 그것이 가져올 명과 암, 유토피아와 디스토피아 사이를 오가며 다양하고 첨예한 격론이 여전하다.

　팬데믹 이후 세계의 특징은 위기와 불확실성이다. 그 이후에 펼쳐질 미래사회의 전망도 여전히 유동적이고 예측 불가이다. 세상의 빛이 되어야 할 교회는 팬데믹 상황 한가운데에서 세상의 어떤

기관보다 더 큰 도전에 직면해 있으며 미래적 전망도 어둡고 혼란스럽다. 격변하는 미래사회에서 변화하지 않는 공동체는 도태된다. 하나님만이 우리의 궁극적 희망(ultimate hope)이라는 신앙고백과 함께 미래사회를 예측하여 대비하는 교회만이 다음 세대를 맞이할 수 있다.

미래사회에서 교회는 지속 성장할 수 있는가? 라이프스타일, 의식구조, 사회구조, 세계관과 영성을 이전과 다르게 급진적으로 변화시키고 있는 미래사회의 흐름에 교회는 어떻게 반응해야 하는가? 이 도전적 질문 앞에 저자는 『이미 시작된 미래사회 그리고 교회』를 통해 구체적 예시와 함께 우리 일상 안에서 이미 시작된 미래사회의 모습을 보여주면서 교회가 처한 현 상황에 대한 분석을 내놓는다. 급변하는 미래사회로부터 교회가 게토화 되지 않고 하나님의 비전과 선교 공동체로 제 역할을 감당할 수 있는 여러 참신한 방안도 제시한다.

이 책이 다루는 재사회화 현상, 통신, 의료, 운송, 스마트 커뮤니티, 가상화폐를 둘러싼 담론은 우리가 맞이할 미래사회를 대비하고자 하는 독자라면 누구나 관심있는 주제들이다. 미래사회 속 다음 세대를 준비하고자 하는 지성적 크리스천들에게 『이미 시작된 미래사회 그리고 교회』의 일독을 권한다.

TestamentPresbyterian Theological
Presbyterian Theological Seminary in America

미래사회를 대비하는 필독서

정성봉(세계기독교직장선교연합회 지도목사,
Caroline University 디지털농업경영학 교수)

우리는 이미 시작된 미래사회를 살고 있다. 정보통신기술(ICT)의 융합으로 이루어지는 차세대 산업혁명으로 초연결, 초지능, 초융합으로 대표되는 4차산업혁명의 산물들을 이미 활용하거나 경험하고 있기 때문이다. 인간의 두뇌작용과 같은 인공지능(AI : Artificial Intelligence), 생활 속 사물들을 유무선 네트워크로 연결해 정보를 공유하는 환경인 사물인터넷(IoT : Internet of things), 운전자가 브레이크, 핸들, 가속 페달 등을 제어하지 않아도 도로의 상황을 스스로 파악해 자동으로 주행하는 자율 주행차, 컴퓨터로 만들어 놓은 가상의 세계에서 사람이 실제로 같은 체험을 할 수 있도록 만드는 최첨단의 기술인 가상현실(VR : Virtual Reality), 조종사 없이 무선전파의 유도에 의하여 비행 및 조정이 가능한 드론(Drone)이 4차산업혁명의 핵심 개념들이다.

4차산업혁명의 시대에 주목받은 것 중의 하나가 O2O이다. O2O는 온라인과 오프라인이 결합하는 현상을 의미하는 영어단어다. O2O가 주는 의미는 온라인과 오프라인 영역의 융합으로 산업의 뚜렷한 경계가 무너져 기존에 활용되지 않았던 유휴자원, 즉 택시 공유, 숙박 공유, 차량공유 등이 가능하고 소비자가 중심이 되어 고객의 선택권이 많아지는 광역의 On－demand 경제를 열었다는 것이다. 배달의 민족, 카카오택시, 스타벅스 사이렌오더 등이 O2O서비스의 예들이다. 앞으로 더욱 다양한 형태의 비즈니스 모델이 등장할 것이다.

미래사회는 크로스오브와 컨버젼스가 가속화되어 산업의 영역에서는 나의 경쟁자가 누군지 모르게 되고 제품이나 서비스의 선택기준도 많이 변화될 것이다. 예를 들어 신발업계의 경쟁자가 너무 재미있는 게임을 만들어 사람들이 실내에서 게임에만 몰두하게 하는 게임업계가 될 수 있고 자동차 구매시 연비나 디자인보다는 고객 서비스를 위해 넷플릭스와 제휴를 맺은 자동차 회사가 시장의 강자로 부상할 수 있으며 스타벅스가 만일 금융서비스를 시작한다면 금융업계는 큰 도전에 직면하게 될 것이다.

이렇게 변화무쌍한 시대, 미래사회에서 교회는 무엇이며 어떻게 하여야 하는가에 대한 답은 저자가 이미 언급한 출애굽기 3장 5절 "네가 선 곳은 거룩한 땅이니 네 발에서 신을 벗어라"에서 답을 찾고 싶다. 우리가 살아가야 할 4차산업혁명의 시대와 그 이후에도 하나님이 임하시면 그곳이 곧 거룩한 시공간이 된다. 성도는 어느 때 어느 곳에서도 성도로서 역할을 다함으로써 다스리고 정복하라는 명령을 이행하면 된다.

이 책을 통하여 지식의 깊이를 더하고 스며있는 영성이 공유되기를 바란다.

INDEX

INDEX

INDEX

시나리오 2050년 우리사회

"

　아침이 밝았다. 전날 밤 늦게까지 호라이즌 워크룸(오큘러스의 VR 헤드셋을 끼고 참여하는 가상 회의룸으로 사용자가 사용하는 노트북이나 태블릿과 연동할 수 있어, 타이핑을 치면 워크룸에서도 똑같이 구현된다. 실제로 내가 동료를 향해 팔을 흔들어 인사를 건네면, 가상 회의장 속 아바타도 똑같이 행동한다.[1]

　가상회의룸에서 서울과 부산, 그리고 댈러스에 있는 바이어와 비즈니스 미팅을 가졌던 마크가 있는 곳은 캘리포니아 패서디나 인근 비아마리솔 어느 콘도이다. 미 서부시간으로 밤 11시까지 미팅을 가졌던 탓에 온몸은 녹초가 되어있다. 다행히 아침 인공지능 비서 알렉사가 아침을 깨워주었다.

　바쁜 일상 속에 여차하면 식사 때를 놓치기가 부지기수인 그의 아침은 홀푸드마켓에서 제공하는 아침메뉴를 아마존의 로봇 배달부를 통해 제공받고 있다. 오늘은 오전 11시에 뉴욕 맨해튼과 시카고, 그리고 애틀랜타에 있는 바이어와 미팅이 잡혀있다. 독실한 기독교 신자인 마크에게 있어서 일요일 오전은 반드시 교회에 가서 예배에 참석하는 것이었다.

1　박혜섭, 〈업무용 메타버스 '호라이즌 워크룸' 첫 도입한 페이스북.. '혁신' '불필요' 갑론을박〉, 2021년 8월 23일 AI타임스

10년 전인 2040년 설립한 시온 코퍼레이션에서 야심차게 준비한 일명 에덴 프로젝트의 세 번째 결과물인 카우비프는 소의 배양육을 통해 실제 소고기와 동일한 맛을 낼뿐만 아니라 영양소도 더 많으며 저칼로리인 고기를 생산하여 소비자들에게 맛있는 식사를 제공하는 것이다. 2010년을 전후로 배양육을 이용한 대체고기를 만드는 업체가 증가해왔고 대체고기 업종은 해마다 발전해왔다. 2050년에는 환경뿐만 아니라 실제 고기보다도 뛰어난 맛과 영양을 제공하는 고기를 만들어 업계에서는 만약 노벨상에 먹거리 분야가 있었으면 분명히 시온 코퍼레이션이 노벨상을 수상하게 될 것이라는 평가를 받게 되었다.

주일성수를 반드시 지켜야 하는 가정에서 자란 마크는 웬만하면 일요일 오전에는 아무런 약속을 잡지 않으려고 한다. 하지만 새로운 프로젝트에 참여하면서 교회에 나가 예배드리는 것이 쉽지 않게 되었다. 아쉬운 대로 교회에서 제공하는 교회앱을 통해 예배를 드리기로 결정하고 사이버예배 공간으로 들어갈 준비를 시작했다. 비록 예배당에 직접 찾아가지는 않지만 예배자로서 정결한 마음을 갖고자 샤워실로 향했다.

예배시작 전 30분, 마크는 자신의 작업실에 설치된 XR룸으로 들어간다. 30년 전인 2020년 전 세계를 강타한 중국발 바이러스로 인해 회사로 출근이 아닌 재택근무 체제로 전환이 된 이후 재택근무 시스템의 지속적인 발전으로 굳이 회사로 출근하지 않아도 충분히 일을 할 수 있게 된 세상이 되었다. 얼마 전까지만 해도 안경 모양으로 된 디바이스를 착용해야 했던 시절이 있었지만 현재는 굳이 안경 착용을 하지 않더라도 실제로 만나야 하는 자들과의 만남이 자연스럽게 이루어지고 있다.

XR룸에 설치된 디바이스를 켜자 AI 비서인 자비스가 "은혜로운 예배시간이 되시길 기도합니다"라고 인사를 한다. 교회앱을 통해 입장한 교회는 실제 교회모습과 싱크로율 100%를 보여주고 있다. 2050년 3월 둘째 주일 교회의 모습은 오늘은 목사님으로부터 어떠한 은혜의 말씀을 받게 될지 기대에 찬 교인들로 가득 차 있다. 교회앱을 통해 교회에 도착한 마크는 이미 교회에 도착한 또래 및 장로님과 목사님과 한 주간 있었던 일들에 대해 대화를 나누었으며 홀로그램으로 보여지는 마크의 모습은 실제 모습 그대로여서 대화하는데 전혀 어색함이 없었다. 예배시간이 되자 각자 자리로 향했다.

2020년부터 시작된 중국발 바이러스는 지속적인 변종의 발생으로 인해 거리두기를 해야 하는 실정이었다. 다행히 교회앱을 통해 예배당을 찾은 마크와 같은 교인들은 거리주기로 비어있는 자리에 앉아서 함께 예배를 드렸다. 강단에서 선포되는 말씀에 박수를 치기도 하고 아멘으로 화답하기도 하는 등 예배는 그야말로 은혜의 홍수 속에 진행되었다.

예배가 마친 후 정해진 미팅시간이 가까이 왔음을 느끼며 마크는 목사님과 농료들에게 인사를 하고 앱을 송료했다.

교회앱에서 나온 마크에게 인공지능 비서인 자비스는 바이어들과 미팅 시간이 10분정도 남았다고 알려준다. 그리고 하루전날 챗봇GPT 버전 50으로 작성된 프레젠테이션 자료를 바이어들에게 전송했다. 오늘 미팅은 구글어스10(Earth10)에 마련된 제주도 서귀포에 세워진 리츠칼튼 호텔 회의실에서 갖게 된다.

99

지금까지의 이야기는 필자가 예상한 2050년에 펼쳐질 사회의 모습에 대한 이야기이다. 실제로 이와 같은 세상이 눈앞에 펼쳐질 것이라 단정하기는 어려우나 4차산업혁명이 시작되고 관련 기술의 발달을 볼 때 충분히 가능한 시나리오다. 특별히 2019년 중국

허베이 성 우한에서 시작된 코로나19 바이러스(당시 우한 폐렴이라 불리었음)로 인해 4차산업은 예상보다 빨리 발전했다. 우리는 2022년까지 코로나19 팬데믹을 경험해야 했으며 팬데믹 상황이 발생하자 트위터가 처음으로 본격적인 원격 재택근무를 착수했으며, 언론사를 비롯한 특수업종을 제외하고는 모두 재택근무 체제로 전환이 되었었다. 그리고 외식업 역시 식사 서비스가 제한이 되는 불편함을 겪게 되었다.

팬데믹 기간 벌어졌던 일을 생각해보면 다음과 같다. 미국 캘리포니아 주 LA카운티는 2021년 1월 29일부터 야외식사 서비스를 시작했으며 5월말부터는 식당 내 식사 서비스 제공과 미용실, 이발소 영업이 재개되었다. 텍사스 주의 경우 주지사의 행정명령에 따라 2020년 6월 식당들이 영업을 재개했다. 그리고 H마트의 푸드코트 입점 업체들도 6월 초부터 단계적으로 매장 내 음식 판매를 재개했다. 종교기관의 경우를 생각해보면 교회에서 갖는 예배 모임은 2021년 5월말부터 현장예배가 재개가 되었지만 여전히 사회적 거리두기로 인해 예배당에 모일 수 있는 인원이 한정되었으며 면역력이 약한 노년층의 예배참석은 불허되거나 제한적으로 참석이 허용 되었다. 하지만 팬데믹 기간 동안 매일 발생하고 있는 바이러스 확진자와 사망자에 대한 소식이 사람들의 마음에 불안감을 심어주게 되었다.

기자로 활동하고 있는 필자가 접했던 미국 남가주 한인커뮤니티에서 나오는 이야기는 모이기에 힘쓰라는 말씀, 그리고 예배당 중심의 예배를 선호하는 한인들의 심리가 온라인 예배로 만족하지 못하고 있다는 것이었다. 필자가 만났던 목회자들은 현장예배의 필요성을 강조했으며 팬데믹 이전의 모임이 재개되는 날이 오기

2020년 7월5일 현장예배를 재개한 뉴욕장로교 회 예배 모습.(사진: 미주한국일보) 2)

2020년 7월12일 사회적 거리 두기를 지키며 현 장예배를 재개한 메릴랜드 콜롬비아에 위치한 가든교회(사진: 미주한국일보) 3)

를 바라고 있었다. 현장예배가 재개된 후에도 정부 방침에 맞추어 예배당 크기에 맞춰 예배 참석자의 숫자를 조정하거나 주차장에서 드리는 예배를 실시하게 되었지만 두 번째 행정명령으로 다시 예배가 온라인으로 진행되는 상황을 맞게 되었다.

코로나바이러스19로 인한 팬데믹 현상은 앞으로도 지속될 것으로 보인다. 2003년 사스사태, 2003년 사스사태(SARS: Severe Acute Respiratory Syndrome), 2016년 메르스 사태(MERS)에 이은 2019년에 코비드19이 발생하였으며, 이미 엔데믹으로 인한 위드코로나(With Corona) 시대를 살아가고 있는 2023년은 더 이상 실내 출입이 제한되는 일은 발생하지 않지만, 지금도 코로나19 바이러스에 감염되는 자들이 나오고 있는 것을 불 때 앞으로 이와 비슷한 전염병은 주기적으로 나타날 것으로 예상된다. 전염병이 퍼지기 전부터 세상은 디지털 시대로 전환이 되고 있었다. 2019년에 발발된 코로나19로 세상은 봉쇄가 되었으며 봉쇄 기간 중 일과 교육에서 사회화에 이르기까지 대부분의 일을 하는 데 있어 인터넷에 전적으로 의존하게 되었다.4)

---

2 http://ny.koreatimes.com/article/20200710/1318888
3 http://dc.koreatimes.com/article/20200713/1319173
4 클라우스 슈밥.『클라우스슈밥의 위대한 리셋』221

교회의 경우 온라인 예배 등 비대면 예배에 대한 교인들의 만족도가 저하되고 있는 상황이지만, 현장예배 재개 후 바이러스 감염에 대한 염가상황고려로 대면예배에 대한 염려, 그리고 이미 익숙해져 버린 온라인 예배로 인한 교회출석이 감소하고 있다는 소식들을 접하게 된다. 많은 목회자들이 대면예배에 대한 중요성을 강조하지만, 코로나19 이전의 상태로 돌아가는 것은 요원해 보인다. 따라서 이와 같은 상황 속에서 온라인 예배에 의존하기 보다는 안전한 현장예배 혹은 현장예배에 준하는 예배의 도입이 시급하다.

코로나19 팬데믹 사태가 일어나지 않았다면 인공지능을 중심으로 만들어질 미래 시장은 최소 3~5년, 최대 10년 정도는 시간이 더 필요했을 것이다. 코로나19로 인해 전 세계는 강제로 기존의 국가 운영방식, 기업 경영 및 근무 방식을 바꿔야 했으며 투자시장의 흐름도 바꾸었다. 개인도 자기개발부터 의식주에 이르기까지 오랫동안 익숙했던 대부분의 생활방식을 바꿔야 했다.[5]

팬데믹 기간동안 필자는 4차산업혁명이 어떻게 발전되어갈 것인지에 관심을 가지고 각종 자료들을 찾아보기 시작했다. 유튜브(YouTube)를 비롯해 각종 신문기사, 그리고 4차산업혁명, 메타버스 등 여러 저자들의 글들을 살펴보았다. 4세대(LTE) 이동통신에서 5세대(5G) 이동통신으로의 전환, 그리고 6세대(6G) 이동통신의 도입 소식과 일론머스크의 스타링크에서 쏘아 올리는 저궤도 위성 등으로 인한 정보통신의 발달과 스마트 기기의 보급률 확산, 그리고 디지털 원주민이 되어있는 다음 세대(MZ세대, 알파세대)가 사회의 중심에 서게 되는 시점을 주목하며 이 글을 풀어나가려고 한다.

---

5 최윤식. 「메타도구의 시대」. 150

또한 4차산업혁명 발달로 인해 교회에서의 모임과 사역을 비롯한 교회에서 대응해야 할 것에 대해 함께 생각할 수 있게 글을 쓰려고 한다. 글은 매장마다 2050년 혹은 2030년 이후 우리가 사는 지역사회를 비롯한 세계 곳곳에서 일어나게 되는 발전된 예상되는 문명의 사회를 언급하려고 한다. 여기서 등장하는 사람들은 모두 필자가 고안해 낸 인물이며 실제 인물이 아님을 밝혀두는 바이다. 그리고 교회로 대표되는 종교기관에서 벌어지게 될 이야기를 예상해보고자 한다.

제 1 장
재사회화 현상 I

66

제니는 내일 저녁 모처럼 뉴욕 브로드웨이에 있는 뉴 암스트롱 극장에서 학교 친구들과 <라이온 킹>을 보기로 했다. 1997년 11월 13일 뉴 암스트롱 극장에서 공식적으로 초연을 한 <라이온 킹>, 이번 공연은 <라이언 킹> 53주년을 맞이하여 열리는 만큼 제니의 학교 친구들과 함께 공연을 보기로 했다. 그동안 포트나이트에서 모임을 가져왔었는데 모처럼 오프라인에서 만남을 갖기로 했다. 그리고 <라이언 킹> 공연이 마친 후에는 극장이 있는 타임스퀘어에서 즐거운 시간을 보내기로 했다. 제니는 내일 모임을 위해 어제 메타버스 플랫폼인 포트나이트 버전 5.3에 입점해 있는 몽클레어(Moncler)에서 모자와 신발, 그리고 재킷을 구입했다. 그리고 아미 파리스(Ami Paris)의 셔츠와 청바지를 구입했다. 이렇게 구입한 옷과 신발을 포트나이트에 있는 자신의 아바타에 입혔다. 아바타의 모습이 제법 마음에 들었다. 어제 구입한 옷, 모자, 신발은 오늘 오후에 집으로 배달이 되었다. 배달은 포트나이트와 계약을 맺은 아마존에서 하게 되었으며 배달 전문 로봇이 제니의 집 앞까지 주문한 물건들을 가져다주었다. [6]

문화인류학자이자 제니의 할아버지인 마이클은 제니가 모처럼 타임스퀘어에서 친구들과 모임을 한다는 이야기를 그의 며느리이자 제니의 어머니인 아

---

6 최두옥. 스마트워크바이블. 293

리아나에게 들은 뒤 자신이 20대 시절을 회상했다. 당시는 2000년이었고 4차 산업혁명, 메타버스, 자율주행자동차, 웹3 등 현재 그가 사는 2050년에는 매우 익숙한 그러나 당시는 상상도 할 수 없는 시절이었다. 2000년은 밀레니엄 버그 이슈가 막 지나갔던 시기였다. 가상현실과 실제 현실이 한데 어우러진 2050년은 7세대(7G) 통신 시대가 시작되어 상상 속에서 그려졌던 많은 일들이 실제 직업이 되고 활성화가 되었지만, 당시는 인터넷을 사용하는 동안 전화를 사용하지 못해 지인들에게 전화 통화하기 어렵다는 야단을 많이 맞아야 했다. 물론 DSL(Digital Subscriber Line) 서비스를 가입하여 사용 중인 가정은 이러한 어려움을 겪지 않게 되었지만, 많은 가정이 같은 이유로 전화 통화하기가 어려웠다. 또한 싱귤러, GTE 등 역사 속으로 사라져 지금은 생각나지도 않은 이동통신회사들이 떠올랐다. 전화기 역시 노키아의 전성시대였다. 스마트폰의 등장으로 휴대전화 시장의 판도가 바뀌기 전까지 노키아의 아성을 무너뜨릴 회사는 존재하지 못했었다.

마이클의 손녀인 제니는 현재 메사추세츠공대(MIT)에서 다차원 무대 연출을 전공하고 있다. 요즘은 굳이 대학교육을 통한 학위를 취득해야 심도 있는 전문가가 될 수 있는 시대가 아니며, 관심 있는 분야는 원격교육을 통해서 얼마든지 만족스러운 지식습득이 가능한 시대이다. 그럼에도 불구하고 제니가 친구들과 함께 뉴욕에서 공연 관람을 하고 타임스퀘어에서 시간을 보내는 것은 미국 공연의 역사 과목에서 50년 전인 2000년 브로드웨이 공연문화체험을 메타버스가 아닌 실제로 체험하는 수업의 일환이었다.

모처럼 가상의 세상이 아닌 현실 세계에서 자기 손녀인 제니가 모임을 갖는 소식을 접한 마이클 박사는 자신이 청년 시절인 2000년 미국의 모습을 떠올렸다.

2000년 당시 바이올라대학교에 재학 중이었던 마이클은 강의실에서 수업을 들었던 일, 시험 기간이면 도서관에서 시험공부를 해야 하는데 아시아계 학생 중 특히 한국에서 유학해 온 학생들이 좋은 자리를 차지해 도서관 바닥에 앉아서 시험공부를 해야 했던 일들이었다.

지금이야 텀페이퍼를 AI를 비롯한 다양한 방법으로 제작하여 전송하지만 마이클이 재학하던 2000년에는 타이핑한 내용을 프린팅한 뒤 스테이플로 엮어서 마감시간 내에 담당교수에게 제출해야 했다.

1988년산 폰티악 그랑프리

기말고사가 마쳐지고 방학이 시작되었다. 마이클은 친구들과 함께 요세미티국립공원에서 캠핑을 3박 4일간 하기로 했다. 남가주 플라센티아에 거주 중인 그는 장거리 운전을 위해 1988년산 폰티악 그랑프리를 사동차정비소로 가져다 점검을 했다. 마침 스모그체크도 해야 하고 엔진오일도 교환해야 했다.

1988년산 폰티악 그랑프리 요세미티 국립공원 캠핑그라운드에서 캠핑하기 위해 한 달 전 전화로 예약했다. 요세미티의 경치는 그야말로 예술이었다. 마침 UC샌프란시스코에 입학한 마이클의 사촌 찰스가 합류하여 아름다운 자연 속에서 즐겁게 지냈다. 학부 졸업을 1년 정도 남겨둔 시기라 자연 속에서 갖게 되는 시간은 마냥 즐거운 것이 아니었다. 졸업 후 대학원으로 갈 것인지 취업을 할 것인지, 학교에 입학했을 때 세웠던 계획대로 진행할 것인지, 아니면 변경을 할 것인지에 대한 고민을 서로 나누었으며, 무엇보다 학자금 대출을 어떻게 해결해야 할 것인지도 고민이었다. 마침 이번 캠핑에 함께 한 마이클의 한국인 친구 케빈은 UCLA에서 ROTC로 임관하여 학자금 문제를 해결했다. 케빈은 아버지가 부에나팍에서 작은 교회를 개척한 목사이기에 자녀의 대학 입학은 매우 큰 부담이었다. 세리토스에 있는 위트니고등학교를 우수한 성적으로 졸업할 정도로 학업성취도가 높았기에

UCLA 진학은 모두가 당연시했다. 사실 케빈은 미 동부 아이비리그로 진학을 하고 싶었다. 그가 가고 싶었던 학교는 브라운대학교이고 공부하고 싶은 학과는 경제학과였다. 하지만 다른 주로 진학하면 들어가는 학비는 매우 부담이 되었기에 미 서부의 명문인 UCLA로 진학하게 되었다.

넷플릭스에서 수석 에디터로 근무하고 있는 나탈리는 그녀가 USC 영화학과를 졸업하고 드림웍스에서 3년, 디즈니에서 2년을 근무한 뒤 현재 넷플릭스에 스카우트되었다. 나탈리의 아버지인 에드워드는 자신이 골드만삭스에 입사하여 65세에 은퇴할 때까지 근무했었다. 그가 퇴사하던 때 근무를 했던 곳은 골드만삭스 LA지점이었고 그의 직책은 부지점장이었다. 수많은 경쟁을 뚫고 일하던 시절, 그리고 짧은 근무연수가 자신의 커리어에 도움이 되지 않는 분위기 속에서 일했던 그와는 달리 MZ세대인 그의 딸 나탈리는 2년, 3년 정도의 경력도 적지 않다고 생각하고 있다.

즉 짧은 연수의 근무 기간이 더 이상 터부시되지 않는 시대가 된 것이다. 장기근속이 본받아야 하는 시대는 이미 지나갔으며 MZ세대들에게 직장은 소위 뼈를 묻어 충성할 곳이 아니라 평생을 가져갈 커리어 프로세스 중 일부이기에 자신이 하고자 하는 업종과 관련된 직장 중 자신에게 적합한 직장에서 일하는 환경이 되었다.

인류의 탄생에서부터 현재까지 우리 인간사회는 수많은 형태의 사회를 경험했으며, 수많은 재사회화를 경험했다. 구석기 문명에서 신석기 문명, 그리고 청동기를 거쳐 철기시대까지 재사회화의 연속이었다. 우리가 어린 시절 학교에서 배웠던 과학교재 속 인간의 진화과정을 보더라도, 그리고 성경에서 창조부터 이어온 이야기를 보더라도 재사회화 현상을 쉽게 목격할 수 있다. 2020년 발발한 코로나19 팬데믹으로 인해 사회가 급격히 변화를 맞이하게 되었다. 팬데믹을 지나 엔데믹을 맞이한 사회 속에 전 세계인들이 살아가게 되었다.

특별히 4차산업혁명이 도래했을 뿐만 아니라 코로나19 시대를 지나면서 인간의 사고 전환이 일어나게 되었으며 재택근무의 일상화로 인해 사회구조가 변화되었다. 미국의 공상과학 소설가인 윌리엄 깁슨(William Gibson)은 "미래는 이미 와 있다. 단지 널리 퍼지지 않았을 뿐이다"라고 말했으며 마이크로소프트 CEO 사티아 나델라(Satya Nadella)는 "우리는 과거 2년간 이뤄지던 디지털 전환이 2개월 만에 이뤄지는 것을 목격하고 있다. 원격 팀워크 노동 및 원격 학습, 영업 및 고객 서비스, 중요한 클라우드 인프라 및 보안에 이르기까지" 코로나19로 인해 디지털 전환이 빠르게 진행하고 있다고 말했다.[7] 이들이 언급한 것처럼 2019년 말에 발발한 코로나19로 인해 우리가 사는 사회 시스템은 디지털 전환에 급격한 가속도가 붙었다. 원격 근무와 원격교육이 도입되었으며 원격진료도 허용되었었으며 정부 회의와 학술적 미팅은 인터넷 미팅으로 진행이 되곤 했다.[8]

미래학자인 최윤식 박사는 2030년이면 인간과 로봇의 경계 파괴가 시작되며, 현실과 가상의 경계가 완전히 파괴되어 현실에 사는지 가상에 사는지는 큰 의미가 없어지게 된다고 언급했다. 즉 현실 의식과 가상의식의 경계도 파괴되고, 실제 인간과 가상 인간(아바타)의 경계도 파괴된다고 전망했다.[9] 영국 옥스퍼드대학교의 칼 베네딕트 프레이 교수와 마이클 오즈번 교수가 2013년에 실시한 미국 내 703개 직종의 자동화(수학적 알고리즘이나 기계적 자동

---

7   Jared Spataro, 〈2 years of digital transformation in 2 months〉, 2020년 4월 30일
8   윤기영, 이명호, 『뉴노멀』 서울: 책들의 정원. 23
9   최윤식. 『당신 앞의 10년 미래학자의 일자리 통찰』 161

화) 노출 위험도 평가 논문 〈고용의 미래: 직업이 얼마나 전산화에 민감한가?〉에서 2010년에 존재했던 미국 내 일자리 중 47%가 사라질 위험에 처해있다고 언급했다.

2016년 같은 분석 방법으로 한국의 고용정보원도 한국 내 고용시장의 미래를 예측한 〈기술 변화에 따른 일자리 영향 연구〉에는 2025년이 되면 2016년 일자리 기준으로 71%(대략 1,740만 명)가 자동화로 대체될 위험군에 속한다고 조사가 되었다.[10] 인공지능(AI) 같은 혁신 기술을 활용하는 기업이 늘면서 앞으로 5년간 세계에서 일자리 1,400만 개가 줄어들 것이라는 전망이 나왔다. 이는 급속도로 발전하는 AI 기술이 노동시장에 큰 변화를 가져오면서 특정 직군에서 대량 실직 사태가 벌어질 수 있다는 우려도 커지고 있다. 2023년 5월 1일 세계경제포럼(WEF)이 세계 45개국 803개 기업에 대한 설문조사를 토대로 작성된 '미래 직업 보고서 2023'에 따르면 2027년까지 일자리 8,300만 개가 사라지고 6,900만 개가 창출될 것으로 추정된다.

AI 기술은 아직 완성되지 않았고, 전문가들조차 정확히 무슨 일이 벌어질지 모르는 상황이다. AI 기술의 약점과 한계를 명확히 드러내고 이용자들에게 주지시켜야 할 이유다. 게티이미지

순감 일자리 1,400만 개는 전 세계 일자리의 약 2%에 해당한다. 보고서는 일자리 감소가 클 것으로 예상되는 직군으로 은행원과 티켓 판매원, 데이터 입력 사무원 같은 기록 관리 및 행정직을 꼽았으며 해당 분야에서 5년간 일자리 2,600만 개가 줄어들 수 있다는 것이다. 데이터 입력 사무직은 일자리 800만 개가 감소할 것으로 예상됐으며 은행 창구 직

---

10 김상하, 〈'10년 후에도 당신이 일자리를 가지고 있을 확률'〉. 2019년 5월 28일 프레시안

원 및 관련 사무직도 10년 이내 약 40% 줄 것으로 예측됐다. 조사 대상 기업의 75% 이상은 '향후 5년 이내 AI, 빅데이터, 클라우드 컴퓨팅을 채택할 계획'이라고 답했다.

이에 따라 AI 기술을 구현하고 관리할 개발자나 과학자, 데이터 분석가 그리고 기계학습 및 사이버 보안 전문가 고용은 30% 늘어날 것으로 전망됐다. 실제로 많은 일자리가 AI로 대체되고 있다. 아르빈드 크리슈나 IBM 최고 경영자(CEO)는 "5년간 업무 지원 부서 직원 2만 6,000명 중 30%를 AI로 대체하거나 자동화하겠다"라며 "고용확인서 발급 및 부서 인사이동 같은 일상 업무는 자동화할 가능성이 크다"라고 말했다.[11] 국제연합(UN)에서 발표한 미래 보고서에는 2030년까지 현재 직업군의 80퍼센트에 해당하는 20억 개의 일자리가 사라질 것이라는 예측이 담겨 있다.[12] 2016년 1월 '제4차 산업혁명'을 주제로 열린 46차 세계경제포럼(WEF, 다보스포럼)에서는 인공지능, 로봇공학, 사물 인터넷, 자율주행차, 3D 프린팅, 바이오 기술 등 미래 신기술로 인해 5년 이내에 전 세계에서 710만 개의 인간 일자리가 사라질 것이란 전망을 하였다.[13]

이처럼 많은 미래학자가 AI(인공지능) 시대에 접어들면서 일자리에도 큰 변화가 생길 것이라고 이야기하고 있다. 실제로 우리가 느끼지 못하는 사이에도 AI 기술은 빠른 속도로 발전하고 있다. 이미 세계 경제 포럼(WEF, World Economic Forum)이 발표한 '직업의 미래(The Future of Jobs)' 보고서에서 2022년까지 약

11 윤다빈. 〈"AI로 향후 5년간 일자리 1,400만 개 소멸, 은행원-데이터 입력 사무직 등 대체할 것"〉. 2023년 5월 3일 동아일보
12 박영숙, 제롬 글렌. 『세계미래보고서2022』 152
13 박지훈, 〈"AI 시대 사라질 직업 탄생할 직업"〉. 2019년 5월 2일 매일경제

7,500만여 개의 일자리가 사라지고 2025년에는 기계(AI)가 전체 업무의 52% 이상을 맡을 것으로 전망한 바 있다.[14] 구글이 선정한 최고의 미래학자 토머스 프레이 박사는 "2030년까지 20억 개의 일자리가 사라질 수 있다"라고 예측했으며 일본의 노무라연구소도 자국에 존재하는 600개 직업 중 49%가 인공지능과 로봇으로 대체될 것이라는 예측하였다.[15]

세계경제포럼 클라우스 슈밥 회장은 인재 부족, 대량실업, 불평등 심화 등 바람직하지 않은 쇠퇴의 시나리오를 막기 위해서는 기업이 재교육과 기술개발을 통해 기존 인력을 지원하는 데 적극적인 역할을 하는 것이 중요하다며, "고객 서비스 종사자나 영업 및 마케팅 전문가와 같이 뚜렷한 '인간적' 특성을 바탕으로 한 역할에서도 성장세가 기대된다"라고 말했다.[16]

국가 간 인구 이동이 확대되면서 다문화 사회로의 변화는 한국뿐 아니라 세계적인 추세다. 통계청이 지난해 발표한 '2015년 국제인구이동 통계'에 따르면 2015년 한국의 다문화 가족은 27만 8036명으로 추정되며 이는 지난 2012년 26만 6547명에 비해 4.3% 늘었다.[17] 대학에서는 미네르바 스쿨의 등장으로 미래대학의 대안이 되고 있다. 따라서 4차산업혁명의 발달로 인해 사회의 변화는 시작되었으며 지금까지 경험해보지 않은 사회가 될 것이다. 그리고 사회는 재구성이 될 것이다. 사회가 재구성되는 데 있어서 주도적 역할을 담당하게 되는 세대는 유아기 때부터 스마트폰을 가지고 놀았던 디지털 원주민이 될 것이고 현재 MZ세대는 물론 자라나고 있는

14 매일경제. 〈AI 시대에 이런 직업은 안된다? 사라질 일자리 VS 떠오르는 일자리〉. 2020년 8월 13일.
15 최윤식. 『당신앞의 10년 미래학자의 일자리 통찰』 39
16 박영숙, 제롬 글렌, 『세계미래보고서2035 ~ 2055』 403
17 한경 매거진. 〈미래 사라질 직업과 생겨날 직업은〉. 2017년 2월 27일.

알파세대 그리고 앞으로 태어날 새로운 세대들이다.

1 나노화 사회현상

한국에서는 불과 10여 년 전만 해도 혼자 밥을 먹는 것, 혼자 술을 마시는 것, 혼자 영화를 보는 것 등 혼자의 생활이 어색하고 이상했다면, 어느 순간부터 혼밥, 혼술, 혼영 등의 단어가 대중화되면서 이제 혼자 다니는 것은 하나의 선택이자 문화가 됐다.

코로나19로 사회적 거리두기, 재택근무, 집콕문화 등이 계속되면서 혼자 보내는 시간이 절대적으로 늘었다.[18] [사진=픽사베이])

이제는 혼자 사는 1인 가구 비율은 2022년 2월 통계로 31.7%, 664만 명으로 가파르게 늘어가는 추세다. 이는 코로나19로 인해 자가격리 및 재택근무 등이 늘어나면서 사회분열을 더욱 부추기기 시작했다. 이처럼 공동체 사회 문화가 축소되기 시작하면서 극도로 미세한 단위로 분화되는 현상을 나노사회(Nano society)라고 한다.

나노사회(Nano society)란, 우리 사회가 하나의 공동체적인 유대를 이루지 못하고 개개인, 즉 나노 단위로 조각난다는 뜻이 있

---

18 http://www.sisacast.kr/news/articleView.html?idxno=34353

다.[19] 미국의 경우는 이미 1인가구가 살아가는 데 불편함이 없는 사회구조가 정착이 되어있다.

미국 UC버클리 골드만공공정책대학 로버트 라이시 교수는 코로나19로 인해 미국 사회는 새로운 4계급이 출현했다고 분석했다. △첫 번째 계급은 원격 근무가 가능한 노동자(The Remotes)로 이들은 코로나19 이전과 거의 같은 임금을 받는 위기를 잘 건널 수 있는 계급이다. △두 번째 계급은 필수적인 일을 해내는 노동자(The Essentials)로 의사·간호사, 재택간호·육아 노동자, 농장노동자, 음식 배달(공급)자, 트럭 운전기사, 창고 운수 노동자, 약국 직원, 위생 관련 노동자, 경찰관·소방관·군인 등으로 위기 상황에서 꼭 필요한 일을 해내는, 일자리는 잃지는 않았지만, 코로나19 감염 위험 부담에 노출된 노동자들이다. △세 번째 계급은 임금을 받지 못한 노동자(The Unpaid)로 소매점·식당 등에서 일하거나 제조업체 직원들로 코로나19 위기로 무급휴가를 떠났거나, 직장을 잃은 사람들이다. △마지막 계급은 잊힌 노동자(The Forgotten)로 미국인 대부분이 볼 수 없는 곳, 이를테면 감옥이나 이민자 수용소, 이주민농장 노동자캠프, 아메리칸 원주민 보호구역, 노숙인 시설 등에 있는 사람들이라는 것이다.

그는 이렇게 코로나19가 사회적 불평등과 양극화를 더욱 심화시켜 사회적 갈등을 증폭시키고 사회 전체를 위기로 몰아넣고 있다고 말했다.[20]

---

19 조주홍. 〈한국 사회의 파편화 '나노사회'〉 2022년 3월 7일 넥스트이코노미.
20 MOET. https://blog.naver.com/mosfnet/222557594106

2 소유보다 공유가 이루어지는 사회

　사람이 살아가는데 3가지 필수요건은 의-식-주이다. 이중에 많은 사람들이 부동산, 즉 아파트를 비롯한 주택, 오피스텔을 비롯한 상업용 건물, 자동차에 대한 소유에 애착을 가지고 있다. 특별히 한국인들과 중국인들은 이와 같은 곳에 소유하고자 하는 마음이 강한 것 같다. 그래서 '빚을 내서라도 내 집을 마련해야 한다'라는 이야기할 정도로 부동산 소유에 대해서는 진심인 국가가 한국이며 한국인들이다. 그러나 이러한 소유의식과 별개로 공유에 대한 인식도 생기게 되었으며 이에 대한 인식이 비즈니스로 연결이 되었다. 이미 호텔이나 모텔, 그리고 리조트(한국에서는 콘도미니엄 포함)의 경우를 회원제를 통해 사용을 할 수 있다.

　미국 뉴욕, LA 등 대도시에서는 자전거, 퀵보드는 물론 자동차까지 공유시스템으로 운영하고 있다. 뉴욕타임스는 뉴욕시 공유 자전거 서비스인 '시티 바이크(Citi Bike)'의 인기에 대해 보도했다. 이용객이 많은 지역의 일부 사용자들은 공유 자전거를 반납할 도킹 스테이션을 찾지 못해 불편을 겪고 있다. (스마트폰 앱을 통해 자전거 잠금장치를 해제하고 사용한 후 다시 도킹 스테이션에 반납하면 이용 시간 및 요금이 결정·결제된다.

　행크 구트만 뉴욕시 교통국장은 뉴욕타임스와의 인터뷰에서 "시티 바이크가 붐을 일으키고 있고, 시스템 확장을 위해 리프트와 긴밀하게 협력하게 돼 기쁘다"라며 "우리는 공유 자전거가 지속적으로 성공할 수 있도록 가장 붐비는 지역의 파킹 도크를 2배 가까이 늘리기 위해 빠르게 움직이고 있다"라고 말했다.

공유자전거(사진: 박준호)   공유 퀵보드(사진: 박준호)

이 같은 공유 자전거는 미국의 주요 도시들에서 크게 인기를 끌고 있다. 보스턴의 공유 자전거는 1,000여 대에서 현재 4,000대로 늘어났고, 샌프란시스코에선 2013년 700대에서 현재 4,500대로 증가했다. 같은 기간 동안 시카고의 공유 자전거는 750대에서 1만 1,500대로 늘었다.[21] LA 다운타운 지역에서 2016년 7월 첫 시작된 바이크 셰어(bike share), 즉 자전거 공유 프로그램이 지속적으로 확장되면서 한인타운에서도 이를 이용할 수 있게 된다.

자전거 셰어는 주 7일 24시간 언제나 이용할 수 있으며 특히 스마트폰에서 메트로 바이크 셰어 앱을 다운받으면 보다 편리하게 이용할 수 있다.[22] 모든 LA 자전거 쉐어 자전거는 성인용 자전거이며 16세 이상의 라이더에게만 제공된다. 헬멧은 18세 미만의 어린이에게는 필수이며 누구나 권장한다. 자전거 공유 위치에는 헬멧 대여가 없다. 모든 LA 지역 자전거 공유 프로그램은 현재 신용카드를 사용해야 한다. 신용카드는 해당 앱에 설정되었거나 TAP 카드에 연결된 계정과 연결되었을 때 존재하지 않아도 된다.

한국에서는 서울특별시, 대전광역시 등의 지방자치단체가 공공 자전거를 운영하고 있으며, 각자의 독자적인 명칭을 가지고 있다.

---

21 임동욱, 〈뉴욕 길거리가 달라졌네…코로나 후 출근길 '필수템' [US포커스]〉, 2021년 12월 3일 머니투데이
22 신은미, 〈한인타운서도 '자전거 공유' 이용〉, 2019년 2월 17일 미주한국일보

한편 카카오에서는 카카오T바이크라는 공유 자전거 서비스를 운영하고 있으며, 거치대가 없는 형태로, 앱을 이용하여 자전거의 위치를 찾아 자전거에 부착된 QR코드나 일련번호로 인증한 뒤 이용하는 방식으로 운영하고 있다.[23]

미국 캘리포니아주의 도시들은 극심한 교통체증으로 유명하다. 2017년 인링스 자료에 의하면 세계 1,064개 도시 중 '교통체증이 심한 도시 톱10'에 로스앤젤레스(1위)와 샌프란시스코(4위)가 이름을 올렸을 정도다. 이런 캘리포니아에서 최근 '전동킥보드'는 교통체증을 피할 수 있는 도로(제한속도 40㎞/h 이하) 가장자리와 자전거도로(법적으로 저속 자동차로 분류)로 주행할 수 있다는 점이 인기 요인으로 작용했다.[24] 전동킥보드의 경우 사용자들이 킥보드를 사용한 후 아무 곳에 방치하는 문제가 있긴 하지만 대중교통이 열악한 LA 같은 곳에서 전동킥보드의 사용은 공공의 이익에 도움을 주고 있다.

또한 자동차 역시 공유서비스로 사용되고 있다. 우선 다른 지역으로 여행이나 출장을 가게 될 경우 렌터카를 이용하는데, 이와 같은 것을 재화의 공유로 볼 수 있다. 로스앤젤레스에 거주하고 있는 필자의 경우, 뉴욕이나 시카고 등 다른 지역으로 여행을 가게 될 경우, 일정이 마칠 때까지 머무는 지역에서 렌터카와 모텔 혹은 호텔을 사용하고 있다. 그러나 이 같은 경우는 호텔, 모텔, 렌터카 회사가 제공하는 서비스에 불과하다. 하지만 공유서비스의 발전으로 지금은 투자를 통해 리조트형 호텔을 소유하면서 호텔을 통해 수익 창출을 할 수 있게 되었다.

23 위키백과. https://ko.wikipedia.org/wiki/공유_자전거
24 임종찬. 〈샌프란시스코는 어떻게 킥보드 키웠나〉. 2018년 9월 5일 더스쿠프

LA 인터콘티넨탈 호텔 홈페이지　　에어비엔비 홈페이지

　투자를 통해 호텔 소유에 대한 지분이 있지만 1년 내내 호텔에 거주하지 않기 때문에 거주하지 않은 기간 자신의 호텔에 머물게 되는 투숙객이 지불하는 사용료를 호텔 측과 나누어 갖게 되며 호텔을 사용할 때 무료로 사용할 수 있게 된다. 또한 에어비엔비의 경우 자신의 소유한 주거 공간을 여행객들에게 내어주고 여행객들이 사용하는 동안 머무는 비용은 수익이 된다. 즉 일반주택을 다른 사람에게 대여해 줄 수 있도록 연결해 주는 서비스를 제공하고 있다.

　자동차의 경우 우버나 리프트, 카카오택시 등은 자신의 자동차로 마치 택시처럼 사용할 수 있으며 카 쉐어링 시스템을 이용할 수 있다. LA시 교통국은 소형 전기차 쉐어링 서비스인 '블루LA' 이용을 적극 장려하고 있다. 현재 자동차 쉐어링 서비스의 경우 우버와 같이 운전자가 있는 카풀 서비스 또는 렌터카보다 간편하게 차량을 빌려서 사용하는 집카(ZIP CAR) 등이 운영되고 있다. 블루LA는 빌려 탈 수 있는 자동차 모두가 순수 전기차라는 것이 가장 큰 차이점이자 장점으로 손꼽힌다.[25]

　뉴욕과 샌프란시스코처럼 주차 공간 확보가 어려운 곳에서의 차량 소유는 미국 국내 다른 지역에 비해 더 큰 어려움이 있으며, 그

25 중앙일보. 〈전기차 빌려 타볼까? 생각보다 가까운 '블루LA'〉 2018년 9월 10일. 온더로드

LA 한인타운에 자리한 블루LA. 블루LA 전기차   LA 한인타운에 자리한 블루LA 키오스크
는 완전 충전 시 약 120마일을 달릴 수 있다.   (사진 :박준호)
(사진: 박준호)

외의 지역이라 해도 자동차 운행을 자주 하지 않고 연간 주행거리
1만 킬로미터 미만인 경우라면 소유보다 카셰어링이 경제적이라
고 알려져 있다.

   2000년 매사추세츠주 케임브리지에서 12대의 차로 회원제 차
량 공유 서비스를 시작한 집카는 초기에 차량 부족과 접근성 문제
로 큰 반향을 일으키지 못했으나 2003년 Scott Griffith가 CEO
로 부임한 이래 공격적인 투자 및 구조조정과 같은 내부요인과 함
께 스마트폰 보급으로 예약과 이용이 편리해진 외부 요인이 맞물
리면서 급성장했다. 집카는 미국 내 수많은 대학과 협정을 체결해
대학 캠퍼스 근처에도 집카 주차 공간이 확보돼 있고 록히드마틴,
나이키, 갭 등 8,500개 회사에 업무용 차량 렌터카 서비스를 제공
하고 있다. 다임러 그룹의 카투고(car2Go)는 2인승 차량인 스마
트 포투를 사용하고 있으며 캐나다 일부 지역에서는 메르세데스
벤츠 B-클래스를 시험 운용하고 있기도 하다.

   리치나우(ReachNow)는 유럽의 다국적 렌터카 기업인 식스
트(Sixt)와 BMW가 공동으로 설립한 카셰어링 드라이브나우
(DriveNow)의 미국버전이다. 리치나우는 식스트 그룹과 상관없

이 BMW가 독자적으로 만든 카셰어링으로 얼마 전 워싱턴 주 시애틀에서 370대의 차량으로 서비스를 시작했다. 이들 카셰어링은 기본적으로 기업 소유의 차량을 개인이 시간에 맞게 탄력적으로 대여하여 사용할 수 있는 기업과 소비자 관계(B2C)인데 반해, 차량소유자와 이용자를 연결해 주는 개인과 개인 간(P2P)의 차량 공유도 최근 들어 많이 느는 추세다.

그리고 플라이트카는 공항에서 제공되는 개인 간의 카셰어링이다. 여행이나 출장을 떠나는 사람이 공항에 있는 플라이트카에 자신의 차를 맡기고 가면 여행 기간 이내에 해당 공항에 도착한 여행객이 그 차를 렌트할 수 있는 시스템이다. 플라이트카에 차를 맡길 때 여행 기간 내 주차비가 무료일 뿐만 아니라 세차 서비스가 제공된다. 여행객이 차를 이용할 때 차주는 주유권과 렌트수익을 얻고 렌터카로 이용되지 않더라도 주차비 면제와 세차서비스는 같이 적용된다. 플라이트카는 현재 미국 국내 12개 공항에서 운용되고 있다.[26] 미국은 전기자동차 외에 자전거, 그리고 퀵보드를 공유 운송 수단으로 활용하고 있다.

또한 위워크(We Work), 패스트파이브(Festfive) 등 공유오피스 등을 통해 회사의 사무실을 불특정 다수와 함께 사용할 수 있다. 이와같이 주택과 자동차, 일자리를 포함해 우리가 공유할 수 있는 것들의 가짓수가 2030년이 되면 늘어나게 될 것이다.[27] 자율주행차는 5장에서 다루게 될 것이지만 자율주행차가 공유택시로도 사용이 될 수도 있다.

그 외에 공유경제에 대한 선호도는 높아지고 있으며 영역 또한 다양해지고 있다.

---

26 권규혁. 〈다양한 플랫폼으로 발전하는 미국 카셰어링〉. 2016년 5월 카마웹저널
27 『2030축의 전환』 274

공유오피스 위워크(WeWork)　　　　공유오피스 패스트파이브(Festfive)

　　최근 글로벌 기업분석 및 컨설팅기업인 닐슨(Nielsen)은 전 세계 60개국의 소비자 3만 명 이상을 대상으로 공유경제에 대한 인식을 조사했는데 68%의 소비자들이 "자신의 물건을 경제적 이득을 위해 공유할 의향이 있다"고 답했다. 지역별로는 아시아·태평양 지역 소비자들의 공유경제 참여 의향이 81%로 높게 나타났다. 그 다음으로 남미(73%), 중동·아프리카(71%), 유럽(44%), 북미(43%) 순으로 나타났으며 한국 소비자의 공유경제 참여의향은 49%로 나타났다.[28)]

3 가상과 현실이 모호해지는 사회

　　미래사회는 가상의 세계와 현실세계가 한데 어우러지는 사회가 될 것으로 전망이 된다. 이미 팬데믹을 거치면서 언텍트 사회를 경험한 바 있는 지구촌 사람들은 4차산업의 발전으로 인해 언텍트와 온텍트가 어우러지는 세상을 향해가는 현상을 체험하고 있다. 코로나19로 인해 집에 머무는 시간이 늘어남을 우리는 경험했다. 결과적으로 전통 제조업이나 서비스 분야의 중소기업들은 공장 폐쇄나 매출 급감의 충격을 받았다. 이런 와중에 비대면과 비접촉은 코로나 상황 후 '뉴노멀 시대'를 상징적으로 보여주었다. 비대면과

28　미래정책연구원. 『2027 10년후 4차산업혁명의 미래』 249

비접촉은 4차산업혁명 기술을 발전과 활용하게 되었으며 이런 기술들은 사람과 사물, 공간을 모두 이어주는 한편 초연결, 초고속, 초지능화의 시대를 열었다. 코로나가 촉발한 비대면, 원격근무 트랜드는 이미 일상으로 자리 잡았다. 이에 따른 인공지능, 로봇, 메타버스에 이르기까지 새로운 산업의 변화는 엔데믹을 맞이한 포스트코로나 시대에도 계속될 것으로 전망된다.[29] 이를 위해 마이크로소프트, 메타, 구글, 애플 등 미국의 아이티 관련 대기업들과 삼성, SK 등 한국의 기업 등을 비롯한 전 세계 기업들이 이러한 세계를 대비한 기술과 제품들을 보유하고 있고 출시하고 있다.

또한 메타버스 플랫폼을 위시한 가상의 세계에서 벌어지게 되는 일들 역시 우리가 살고 있고, 살아갈 사회를 재편하게 되는 역할을 하고 있고 하게 될 것이다. 코로나19 팬데믹이 기승을 부렸던 2020년은 4차산업혁명의 초창기 시대에 해당 되므로 가상현실에 대한 인식이 폭넓게 자리를 잡지는 않았지만, 쳇GPT의 출현을 비롯한 AI의 발전으로 인해 가상현실에 대한 관심도는 매우 높아져 가고 있다. 하지만 2025년 이후의 사회는 지금과 많이 달라질 것이며 필자가 자주 언급하고 있는 2050년경에는 2023년보다 가상과 현실이 모호해지는 사회가 될 것으로 예상한다.

(1) 온라인쇼핑의 발전

우리는 코로나19 팬데믹시대에 아마존으로 대표되는 온라인쇼핑의 시대 도래를 경험했다. 의류, 신발은 물론, 도서와 전자제품 등을 온라인을 통해 구매하는 것이 자연스러워졌다. MBC TV의 '나 혼자 산다'를 비롯한 많은 방송 프로그램에서 홈쇼핑을 통해 물건을 구매하는 장면이 자주 등장하고 있으며 필자가 한국에 있

---

29 『목회트렌드2023』 47 ~ 48.

MBC 아메리카에서 방영 중인 홈쇼핑 장면   QVC 뷰티 제품 쇼핑 방송 장면 ⓒQVC 홈페이지 화면캡처

는 가족을 방문할 때도 홈쇼핑을 통해 물건을 구매하는 모습을 접한 적이 있다. 필자가 거주 중인 미국 로스앤젤레스만 해도 한인 방송은 물론 미국 방송과 스페인어 방송에서도 홈쇼핑 프로그램을 방영하고 있다. 하지만 팬데믹을 경험하면서 온라인에 익숙하지 않은 장년과 노년층에게도 온라인을 통해 상품을 구입하는 것이 자연스러워졌다. 더 이상 TV 방송을 통한 홈쇼핑에만 의존하는 것이 아닌 폭넓은 온라인 쇼핑문화가 시작하게 된 셈이다.

MZ세대를 중심으로 한 젊은 세대들은 제페토, 로블록스, 포트나이트 등 메타버스 플랫폼에서 제품을 구입하기도 한다. 구찌, 나이키, 아디다스, 몽클레어 등 유명 브랜드들이 메타버스 속에 입점하여 아바타들에게 상품을 파는 행위는 자연스러운 현상이 되었다. 메타버스 사용자들이 자신만의 공간적 존재감을 드러내는 아바타를 통해 상품을 구매하며 이를 위한 아이템을 제작하여 수익 창출을 하고 있다. 패션 업체들은 저마다 아바타 디자인을 내놓으며 메타버스와 협업하기 시작했다. 구찌는 Z세대를 잡기 위해 35세 이하 직원들로만 구성된 그림자 위원회까지 구성하였으며 제페토는 물론 모바일 게임 회사 아일드라이프의 '테니스크래시'에 참여해서 게임 속 캐릭터에 구찌가 디자인한 의상을 입히기도 했다.

구찌는 또한 로블록스(Roblox)에 가상 구찌정원을 만들었고 랄

TV조선에서 방영했던 쇼핑왕

롯데홈쇼핑 방송 장면 30)

제페토에 입점한 명품 브랜드 구찌.
[사진=네이버 제트] 31)

랄프로랜 뉴욕 센트럴파크

메타는 가상 아바타를 입을 수 있는 발렌시아가,   자라 33)
프라다, 및 톰 브라운 제품을 갖춘 온라인 스토
어를 출시했다.(사진=메타) 32)

프로렌은 가상 RL 스키상점을 만들었다.34) 제페토이용자는 랄프
로렌 제품으로 자신의 3D 아바타를 꾸밀 수 있으며, 뉴욕 매디슨
애비뉴 플래그십 스토어·랄프스 커피·센트럴파크 등 세 개 디지털
인터렉티브 공간을 통해 랄프로렌 월드를 경험할 수 있다. 랄프로

30 www.aitimes.com/news/articleView.html?idxno=145297
31 www.donga.com/news/Economy/article/all/20191121/98472174/1
32 www.skyedaily.com/news/news_view.html?ID=137318
33 m.apparelnews.co.kr/news/news_view/?idx=205780?cat=CAT11A
34 강영진. 〈메타버스에서 옷입기, 현실 세계보다 훨씬 어렵다〉 2022년 1월 21일. 뉴시스.

렌 최고 디지털 책임자인 앨리스 델라헌트는 "랄프로렌과 제페토의 새로운 파트너십은 차세대 소비자들을 사로잡기 위해 가상 세계에서의 혁신이 필수적이라는 우리의 믿음을 실현한 것"이라며, "우리의 제품을 디지털 세상에서 구매, 착용해 소비자들이 새로운 방식으로 브랜드를 경험할 수 있도록 하는 것이 차세대 혁신"이라고 설명했다.[35]

인디텍스 그룹의 자라(ZARA)는 현실과 가상이 혼합된 패션 메타버스 'Fairy Magic Idols' 캡슐 컬렉션을 출시했다. Fairy Magic Idols 컬렉션은 봄날에 활짝 핀 꽃과 날갯짓을 하는 나비의 이미지를 중심으로 판타지적인 요소를 녹여냈다. 6벌의 데님 아이템, 4벌의 상의와 함께 가방과 샌들까지 다양한 카테고리의 아이템으로 구성되어있으며, 화려한 글로스와 오키드 톤의 립밤까지 새로운 자라 뷰티 제품도 포함하고 있다. 이번 컬렉션의 아이템은 현실에서뿐만 아니라 메타버스 공간에서도 확인할 수 있다. 또한 자라는 더욱 많은 고객이 이번 컬렉션을 더욱 재미있게 즐길 수 있도록 스냅챗 필터를 만들어 현실 세계와 디지털이 결합한 증강현실에서 이번 컬렉션을 경험할 수 있게 했다. 'Fairy Magic Idols' 컬렉션은 자라가 네 번째로 선보이는 메타버스 컬렉션이다. 이전에 선보였던 'Y2K' 컬렉션에 이어 메타버스 플랫폼 제페토(Zepeto)와의 협업을 통해 물리적인 현실과 디지털을 상호 연결하는 '피지털(Physital)' 패션을 선보인다. 자라의 패션 메타버스 컬렉션은 자라 공식 온라인 스토어와 제페토에서 확인할 수 있다.[36]

영국 패션위원회는 메타버스 디자인을 위한 플랫폼에서의 '패

35 최다래. 〈제페토, 랄프로렌 가상 컬렉션 선보여〉 2021년 8월 25일. ZDNET Korea
36 정민경. 〈자라, 패션 메타버스 캡슐 컬렉션 출시〉 2023년 5월 12일. 어페럴뉴스.

션상 체험'을 개최했으며, 발렌시아가는 자체 게임 '미래세계: 미래 시대'라는 게임을 만들어 포트나이트 게임 전용 특별 의상을 소개했을 뿐만 아니라 메타버스 전용 부서도 만들었다. 나이키는 지난해 12월 가상 신발회사 RTFKT를 인수했다. 이후 지방시, JW 앤더슨, 아디다스 등이 매주 대체불가능토큰(NFT) 제품을 만드는 브랜드를 선보였다. 2022년 3월에는 메타버스 패션위크가 디센트럴랜드와 UNXD사 후원으로 열렸다.[37] 루이뷔통은 게임인 '리그 오브 레전드(LOL)'에서 아바타 의상과 트로피를 디자인했으며 발렌티노는 닌텐도 커뮤니티 게임 '모여봐요, 동물의 숲'에서 패션쇼를 했다. 버버리는 플랫폼 자체를 만들었는데, 윈드서핑 게임 '비서프'를 만들고, 그 안의 게임 캐릭터에 자사의 옷을 입혔다. [38]

프랑스 럭셔리 브랜드 발렌시아가(Balenciaga)는 2020년 12월 메타버스 사업부를 발족시켰다. 발렌시아가 CEO인 세트릭 셔빗(Cédric Charbit)은 "메타버스에 전념하고 아직 미개척 디지털 영역에 있는 경제적 기회를 탐색하기 위해 별도의 팀을 구성했으며, 메타버스가 고객의 쇼방방식을 변환할 수 있다"라고 밝혔다. 발렌시아가는 2021년 게임업체와 협력해 비디오 게임과 혼합한 '2021 가을/겨울 컬렉션'을 선보인 바 있다.

당시 발렌시아가의 크리에이티브 디렉터 뎀나 바잘리아는 "게임과 컬렉션은 의류가 수년에 걸쳐 변화할 가까운 미래를 상상한다"라고 말했다. 랄프로렌은 지난해 12월 온라인 게임 플랫폼 컬렉션 '로블록스'로 도쿄, 뉴욕 등 대도시에 매장을 오픈함과 동시에 메타버스에 첫발을 내디뎠다. 랄프로렌은 게임 디자인 스튜디오 '로블록스'와 협력을 통해 증강현실(AR)을 통한 메타버스 또는

37 강영진, 〈메타버스에서 옷입기, 현실 세계보다 훨씬 어렵다〉 2022년 1월 1일. 뉴시스.
38 이시안. 『메타버스의 시대』 123

3D 가상환경을 채택하여 레이블의 90년대 아카이브에서 영감을 받은 대담한 색상과 스포티한 그래픽 등 현대적인 스타일로 로블록스의 온라인 세계를 공략했다. 랄프로렌의 24시간 연중무휴로 운영되는 가상 상점은 5달러 이하 가격의 가상 퍼퍼 재킷, 체크무늬 비니 및 기타 레트로 스키의류를 구비하고 있으며 클릭 몇 번으로 전 세계 누구나 쉽게 접근할 수 있다.

스페인의 패스트 패션 브랜드 자라는 지난해 12월 한국 패션 브랜드 아더 에러(Ader Error)와 협업한 'AZ 컬렉션'을 런칭, 네이버 메타버스 플랫폼 '제페토'에 입점했다. 자라는 메타버스 플랫폼 제페토에 '자라 스토어' 전용관을 열고 가상현실 속 아바타가 AZ 컬렉션을 구매할 수 있게 했다. AZ 컬렉션은 자라가 국내 브랜드와 진행하는 첫 협업 프로젝트 새로운 세대 '제너레이션 AZ'의 스토리를 담은 컬렉션으로, 시작과 끝을 상징하는 알파벳 A와 Z를 연결해 과거와 현재, 미래를 잇고 무한히 확장한다는 의미를 담았다.[39]

메타버스에서 구입한 옷을 자신의 아바타에게 입혀보는 것에서 나아가 실제로 구매하게 되는 일이 일상에서도 일어나게 될 것이다. 한국의 패션 기업들은 더욱 새로운 패션 경험 제공을 위해 가상 세계에서나 시도해 볼 법한 독특한 아이템을 오프라인에 출시하는가 하면, 아바타를 대상으로 선보였던 가상 향수를 실제 제품으로 역출시하는 등 피지털을 활용한 컬렉션을 출시하고 있다. 디자이너 브랜드 마르디 메크르디는 2022년 8월 한남동 플래그십 스토어에서 제페토 전용으로 출시됐던 가상 컬렉션을 실제로 착용

---

39 류숙희. 〈경계 없는 NFT 도대체 뭐길래? 메타버스에 올라탄 글로벌 패션 10〉. 2022년 1월 2일 패션엔미디어

해 볼 수 있는 '뮤제 드 웹 3.0' 전시회를 선보였다.

스웨덴 니치향수 브랜드 바이레도는 지난 7월 아바타에게 아우라 형태로 입힐 수 있는 메타버스 향수를 개발했다. 다양한 감정을 26가지의 향으로 표현한 이 가상 향수는 곧 실제 향수로도 발매 예정이다. 현실 세계의 나와 메타버스의 아바타가 같은 향수를 쓴다는 아이디어에 착안한 MZ세대 공략형 제품이다. 패션에 있어 가상과 현실의 경계가 무의미해졌다. 2022년 9월 제페토에 크록스 월드를 정식 출시한 캐주얼 풋웨어 브랜드 크록스는 두 번에 걸쳐 제페토 브랜디드 아이템을 론칭했다. 크록스의 시그니처 제품

학교에서 TV과외를 시청하는 모습   TV과외 보는 모습 [연합뉴스 자료사진] 41)

인 클로그와 슬라이드, 샌들 등 실제 매장에서 판매되는 신발 제품 5종과 가상의 상·하의 의상 두 벌을 출시한 데 이어 10월에는 모자와 가방 등 '신상' 아이템을 내놓았다. 무지개 색상의 클래식 스프레이 다이클로그 멀티 제품은 제페토 유저들의 인증샷에도 자주 등장하는 아이템이다. 크록스 측은 브랜드 자체 기념 기간인 "크록토버(Crocs+October)를 기념해 제페토 유저들이 더 재미있는 경험을 할 수 있도록 버추얼 모자, 가방 아이템을 제작했다"라고 밝혔다.40) 이렇게 제작된 아이템들은 3D프린터를 사용하여 현실

40 장희정. 〈아바타가 입은 그 옷, 나도 사 입었다…'피지털' 요즘 패션 트렌드〉. 2022년 11월 5일. 경향신문
41 https://www.yna.co.kr/view/AKR20180118172400013

세계에서도 판매하게 될 것이다.

(2) 온라인 교육의 발전

한국에서의 온라인 교육의 대명사는 TV과외였다. 1989년 당시 대한민국 정부는 사설 과외를 전면 금지키셨다. 교육부(당시 문교부)는 대학생들의 과외는 전면 개방하고 학생들을 방학 중에만 학원에 다닐 수 있게 했다. 또한 배움에 있어서 위화감을 줄이기 위해 1989년 4월부터 KBS 3TV(현 EBS)를 통해 TV과외를 시작했다.[42] TV과외는 대한민국의 입시학원과 고등학교의 유명강사를 섭외하여 프로그램을 제작하였으며, 대학입시 역시 EBS교재와 비슷한 수준으로 출제가 되었었다. 현재에도 교육방송 콘텐츠가 여러 방송국을 통해 방영되고 있다.

대학교의 경우 한국방송통신대학은 라디오와 카세트테이프로 한 학기 강의를 진행했다. 현재는 방송대학교 외에 사이버대학이 생겨났으며 사이버대학협의체인 한국원격대학협의회도 출범하여 운영이 되고 있다. 또한 코로나19 팬데믹으로 인해 모든 학교들이 온라인 수업 시스템을 구축하게 됐다. '파괴적 혁신'으로 유명한 하버드 경영대학원 클레이튼 크리스텐슨(Clyton Christensen) 교수는 2013년부터 "온라인 공개 수업인 무크(MOOC)가 다수의 비효율적 대학들을 성장시킬 것"이라며 온라인 교육 지원이 늘어나면서 전통적 고등교육기관이 자리를 잃을 것이라는 우려를 드러냈다.[43]

온라인 수업은 다양화 될 것이다. 또한 코로나 팬데믹으로 인해 각급 교육기관에서 비대면 온라인 수업을 발전시켰다. 이는 현재

---

42 연합뉴스. 〈[사진오늘] 다시 집에서 만나게 된 '형•오빠 선생님'〉. 2018년 3월 28일. 연합뉴스
43 『세계미래보고서 2021』 103

나 자신이 속해있는 지역에서 실시되고 있는 교육에 한정되는 것이 아닌 다른 나라에서 열리고 있는 교육 콘텐츠도 쉽게 접할 수 있게 된다. 이미 옥스퍼드대학교를 비롯한 세계 유명 대학교들이 온라인 수업을 하고 있다. 이는 해당 학교가 있는 지역에 가야 수업을 듣고 학위나 수료증을 받을 수 있는 것이 아닌 자신이 사는 곳에서 온라인으로도 충분히 학습이 가능하다는 것이다. 온라인 수업은 더 나아가 가상학교 개념으로 이어지게 될 것이다. 이에 대해서는 3장에서 언급하기로 한다.

(3) 디지털 휴먼

광고 모델부터 가수, 쇼호스트 등으로 맹활약 중인 로지와 김래아, 루이, 그리고 릴 미켈라(Lil Miquela)와 이마(Imma) 등은 이 세상에 존재하지 않지만, 우리 시대의 존재들이다. 20세기를 살았던 과학자 알베르트 아인슈타인은 이미 생을 마감했음에도 우리는 '디지털 아인슈타인'을 계속 만날 수 있다. 이들은 모두 가상 공간에서 살아 숨 쉬는 디지털 휴먼이다.[44] 디지털 휴먼(가상 인간) 전문기업 빔스튜디오가 실시간 인터랙티브 방식의 인공지능(AI) 딥페이크 기술 '비엠리얼 솔루션(B'mReal Solution)'을 상용화한다고 2023년 1월 30일 밝혔다. 빔스튜디오는 가상 인간을 방송·광고 등에 활용하는 서비스를 제공한다. 빔스튜디오의 솔루션은 2023년 1월 23일 tvN '회장님네 사람들'에서 2020년 세상을 떠난 고(故) 박윤배 배우의 가상 인간을 구현하며 크게 주목받았다. 드라마 '전원일기'에서 영원한 양촌리 청년 응삼이 역을 맡은 박윤배 배우는 가상 인간으로 부활해 김용건, 김수미, 이계인, 박은수, 이숙, 이창환 등 과거 전원일기 출연진과 대화하며 눈물과

---

44 『카이스트미래전략』 248

웃음의 해후를 나눴다.[45]

　디지털 휴먼의 활동이 활성화가 된다면 이 세상은 진짜 사람과 그렇지 않은 사람들간 구분을 짓기가 매우 어려워질 것이다. 2023년 현재는 로지와 김래아 등과 고(故) 박윤배 배우는 특정한 공간에서만 만날 수 있게 프로그래밍이 되어있다. 고(故) 박윤배 배우의 경우는 그의 생전 활동했던 자료들이 많이 있기에 방송 제작할 때 실제 살아있는 듯한 느낌을 주기에 충분했다. 로지와 김래아, 루이, 릴 미켈라(Lil Miquela)와 이마(Imma) 등은 제작할 때부터 제작자들의 계획에 맞춰 탄생이 되었기에 실존 인물로 보일지

1973년 영화 이색지대(West World) 포스터 [46]　　터미네이터 제네시스 포스터 [47]　　영화 어벤져스의 인공지능 로봇 울트론 (출처: 유튜브) [48]

라도 그들을 만나볼 수 있는 공간적 한계가 존재했다. 하지만 메타버스 세계관 속에서 만나게 되는 디지털휴먼의 경우는 가상공간과 실제 공간의 제약이 최소화되기에 프로그래밍이 되어 제작되었어도 마치 현실 공간에서 접촉하는 듯한 느낌을 주게 될 것이다. 또한 디지털 휴먼 기술 발전은 메타버스 플랫폼 안이나 특정 실내 장소에서만 활용이 될 수도 있고, 아니면 고 율 브리너 배우가 사이보그

45 최태범. 〈전원일기 '응삼이' 故박윤배 부활시킨 가상 인간 기술, 상용화된다〉. 2023년 1월 30일. 머니투데이
46 https://rayspace.tistory.com/350
47 https://www.mk.co.kr/star/movies/view/2015/07/625937/
48 www.youtube.com/watch?v=Kv0VizU04AM

빔 스튜디오의 솔루션은 2023년 1월 23
일 tvN '회장님네 사람들'에서 2020년 세
상을 떠난 고(故) 박윤배 배우의 가상 인간
을 구현했다.[49]

가상 인간 김래아 인스타그램

가상 인간 '로지'(사진:싸이더스스튜디오
엑스)

로 출연했던 1973년 영화 'West world(이색지대)'에서처럼 특정
지역에서만 활동할 수 있도록 디자인이 될 수도 있다.

다만 디지털 휴먼 기술의 발전은 아마도 영화 터미네이터의 인
조인간처럼 거리에서 쉽게 접할 수 있게 될 것이며, 결국에는 로스
앤젤레스나 뉴욕처럼 다민족 다인종 사회처럼 미래사회는 인간과
인조인간이 공존하는 사회로 진화될 가능성이 농후하다. 또한 인
공지능의 발전으로 터미네이터나 영화 어벤져스에 나왔던 울트론
처럼 인공지능이 공격적으로 변하여 인간 세상에 어마어마한 피해
를 안기게 될 것이라고 우려하는 목소리도 있다. 하지만 두 영화에
서처럼 인간과 대결하는 인조인간이 탄생할 가능성은 매우 낮으
며, 설령 나온다고 하더라도 공격적인 성향으로 나올 가능성은 매
우 낮다.

49 news.mt.co.kr/mtview.php?no=20230130104215222253

4 MZ세대 및 디지털 원주민

M세대(Millennials)는 1980년대 이후 탄생한 세대이며 어려서부터 인터넷 문명을 경험한 세대이다. 그들은 디지털 원주민(Digital Native)이라고 부른다.[50] M세대가 어릴 적 인터넷 세계관을 바탕으로 디지털 신대륙을 창조한 첫 세대라면 그 뒤를 이어 등장한 Z세대(1995년 이후 태생)는 진정한 디지털 네이티브라고 할 수 있다. 바로 스마트폰을 어려서부터 사용한 첫 세대이기 때문이다. Z세대는 중학생이던 10대에 처음 스마트폰을 사용하기 시작했다.[51]

디지털 원주민 [52]

디지털 원주민 [53]

한국에서 Z세대는 2차 베이비부모 세대인 X세대의 자녀로 2000년대에 태어난 세대이다.[54] Z세대에게 가상과 현실의 경계를 나누는 것은 무의미하다. 그들은 현실에서 직접 얼굴을 보고 친구나 사람을 대하더라도 SNS나 유튜브 등을 연결해서 소통하기에 가상과 현실을 넘나드는 생활 패턴이 그 어느 세대보다 친숙하다.

50 최재붕. 「최재붕의 메타버스 이야기」 103
51 앞의 책 107
52 https://hisastro.com/1070
53 noworryserver.ipdisk.co.kr/publist/HDD2/Service/edu/2017/6.onlineschool/syllabus/smart%201.pdf
54 최윤식. 「미터도 구의 시대」 316

그렇다고 해서 Z세대가 현실보다 가상환경을 더 편하게 여기지는 않는다. 글로벌기업 델의 '디지털 네이티브 Z세대의 보고서'에서 Z세대가 동료와의 의사소통에서 '메신저 앱'을 통한 소통(12%)보다 직접적인 대면 대화(43%)를 더 선호하는 것으로 분석되었다.[55] Z세대는 훨씬 자유롭고 국경을 넘나들고, 지구 반대편에 있는 사람들과도 친구가 될 수 있다.

그리고 부모와 조부모 세대와는 전혀 다르게 다른 지역이나 다른 문화권 사람들과도 알고 지낸다.[56] 어떤 업무를 하면서 MZ세대는 처음 만난 사람들과도 빠르게 협업하는 데 익숙하며 처음 보는 사람들과 팀이 되는 것을 꺼리지도 않고, 팀원들이 친해지는 데 많은 시간이 걸리지도 않는다. 그들은 혼자서 성과를 만들어내는 것보다 각 분야의 전문가들과 함께 높은 수준의 결과를 만드는 것을 선호한다.[57]

MZ세대는 집단의 행복 대신 개인의 행복이 더 가치 있다고 믿으며(개인주의적 성향), 기성세대가 들려주는 이야기보다 자기 경험을 더 중요하게 여긴다(자기중심적 성향). 그리고 최신 트렌드를 적극적으로 수용하는 순발력도 갖추고 있으며 매사에 민감하고 민첩하게 반응한다.[58] 따라서 이들 세대가 사회의 중심이 되는 그 시대는 온라인 이용에 어려움을 겪었던 세대들과 달리 온라인과 오프라인에서 누릴 수 있는 것들을 마음껏 누리며 살아가게 될 것이며 그 중심에 MZ세대가 자리를 잡고 있다.

55 앞의 책 317
56 만 유로 기옌 「2030 축의 전환」 105
57 최두옥, 「스마트워크 바이블」 287
58 빈센트(김두언), 「넥스트」 39

5 다가올 세대가 중심이 되는 세상

MZ세대는 디지털 환경에 익숙하고 새로운 경험을 추구하는 세대이다. 그들에게 가상공간에서의 만남은 이미 일상이나 마찬가지이다. 이전 세대들에게 가상공간에서의 만남은 현실 공간에서의 만남보다 낮은 단계의 정서적 공감을 형성하며 더 높은 공감을 위해선 오프라인 모임 등을 통해 현실 공간에서의 만남으로 발전시키는 것이 일반적이었다. 그러나 MZ세대는 가상공간과 현실 공간의 경계가 따로 없으며 공간의 구분 자체가 존재하지 않는다. 그들에게 가상공간과 현실 공간은 모두 자신들의 현실이며, 가상공간에서의 정서적 교류 수준을 현실 공간 못지않게 높다.[59]

새들백교회 케빈 리 목사는 "기성세대가 온라인 예배에 대한 여러 가지 고민들을 내놓고 있다. 하지만 MZ세대 등 젊은 친구들에게는 온라인과 오프라인의 경계가 모호하며 온라인에서 이루어지는 행사들은 일상처럼 다가오기에 기성세대의 고민을 다음 세대에까지 맞출 필요는 없다"라고 말했다. 이렇듯 MZ세대들은 온라인에서 물건을 검색하고 오프라인에서 구매하고 다시 온라인에서 물건을 나눈다. 이 과정이 매우 자연스럽다. 기성세대들에게는 온오프라인의 구분이 명확하며 선천적으로 오프라인 세대이며 온라인은 학습하면서 배웠다.[60]

이러한 MZ세대에 뒤를 이어 등장하게 되는 세대는 4차산업 시대를 본격적으로 누리며 살아가는 세대, 미래산업과 미래 기술의 방향을 제시하고 자신들의 삶으로 포함하는 첫 번째 세대이다. 소

---

59 안재현. 『2022 한국이 열광할 세계트렌드』, 126~127
60 『한국교회 트렌드2023』 서문

위 A세대(Generation A)는 첫 번째 미래세대라는 의미로 알파
벳 A, 즉 인공지능(Artificial Intelligence), 가상현실(Artificial
World)과 함께 태어나는 세대이다.[61] A세대는 알파세대라고도 불
리며 필자는 알파세대라고 명명하고자 한다. MZ세대까지는 현금
과 카드를 함께 사용하는 세대였지만 알파세대는 카드와 전자결제
에 익숙한 세대가 될 것이다. ATM 사용과 현금 출금 방식에 대해
익숙지 않은 이들은 은행이란 단어 자체가 장소의 개념보단 스마
트폰 속 서비스를 일컫는 단어로 이해하게 될 것으로 보인다. 로봇
과 친숙하게 소통하는 것 역시 알파세대의 특징 중 하나다. 명령에
반응하고 감정을 표현할 줄 아는 로봇 장난감, 직접 코딩으로 움직
일 수 있는 조립형 블록, 다양한 증강현실 등을 어릴 때부터 놀이
로 경험하고 수용한다.

덕분에 알파세대를 부르는 말로 '인공지능 세대'라는 용어도 나
왔다. 이외에도 전문가들은 추후 알파세대가 금융, 크라우드 펀딩
등 핀테크 발전에 적극적으로 참여할 것이며, 현실과 디지털 세계
의 경계를 허물고 살아갈 것으로 내다보고 있다. 또한, 알파세대는
인터넷이 존재하지 않았거나 혹은 제한된 상황에서만 온라인 접속
이 가능했던 유선인터넷 시대를 경험한 이전 세대와 달리, 이들은
언제 어디서든 현실 세계와 온라인 세계를 자유자재로 오가며 성
장한 최초의 세대이다. 이들에게 인터넷 세상은 물리적 환경과 마
찬가지로 자아를 표출하고 다른 사람들과 상호작용할 수 있는 확
장된 생활공간이다.[62]

알파세대는 자신에게 특화되고 훈련된 인공지능과 대화하고, 가상 세계

---

61 최윤식, 『메타도구의 시대』, 318
62 이주영, 〈Z세대 다음은 누구? '알파세대'가 온다!〉, 2021년 8월 30일, 경기도포털뉴스

와 연결되는 스마트 안경을 착용하고 순수한 3D 가상현실이나 현실과 가상이 결합한 증강현실 속에서 가상행복을 찾는 세대가 될 것이다. 또한 좋아하는 것과 성공하는 기술을 AI를 통해 언어와 지식 장벽 돌파, 가상현실 속에서 찾을 것이다. 그들은 현실에서는 최소한의 벌이만 하며 3D 가상 세계 속에서 가상의 부와 다양한 삶을 구현하는 길을 찾으며 그 속에서 적극적으로 자신을 재창조하면서 자기들만의 새로운 세상 창조를 시도할 것이다.[63]

또한 다가올 시대는 현재와 전혀 다른 모습이 될 것으로 예측된다. 많은 미래학자와 전문가들이 4차산업혁명으로 인해 수많은 직업이 사라질 것이라고 언급했으며 그중에는 현재 주목을 받는 직업도 포함되어 있다. 그리고 새로운 직업도 만들어 질 것이다. 필자가 접했던 질문 중에도 어떤 직업이 생겨날 것이며 어떻게 준비하고 대비해야 하느냐는 것이 있었다. 하지만 다가올 미래를 이끌어갈 직업군은 아마도 알파세대와 그들의 자녀세대에 해당되어질 가능성이 많을 것이다. 물론 현 세대에게도 해당이 되는 직업도 존재하겠지만 새롭게 생겨나는 직업은 지금보다는 그들 세대에게 주어지게 될 무대에서 각광을 받게 될 것이다.

알파세대가 사회의 중심으로 등장하게 되는 시대에는 '모든 것이 연결'되는 시대가 될 것으로 전망된다. 현재 인간의 연결을 막는 대표적인 장벽은 언어, 국경, 시간과 공간(차원), 사물을 들 수 있다. 하지만 미래에는 이런 장벽들이 하나씩 무너지면서 사람을 모든 것과 연결시킬 것이다.[64]

---

63 최윤식. 앞의 책. 318
64 앞의 책. 218

6 인공지능 로봇

AI 기술의 발전으로 공장 안에만 머물러 있던 로봇은 우리 사회와 일상으로 진출하고 있다. 로봇 청소기나 수술 로봇은 이제 가정과 병원에서 자리를 잡았으며 코로나19로 인해 로봇 기술이 확산이 되었다. 사회가 비대면으로 전환이 되면서 방역, 안내, 접객(키오스크 로봇 포함), 물류(배송) 분야에서 로봇이 도입되기 시작했으며, 외국인 노동자의 본국 귀국과 국내 입국 제한으로 간호, 간병, 서빙, 중소 제조업, 농업 등의 분야에서 부족해진 일손은 로봇으로 대신하려는 움직임도 증가했다.[65] 미국 카네기멜론대학 로봇공학연구소의 한스 모라벡(Hans Moravec) 교수는 자신의 책『로봇』에서 2040년까지 사람처럼 보고 말하고 행동하는 로봇이 등장하고, 2050년 이후에는 이 로봇이 놀라운 속도로 인간의 능력을 추월해 지구의 주인이 될 것으로 예상했다.[66] 하지만 이러한 로봇이 세계를 지배하게 되는 마치 영화 터미네이터가 연상되는 시기는 아주강한 인공지능이 출현하는 그 때가 되어야 한다. 인공지능은 △1단계 아주약한 인공지능, △2단계 약한 인공지능, △3단계 강한 인공지능, 그리고 △4단계 아주 강한 인공지능으로 나눈다. 현재는 약한 인공지능 시대이다.

아주약한 인공지능과 약한 인공지능을 나누는 기술적 전환점은 딥러닝(deep learning) 같은 기계 학습 능력이다. 아주 약한 인공지능은 스스로 학습하는 능력이 없다. 약한 인공지능은 아주 약한 자율성의 수준에서 스스로 학습 능력을 갖춘다. 알파고와 왓슨이 대표적인 인공지능이다.[67] 3단계인 강한 인공지능은 인간지능 '전

---

65 카이스트 문술미래전략대학원 미래전략연구센터, 『카이스트미래전략』 239
66 박영숙, 제롬글렌, 『세계미래보고서2023』 104
67 『메타도구의 시대』 288

분야'에서 인간능력을 그대로 모방하는 수준이며 인간의 자유의지를 제외한 모든 것을 완벽하게 모방하는 수준이다. 이 수준에 올라가려면 구조적, 생물학적, 나노공학적, 인지고학적으로 많은 지식과 연구가 필요하며 뇌 커넥톰도 완성되어야 한다.

인간 뇌에 대한 모방과 신비를 알아야 하기 때문에 신경공학과 유전공학이 더 발전해야 하며 뇌스캔 기술도 더 발전해야 한다. 그리고 심리학, 인지과학을 통하여 뇌지도가 만들어지면 매뉴얼을 해석할 수 있는 기술도 나와야 하고, 마스터 알고리즘도 필요하다. 컴퓨터 처리능력도 현재의 수퍼 컴퓨터보다 연산속도가 1억 배 이상 빠른 양자 컴퓨터나 자기 컴퓨터, 완저 컴퓨터 등이 사용화 되어야 한다. 최윤식 박사는 이런 수준의 인공지능이 나타나려면 21세기 중반 이후에나 가능하다고 예측했다. 최 박사는 인공지능 발전의 마지막 단계인 아주 강한 인공지능은 21세기 말이나 22세기 초에나 가능하다고 덧붙였다.[68]

---

68 앞의책. 486~487.

7 도심 탈출 현상

4차산업혁명 시대는 더 이상 대도시에서 생활을 선호하지는 않을 것으로 전망이 된다. 미국 캘리포니아의 경우 로스앤젤레스의 거주민들에 비해 얼바인, 리버사이드 등 외곽에 거주하는 자들의 경제적 수준이 높은 편이다. 소위 부유한 자들이 거주하는 지역은 도심이 아닌 바닷가나 업타운 거주자들이다. 한국의 경우는 대도시 중심 사회이다. 서울 중심 사회에서 벗어나기 위해 세종시로 행정수도가 이전이 되었으며 전국을 1일 생활권화를 위해 KTX가 운행되었지만, 현실은 지방에 거주하는 자들일지라도 서울의 밤문화를 즐기기 위해 KTX를 이용하는 현상이 발생하여 오히려 지방경제의 위축 현상도 나타나게 되었다.

하지만 코로나19 팬데믹 이후 도심을 선호하는 현상은 서서히 걷히게 될 것으로 전망한다. 한국의 경우 아직은 대도시 선호 경향이 자리를 잡고 있지만, 높은 물가와 특별히 재택근무 시스템의 정착으로 사무실로 출근하지 않더라도 충분히 업무를 소화할 수 있는 환경 조성이 탈도시화 현상으로 이어지게 될 것이다. 필자의 지인의 경우 넷플릭스에 입사하여 근무하고 있지만 회사 사무실에 출근하여 업무를 반드시 봐야 하지 않아도 되었다. 재택근무는 물론이고 미국이 아닌 한국에서 업무를 봐도 지장이 없게 되었으며 한국으로 출장을 떠나 업무를 보기도 했다. 글로벌 워크플레이스 애널리틱스 데이터에 따르면 미국의 재택근무 현황은 2020년 기준으로 지난 10년간 115퍼센트나 증가했다.[69]

재택근무는 직장인들의 도심 탈출로도 연결된다. 구글, 애플, 마

---

69 『세계미래보고서 2021』, 192

이크로소프트, 아마존, 메타, 트위터 등 미국의 기술기업들이 샌프란시스코를 떠나는 직원들에게 재택근무를 보장하는 대신 급여삭감을 제안했으며 대부분의 직원들은 이 제안에 동의했다. 그들은 월급의 20퍼센트 이상이 월세로 지출되고, 세금도 다른 주보다 6퍼센트나 높은 실리콘밸리를 떠나 더 넓고 생활비가 싼 곳으로 나가길 원했다.[70] 칼 베네딕트 프레이 옥스포드 마틴스쿨 '일의 미래' 프로그램디렉터는 2022년 9월20일부터 22일까지 한국에서 열린 세계지식포럼 2022에서 "코로나19 이전에 미국과 유럽 지역에서 원격근무는 2~3%에 불과했고, 팬데믹이 진행 중일 때는 60%에 달했다가 지금은 30% 수준"이라며 "IT기술의 발전으로 정보 전달 비용이 급락하고, 물류 운송비용도 저렴해졌기에 원격근무가 거의 없던 시절로 돌아가기는 어려워 보인다"고 했다.[71]

따라서 물가가 높은 대도시를 떠나 상대적으로 저렴하고 생활하는 데 불편함이 덜한 곳으로 거주지를 옮기는 현상이 발생할 것이다. 더 나아가 회사의 문화적 변화만 뒷받침된다면 근무 중인 직장이 있는 국가에서 거주할 필요가 없어지게 된다. 이러한 현상이 아직은 대중화되지는 않았지만, 많은 개발 직종은 컴퓨터와 인터넷만 있다면 지구상 어디에도 원격으로 근무할 수 있기에[72] 탈 도시화 현상은 눈앞으로 닥치게 될 현실이 될 것이다. 성격은 다르지만, 팬데믹 기간 미국회사에서 근무하는 텔레마케터의 상당수가 인도를 비롯한 인건비가 저렴한 국가에서 근무 중인 자들이 많았다. 필자의 경우 은행 업무를 텔레마케터를 통해 했던 적이 있었는데 전화 통신 감도가 매우 약할 뿐만 아니라 통화 도중 전화 통화가 중단되는 일이 발생해서 제대로 된 업무를 보기가 어려웠던 기

---

70 앞의 책 193
71 매일경제 세계지식포럼 사무국. 『세계지식트렌드 2023』, 171
72 『메타사피엔스』. 245

억이 있다.

그렇다면 팬데믹이 지나 엔데믹 시대로 접어들면서 온라인을 이용한 근무의 비중은 팬데믹 이전으로 돌아가게 될까? 필자를 비롯한 많은 학자가 그렇지 않을 것으로 전망한다. '처음이 어렵지 두 번은 쉽다'라는 말처럼 이미 팬데믹을 통해 온라인 근무에 대한 적응력이 키워졌다. 온라인 근무는 앞에서 언급한 것처럼 컴퓨터와 인터넷만 있다면 지구상 어디에도 가능하기에 재택근무를 비롯한 원격 근무에 대한 비중이 늘어나게 될 것이다.

8 교회

우리가 사는 사회는 이미 재사회화가 진행되고 있다. 재사회화는 우리가 원하지 않으면 진행되지 않는 것이 아닌 이미 진행되고 있으며 시간이 지남에 따라 더 많은 재사회화가 되고 있다. 2019년 하반기부터 시작된 코로나19 팬데믹을 경험하면서 재사회화는 급격하게 이루어지고 있으며 엔데믹 시대가 되었더라도 이러한 현상은 지속될 것이다. 교회의 모임을 생각해볼 때 팬데믹으로 인해서 모임에 대한 인식의 전환이 이루어졌다. 필자가 생활하고 있는 미국의 남가주지역을 생각해볼 때 줌(Zoom)과 유튜브를 통해 보임을 가졌으며 팬데믹이 해제되었을 때도 현장 모임이 회복되는데까지 시간이 필요했다. 엔데믹을 맞이한 현재 팬데믹 이전의 상태로 돌아오긴 했지만 아직 완전한 회복이 되지는 않아 보인다.

(1) 가나안성도 현상과 플로팅 교인 현상의 고착화
1990년대를 기점으로 한국교회의 교세 성장이 둔화가 되었다.

그리고 그 둔화 현상은 지속적으로 늘어나게 되었다. 교회를 나가지 않는 일명 가나안성도 현상이 대두되는가 하면 20대 청년들의 교회이탈 현상이 발생하기도 했다. 코로나19 팬데믹은 이러한 현상을 더욱 악화시켰다. 온라인을 통해 예배를 대체하는 자들이 늘어났으며 팬데믹으로 인해 이러한 현상이 심화하였다. 2022년 팬데믹이 종식되고 엔데믹이 되었지만, 교회의 교인 중에는 여전히 온라인 예배를 선호하는 자들이 존재하고 있다.

1) SBNR(Sprtitual But Not Religious)

한국교회에 'SBNR'이 많아진 것은 코로나19 기간이었다. SBNR(Sprtitual But Not Religious)은 영적인 것을 추구하고 지향하지만, 교회에 나가지 않는 사람들을 나타내는 단어로 과거에는 '가나안성도'로 불렸다. 그들은 크리스천으로서의 정체성을 교회 출석여부에 두지 않으며 종교적인 것을 추구하지 않고 영적인 것을 추구한다.[73] 실천신학대학원의 정재영 교수는 그의 책 『교회 안 나가는 그리스도인』에서 가나안 성도를 다음과 같이 정의했다. 가나안은 가나안 땅을 향해 떠난 이스라엘 백성처럼 새로운 교회, 또는 이상적인 교회를 찾아다니는 사람들을 말하며 의도적으로 '기성'교회를 거부하며 교회를 떠난 사람들을 가리키기도 한다.[74] 정재영 교수의 말처럼 그들은 교회와의 어떠한 이유로 인해 출석을 하지 않게 되었지만 신앙인으로서 삶을 살아가는 자들이다. 그들은 신앙생활 자체에 크게 흥미가 없거나 제도교회를 싫어하는 경우가 많다. 2018년 한국교회탐구센터의 '가나안 성도의 신앙인식 및 생활에 관한 조사'에는 가나안 성도들의 종교적 정체성에 대한 질문이 포함되어 있었다. 가나안 성도들에게 교회를 나

---

73 《한국교회트렌드2023》. 58.
74 《목회트렌드2023》. 258

가지 않는데 크리스천이라고 생각하는 이유를 물었는데, 37.9%가 '하나님의 존재를 믿기 때문'이라고 답했다. 그리고 12.3%가 '예수님의 대속을 믿기 때문'이라고 답했다. 따라서 50.2%의 응답자들은 교회 출석 여부를 떠나 자신의 신앙에 근거하여 자신이 크리스천이라고 생각했다. 그밖에 26.2%는 '기독교 가정에서 자랐기 때문'이라고 답했고, 13.2%는 '오랫동안 신앙생활을 해왔기 때문'이라고 답했다. 약 39.4%가 자신의 기독교 환경이나 오래된 신앙적 가치를 자기 종교적 정체성의 기반으로 생각하고 있다. 이런 현상들이 크리스천의 정체성이 교회 출석 여부와 분리되어 있다는 증거다.[75] 가나안 신자는 여러 부류가 있다. 첫째, 기독교 신앙을 포기하지 않은 채 새로운 교회를 찾고 있는 사람이다. 둘째, 교회 세습 및 교회의 비리 등에 실망한 사람들이다. 셋째, 교회의 불투명한 재정 상황 때문이다. 넷째, 목회자의 권위 의식에 실망한 사람들이다. 다섯째, 교회 경력이 20~30년은 되었지만, 비판의식이 강한 사람들이다. 여섯째, 특별한 이유 없이 교회 예배에 몇번 빠지다 보니 출석하기가 싫어진 사람들이다.[76] 가나안 성도와 같은 SBNR들은 지속적으로 늘어날 것으로 예상된다. 특별히 다음에 언급하게 되는 플로팅 크리스천과 함께 크리스천의 한 부류로 고착화 될 것으로 전망된다.

(2) 플로팅 크리스천(Floating Chriatian)

플로팅 크리스천은 기존의 기독교 문화, 고정된 신앙적 전통이나 가치, 특정한 교리를 따르지 않고 자유롭게 신앙을 한다는 의미를 내포하고 있는 자유롭게 신앙생활을 하는 자들이다.[77] 플로팅 크리스천은 두가지 특징을 가지고 있다. 첫번째 특징은 등록한 교

---

75 《한국교회트렌드2023》. 56.
76 《목회트렌드2023》. 258
77 《한국교회트렌드2023》. 32

회가 있지만 등록한 교회예배의 현장예배에 참석하면서 다른교회의 설교를 듣거나 프로그램에 참여하는 것이다. 두번째 특징은 등록한 교회의 온라인을 통해 예배에 참석하며 그와 더불어 타교회의 예배도 온라인으로 참석하는 자들을 일컫는다. 그들에게는 가나안교인이 가지고 있는 제도교회에 대한 거부감은 가지고 있지 않다. 하지만 대체로 플로팅 크리스천은 온라인 예배라는 대체제가 있기 때문에 더이상 예배를 드리러 교회에 가지 않는다.[78]

한국에서 2022년 4월에 실시한 온라인 예배를 드리고 있는 사람들에 대한 조사에서 출석교회가 온라인 예배를 중단할 경우 어떻게 하겠느냐는 질문에 '다른 교회 온라인 예배나 방송 예배를 드리겠다'라고 대답한 사람이 24.5%, '온라인 예배를 하는 교회로 옮기겠다'고 답한 사람이 4.3%였다. 이 두 그룹에 속한 사람이 28.8%였다. 이것은 2020년 12월에 실시했던 동일한 조사에서 두 그룹의 합이 16.3%였던 것보다 12.5% 늘어난 수치다.[79]

2) 교회 집중화 현상 및 분업화 현상

코로나 팬데믹을 통해 온라인예배가 활성화가 되었으며 많은 교인들이 타교회로 이동하여 출석하는 현상이 발생했다. 코로나 팬데믹은 교인들에게 타교회로 출석교회를 변경할 수 있는 절호의 기회를 제공했으며 교인들은 이러한 기회를 적극적으로 받아들였다. 특별히 인간관계 때문에 교회 출석을 해왔던 자들게게 팬데믹은 좋은 선물(?)이 되었다. 팬데믹은 교육부서가 활성화 된 교회에게 많은 혜택을 안겨주었다. 앞에서 언급했듯이 팬데믹으로 인해 교회출석이 불가능해지고 예배를 비롯한 각종 모임이 온라인으로 이루어지다보니 교인들이 시선은 더이상 그동안 출석했던 교회에

---

78 앞의책. 35
79 앞의책. 61

머물러 있지 않게 되었다. 특별히 교육부 사역이 약한 교회의 경우 부모들의 자녀교육을 위해 교회가 자녀들에게 제공하는 교육서비스를 만족시켜줄 교회를 찾게 되었으며 이는 현장예배의 재개가 되었을 때 교인출석동향의 차이로 나타나게 되었다.

3) 탈교단화 및 탈교회화 현상

한때 교회가 사회에 주는 영향력은 과히 지대했다. 필자가 거주하고 있는 미국만 하더라도 청교도정신이 미국의 정신을 지배하고 있을 정도였다. 한인이민자들의 경우 교회는 신앙생활을 하는 곳이자 커뮤니티센터의 역할이 공존했던 장소였다. 이민자의 70%가 기독교인일 정도로 기독교의 비중은 지대했다. 하지만 세속화의 영향과 다양한 민족의 유입으로 인해 성경적인 기독교의 영향력은 줄어들게 되었다. 다만 기독교문화의 영향은 지속적이기에 미국의 사회에서 기독교는 단지 미국의 문화 속에 스며들어 있는 정도로 한정이 되는 느낌이다.

탈교회화 현상은 굳이 예배당에 가지 않아도 충분히 온라인을 통한 예배로 만족할 수 있다는 것이다. 내 생활방식에 맞게 예배 시간과 형태를 선택할 수 있고 예배 한 번으로 주일을 마칠 수 있으니 봉사를 하거나, 사람들을 만나거나, 애써 교회에서 하는 어떤 프로그램에 참석할 필요도 없어졌다. 주일성수 개념 역시 많이 가벼워졌다. 코로나 19 이전에 크리스천들에게 '주일성수'는 중요한 개념이었다. 과거 '주일성수=신앙이 있는', '교회에서 드리는 예배=정식예배'라는 등식이 성립되었었다. 교회에 가지 않으면 마음이 불편했으며 적어도 일주일에 한 번은 반드시 교회에서 예배를 드려야 한다는 생각을 가진 크리스천이 많았다. 하지만 코로나 19로 인해 이러한 등식은 깨져버렸고 다양한 방식의 예배도 예배로 생

각하게 되었다.[80]

　또한 교회에서 탈교단화 현상이 심화될 것으로 예상된다. 이미 이민교회는 사역자들이 교회가 속한 교단과 자신이 속한 교단이 다를지라도 부임하여 사역을 하고 있다. 1990년대까지는 중소형 도시의 경우 담임목회자를 구하기가 쉽지 않아, 타교단에 속한 목회자가 담임목사로 사역을 하는 특수성이 있었다. 하지만 시간이 지남에 따라 담임목사가 되려면 교회가 속한 교단에 소속이 되어야 했다.

　2020년대에 들어오면서 목회현장의 변화는 신학이 다르더라도 교단에서 마련한 소정의 교육을 통해 담임목사직을 수행할 수 있게 되었다. 보통 신학이 비슷한 교단간 목사안수 및 담임목사 청빙을 하게 되지만 신학보다는 목회자의 성품 및 본교회에서 목회를 잘할 수 있는지에 대한 것이 우선시 되는 경향이 있다. 그래서 장로교계통 신학교 출신이 장로교회에서 담임목사로, 감리교신학교 출신이 감리교회의 담임목사로 가는 것이 아닌 감리교신학교 출신이 장로교회에서 담임목사로 활동하는 경우가 생기는 것을 보게 된다.

　한국의 경우 이미 교인감소 현상이 현실화가 되었다. 대한예수교장로회 통합총회의 통계를 보면, 2020년 12월 31일 기준으로 교인 수는 239만 2,919명이다. 이는 2019년 대비 11만 4,066명이 감소한 숫자이며 5년전(2015년) 278만 9,102명)과 비교하면 교인수는 무려 14% 급감했다. 통합 측은 보고서를 발표하면서 "교인 수가 281만여명에 이르렀던 지난 2012년을 기점으로 교세가 꾸준하게 감소세를 보이고 있다"고 전했다. 대한예수교장로회 합동총회는 2020년 현재 238만 2,804명으로 집계되었다. 이 역

<hr />

80 《한국교회트렌드2023》. 31

시 전년대비 255만 6,182명에서 17만여 명이 줄어들었다. 합동 교단 역시 5년전인 2015년 270만 977명과 비교하면 전체 교인 수는 11% 감소했다. 한국을 대표하는 두 교단의 교인 수가 2020년에만 무려 28만여 명이 줄든 셈이며 재적교인 수가 200명인 교회로 계산해보면 1년 만에 무려 1,400여 개의 교회가 사라진 것과 마찬가지다.[81] 한국교회의 교육부서는 1980년대부터 줄기 시작했으며, 21세기 초 10년 동안에만 예장통합 측에서만 주일학교 어린이 부서가 38만 명에서 28만 명으로 줄어들었고, 기독교성결교회는 30%가 감소했다.[82]

미래학자 최윤식 박사는 2045년 한국의 주일학교(영아부-고등부)는 미전도 종족이 된다고 예측했다. 빠르면 2030년, 늦어도 2035년경이 되면 미전도 종족에 해당하는 숫자로 감소할 가능성이 많으며 이는 15~20년 후 한국교회는 어린이, 청소년을 선교의 대상으로 삼아야 하는 미래에 직면하게 될 것이라고 말했다.[83] 최윤식 박사는 현재 한국교회 내에서 주일학교 숫자의 감소 비율은 한국 전체의 어린이, 청소년 감소 비율보다 높으며 한국교회가 철저하게 미래를 준비하지 않는다면 2045년에 한국의 어린이, 청소년 10명 중 1명도 교회를 다니지 않게 될 것이며 유럽의 교회들처럼 어린이, 청소년 100명 중 겨우 1~2명이 교회를 다니는 최악의 상황이 벌어질 수 있다고 지적했다.[84] 다음 세대가 성인이 될 때쯤 최 박사의 우려가 현실이 된다면 교단의 존재의미는 미미해질 것이다. 교단총회의 규모는 노회(지방회)규모 정도로 줄어들게 될 것이며, 신학의 색깔이 동일하거나 비슷한 교회들간 통합이 되는 일도 발생될 것이다.

81 《목회트렌드2023》. 259.
82 최윤식. 《앞으로 5년, 한국교회 미래 시나리오》. 88
83 앞의책. 195
84 앞의책. 196

제 2 장
재사회화 현상 II

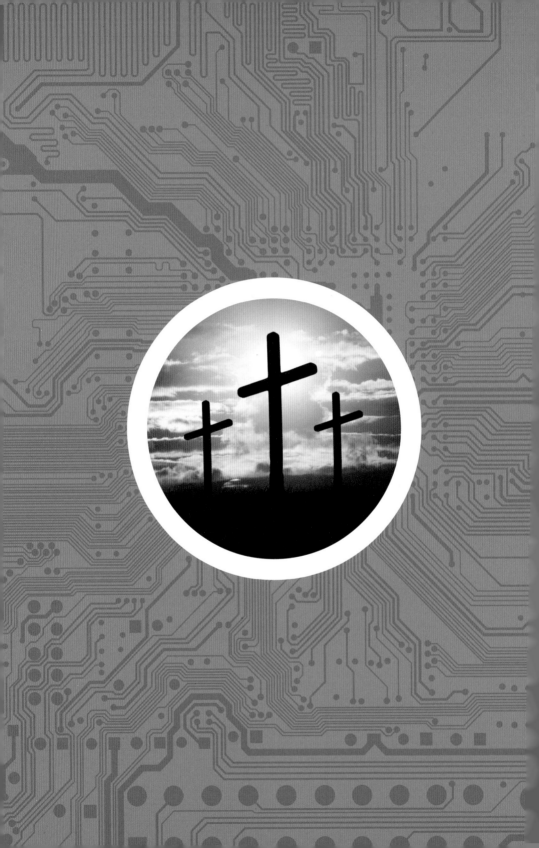

시나리오 2050년 우리사회

뉴욕 맨해튼에 거주중인 르네는 ABC그룹에서 서비스 중인 어스 10(Earth 10)에 마련된 제주도 서귀포 리츠칼튼 호텔에서 열리는 미팅을 매우 흥미로워했다. 오늘 열리는 미팅은 바로 자신의 모습과 완전히 똑같이 생긴 아바타가 모델로 나서게 되는 프로젝트이기 때문이다. 10년째 세계적인 패션모델로 활동하고 있으며 맨해튼에 본사를 두고 있는 CMG models 에이전시 그룹의 총괄이사이자 인플루언서(Influencer)로 활동중인 르네는 6개월 후 서귀포에서 열리는 제주컬렉션에 사활을 걸고 준비중이다. 역사와 전통을 자랑하며 세계 패션의 방향을 이끌었던 세계 4대 컬렉션인 뉴욕, 런던, 밀라노, 파리 컬렉션과 달리 제주컬렉션은 메타버스 세계관 속에서 열리는 세계 4대 컬렉션이다. 세계 4대 컬렉션은 도시개념이지만 메타버스 세계관에서는 국가개념으로서 한국, 미국, 사우디아라비아, 이스라엘, 중국, 프랑스 등으로 세계 6대 메타 컬렉션으로 자리매김했다.

뉴욕, 런던, 밀라노, 파리 컬렉션과 메타 컬렉션의 차이점은 현장에 직접 모델과 에이전시가 참여하여 패션쇼를 여는것과 달리 확장현실(XR)을 이용하여 메타버스 내에 마련된 컬렉션 장소에서 쇼가 펼쳐지게 되는 것이다. 따라서 장소역시 국가개념으로 열게 되고 미국이 경우 뉴욕은 물론, 로스앤젤레스, 시카고, 마이애미에서 열게 되고, 한국의 경우, 서울, 부산, 제주, 여 수, 프랑스의 경우 파리, 낭트, 베르사유, 리옹에서 열리게 된다. 참가하는 모델 역시 아바타를 이용하게 되는데 패션쇼 참가규정은 반드시 자신의 모습이어야 하며 현재 생존해있어야 한다. 다만 패션쇼이니만큼 모델로서 최전성기 시절의 모습으로 참가해야 한다.

2045년부터 완전히 자리매김한 메타컬렉션은 이제 그동안 세계 패션계를 선도했던 세계 4대 패션컬렉션의 위상을 뛰어넘으려는 기세다. 따라서 이들 4대 컬렉션을 주도했던 그룹들도 패러다임을 전환하기 시작했다. 바로 실제 모델을 현장에서 보는 것이 아닌 가상현실(VR)과 확장현실(XR)로 현장에 참여할 수 있게 했다. 물론 직접 쇼가 펼쳐지는 현장에 직접 참관도 가능한 그야말로 하이브리드 방식이 컬렉션으로 진행되고있다. 모델 역시 반드시 현장에 참가해야 하는 것은 아니다. 홀로그램 기술의 대약진으로 모델과 100% 동일하게 생긴 아바타가 참가할 수 있다.

사우디아라비아 네옴시티에 있는 국제학교의 영어교사로 일하고 있는 레베카는 일요일이면 네옴시티에 있는 교회 예배에 참석한다. 사우디아라비아에서 태어났지만 서양인처럼 생긴 외모덕에 그를 만나는 많은 사람들과 영어로 대화를 하고있다. 그는 UCLA에서 언어학을 전공했으며 영어교사 자격증도 취득하여 현재 네옴시티 국제학교 교사로 재직중이다. 그의 수업은 주로 온라인으로 진행이 된다. 아무래도 언어습득에 대한 학생들의 실력차이가 있기에 비슷한 수준의 학생들로 클래스를 디자인해야 하는 문제, 그리고 학생숫자를 조정해야 하는 문제가 있다. 온라인 수업이기에 그리고 국제학교라는 특성상 사우디는 물론 인근지역 카타르, 쿠웨이트, 바레인은 물론 요르단에서도 학생들이 네옴시티 국제학교에 입학하여 수업을 듣고 있다. 수업은 VR과 XR을 이용하여 진행하고 있다.

무함마드 빈 살만 사우디아라비아 왕세자가 2020년대 사우디아라비아의 미래를 위해 실시한 네옴 프로젝트로 인해 그리고 그의 개방정책으로 인해 비교적 자유로운 삶을 누릴 수 있지만 이슬람권이기에 외국인이 아닌 현지인들에게 종교의 자유를 갖게 되는 것은 자유롭지 않은 상태다. 미국유학 당시 클래스메이트였던 한국인 학생에 의해 개종을 하고 크리스천이 된 레베카는 자신의 조국인 사우디에서 신앙생활이 어렵다는 것을 잘 알기에 온라인으로 교회예배에 참석하고 있다. 하지만 제한적이지만 한달에 한번 혹은 두번 정도는 교회에 직접 나가 예배를 보곤한다.

레베카와 함께 네옴시티 국제학교에서 재직중인 샤론은 하루24시간이 부족할 정도로 분주함 속에 살고있다. 교사로 재직하고 있는 레베카와는 달리 학교 전체 행정디렉터로 일하고 있는 샤론은 온라인에서 이루어지는 모든 과정들을 모니터링하고 학교발전을 위해 수고하고 있다. 그역시 미국유학출신이며 노틀담대학교 맨도자 경영대학에서 경영학을 전공했다. 그의 노틀담 대학생 시절 절친인 웬디의 결혼식에 하객으로 참석차 인디애나 포트웨인을 방문했다. 요즘은 홀로그램기술이 워낙 많이 발전했기에 손으로 만져보지 않은 이상 실제로 함께 있다는 생각이 들게 될 정도다. 그래서 웬만한 결혼식은 메타버스 플렛폼을 통해 참석했지만 웬디의 경우는 워낙 절친이었기에 직접 결혼식에 참석하게 되었다.

웬디의 또다른 절친인 클라라는 결혼식은 물론이 뒤풀이까지 참석하게 됐다. 밤늦은 시간 결혼식 파티가 마쳐지고 클라라는 사우디에서 날라온 샤론과 함께 포트웨인에 있는 에어비엔비에서 하루를 마감하게 되었다. 주일 아침 웬디와 클라라는 VR기기인 메타퀘스트 10을 착용하고 클라라가 출석하고 있는 뉴욕 리디머교회 예배에 참석했다. 물론 샤론이 오후2시 사우디로 돌아가야 하기에 두사람은 자율주행차인 웨이모를 타고 시카고 오헤어공항까지 가야했다. 두사람은 차안에서 아이글래스를 통해 리디머교회 예배에 참석했고 예배가 마쳐졌을때 두사람의 눈앞에 일리노이주 주표시판이 보였다.

2020년 9월30일 KBS2에서 방영한 '2020 한가위 대기획 '대한민국 어게인 나훈아' [85]

코로나19 여파로 2020년 메이저리그 시즌은 무관중 경기였다. 대신, 폭스스포츠(FOX Sports) 시청자들은 이 관중석 자리를 가상의 팬들로 가득 메운 것을 볼 수 있었다. [86]

SBS 트롯신이 떴다의 한장면[87]

무관중으로 치러졌던 NBA농구경기[88]

4차산업혁명 시대가 도래한 이후 현재까지 수많은 발전이 이루어지고 있다. 코로나19 팬데믹으로 인해 수많은 직업이 사라지거나 사라질 위기에 처해있고 새로운 직업의 등장을 앞두고 있다. 이미 줌(Zoom), 구글미팅(Google Meeting), 마이크로소프트 팀스(Microsoft Teams)등 화상을 통해 학교수업과 회사에서의 회의, 그리고 교회와 성당 등 종교기관에서의 예배와 미사를 비롯한 각종 모임이 정착되었으며 소소한 가족모임 역시 이러한 방법으로 이루어지고 있다. 가상현실(VR), 증강현실(AR), 혼합현실(MR), 확장현실(XR), 대체현실(SR) 등을 이용한 각종 플렛폼이 등장하였으며 게임은 물론 게더타운은 물론 메타의 호라이즌 워크룸, 스

85 https://news.zum.com/articles/63141736
86 blogs.nvidia.co.kr/2020/08/06/fox-sports-teleports-fans-into-major-league-baseball-stadium-seats/
87 https://m.newsen.com/news_view.php?uid=202005070835462410
88 http://www.newsearth.kr/news/articleView.html?idxno=590

페이셜 등 메타버스 속 플랫폼에서 심도있는 회의가 열리기도 한다. 코로나19가 발생했을 때 메이저리그 야구경기는 무관중으로 열리거나 최소관중만 입장하여 관람케 했다. NBA프로농구는 관중석에 마련된 LED스크린을 통해 관중들이 경기를 관람하게 하여 경기장에서 관중들이 관람하게 하는 효과를 얻었으며, 방송국에서 방영하는 쇼 프로그램의 경우 전광판을 통해 시청자와 연결하여 방송을 했다. 교회의 경우 예배당에서의 예배모임을 가질 수 없게 되자 교회에서는 예배를 온라인으로 전환했으며 온라인 예배수칙이라는 온라인예배 가이드라인을 마련했다. 다음은 미국 일리노이 주 네어퍼빌에 위치한 네이퍼빌장로교회의 온라인 예배수칙이다.

온라인 예배 수칙 7 [89]

1. 시간과 장소를 구별합시다.

예배는 하나님께서 당신에게 말씀으로 임하시는 거룩한 시간입니다. 일상을 잠시 중단하고 예배를 위한 시간을 구별하고 조용한 장소를 찾아 이동하십시오.

2. 예배에 합당한 환경을 조성합니다.

예배 10분 전, 예배 집중을 방해하는 요인들 (소음, 전화, SNS 메시지, 잡담, etc.)을 차단하고, 자리를 정돈합니다 (집중된 예배를 위해 가능한 데스크 탑이나 노트북을 사용하고 휴대용 스마트 기기 사용 시, '방해 금지' 모드로 전환합니다).

3. 하나님께 마음을 모으고, 성령님의 임재를 청합니다.

예배 5분 전, 자리에 앉아 분주한 마음과 생각을 가라앉혀 하나님께 집중하고, 예배 3분 전, 1~2분간 침묵으로 자신을 주님께 의탁하고 성령님께 임재를 청하는 기도를 합니다 (2인 이상 함께 예배 시, 한 명이 대표로 기도할 수 있습니다).

---

89 https://ilovechurch.org/cp/?p=20354

4. 예배에 온전히 집중합니다.

예배가 시작되고 마칠 때까지, 하나님의 임재 안에 머물기 위해 옆 사람과의 대화를 금하고, 주변의 일들에 반응하지 않도록 합니다 (2인 이상 예배 시, 옆 사람의 예배를 방해하지 않도록 주의합니다).

5. 몸과 목소리로 적극 참여 합니다.

영상 속 인도자의 안내에 따라 자리에서 일어나고 앉으며, 소리를 내서 찬양하고 기도에 응답합니다.

6. 감사 기도로 마무리 합니다.

축도 후 바로 퇴장하지 마시고, 후주 시, 1~2분 간 개인적으로 하나님의 말씀과 임재에 감사하는 기도로 예배를 마무리 합니다.

7. 일상으로 돌아갑니다.

개인적인 마무리 기도가 끝난 후, 자리에서 일어나 퇴장합니다.

온라인예배가 시작하던 때, 많은 교회에서는 예배를 볼 수 있다는 것을 환영했다. 비록 교회에 가지 못함으로 인해, 매주 일요일이면 만날 수 있었던 사람들과의 만남을 가질 수 없게 된 것에 아쉬움을 간직하게 되었지만 컴퓨터 모니터 혹은 스마트폰의 화면으로 사람들을 볼 수 있다는 것에 감사했고, 비록 화면으로 보는 것이지만 목사의 설교를 접할 수 있다는 것이 좋았다. 하지만 한달 혹은 두달이면 다시 교회에 나갈 수 있을 것이라는 희망은 사라져버렸고 온라인예배는 지속되어버렸다.

익숙함 때문이었을까? 온라인예배에 대한 익숙함이 온라인예배를 처음 접할 때의 마음가짐을 무뎌지게 만들었고, 피로감을 가져다주게 되었다. 단정한 옷차림은 편안한 옷차림으로 바뀌어버렸고 예배는 마치 유튜브 콘텐츠를 시청하는 것처럼 변질이 되는 경우가 많아졌다. 그래서 다시 교회에 모여 예배를 봐야 한다는 주장이 힘을 얻게 되었다. 한국의 경우 정부당국과 교회와의 마찰이 빈번하게 발생하였다. 교회의 종교행위의 자유라는 의지는 코로나19 바이러스 확진자 양산으로 이어졌고 교회는 사회에 해악을 입히는 존재로 전락하는 오류를 범하게 되었으며 교회에 대한 신뢰도는 급락하게 되었다.

필자는 이러한 오류에 빠져버렸던 교회와 대책(?)없이 현장모임을 고집하는 목소리를 접하면서 충분히 대안을 준비할 수 있을 것이라는 생각을 하게 되었다. 그 대안은 4차산업시대에 기술적으로 발전하고 있는 메타버스 관련 기술이다. 그것이 모든 세대를 이우를 수 있는 길이라 생각을 하게 되었다. 그중 이번 장에는 가상현실(VR), 증강현실(AR), 혼합현실(MR), 대체현실(SR), 확장현실(XR), 그리고 홀로포테이션에 대해 알아볼 것이며 다음장에 이에 대한 장비를 논하려고 한다.

1 VR (가상현실 Virtual Reality)

한 여성이 Samsung Gear VR 가상 현실 헤드셋을 사용하고 있다. 사진: Fabian Bimmer/ Reuters

가상현실(VR)은 디지털로 완전히 가상화된 환경 안에서 이뤄지는 가상화된 콘텍스트와 상호작용하는 경험이다.[90) 가상현실(VR) 기술은 The Lawnmower Man 및 The Matrix 와 같은 영화 와 Steven Spielberg가 영화로 각색한 Ready Player One 과 같은 책을 통해 대중문화에서 자리를 잡았다. 그들은 VR 헤드셋을 착용함으로써(또는 The Matrix 에서처럼 포드에 갇히고 인간 농업 기계에 의해 컴퓨터 네트워크에 연결됨) 사람들이 가상의 컴퓨터 생성 세계를 탐색할 수 있는 기술에 대한 비전을 제시했다.[91)

컴퓨터 등 차세대 정보기술로 현실 세계를 가상공간에 재구성하여, 이용자가 현실세계와 실시간으로 상호작용할 수 있도록 제공한다.[92) 즉 가상현실은 실제가 아니지만 인공으로 만들어낸 실제와 유사한 환경이나 상황을 의지한다. 기기를 착용하면 현실 공간과 다른 새로운 공간이 이용자의 눈앞에 펼쳐진다. 가상세계를 현실로 느끼는 몰입감을 높이기 위해 인간의 감각을 속인다. 냄새, 기후, 속도 등 다양한 요소에서 또 하나의 세계를 재현해 내며 자유로운 상호작용도 가능하다.[93) VR기술은 컴퓨터 게임에서 사용

---

90 최형욱. 『메타버스란 무엇인가』. 71
91 Betsy Reed. 〈Virtual reality: Is this really how we will all watch TV in years to come?〉 2017년 4월8일 The Guardian
92 황안밍, 옌사오펑. 『메타버스 세상을 선점하라』. 66
93 심재우. 『메타버스 트렌드 2025』. 41

하는 것으로 여겼었지만 현재는 다양한 분야에서 사용되고 있다. 우선 외과 의사와 간호사들은 복잡한 수술을 성공적으로 진행할 최적의 방법을 미리 확인하기 위해 VR장치를 사용한다. 심리학자들은 고소공포증이나 현기증, 불안장애 외상후 스트레스 장애를 겪는 사람들을 치료하기 위해 VR 장치와 기술을 사용한다. 옥스포드대학교에서는 두 연구자가 편집증의 일종인 피해망상증을 앓는 환자들을 VR기술로 치료하고 있다.[94]

전문가들의 예측에 따르면 2024년쯤이면 가상현실 시장의 규모가 380억달러에 달할 것이며 가상현실과 연관되지 않은 산업분야를 찾기 어려울 것이라고 한다.[95]

2 AR (증강현실 Augmented Reality)

AdobeStock / rh2010

증강현실(AR)은 현실 세계 위에 가상세계의 무언가를 추가하는 기술이다. 가상세계에 존재하는 포켓몬이 현실세계의 도로 위를 실제로 돌아다니고 있는 것처럼 느끼게 하는 포켓몬GO 게임이나 내 모습이 3D 이미지를 합성할 수 있는 카메라앱 등을 생각하면 된다. VR이 현실과 무관하거나 단절된 것이지만, AR은 현실 세계 위에 가상세계를 융합한 기술이다.[96] 팀쿡은 "증강현실은 사람들을 고

---

94 『축의 전환』, 257
95 Clayton Christensen, 『The Innovator's Dilemma (Harper Business, 2000)』, 15~19
96 심재우. 44

독하게 내버려두지 않는 기술이며 다른 기술이 인간 소외를 초래할 우려가 있는 것과 달리 증강현실은 사람들이 서로 이야기 나누고, 함께 스크린을 보며 대화하도록 해준다”고 말했다.[97] 공간을 처음 접하는 사람들에게 AR은 사용자의 환경을 바꾸지 않기 때문에 보다 사용자 친화적인 경험을 제공한다.[98] 대신 그것을 향상시킨다. 그 결과 사용자가 위치한 물리적 환경과의 접촉을 잃지 않고 디지털 정보가 실시간으로 물리적 세계에 동화되어 보다 인간적인 경험을 제공한다. 증강현실을 이용한 교육에는 의학연구를 들 수 있다. Case Western Reserve University와 Cleveland Clinic은 마이크로소프트와 협력하여 HoloAnatomy라는 홀로랜즈 앱을 출시했다. 이 앱은 최초의 AR 의료 애플리케이션이자 이미 가장 찬사를 받은 앱이다. HoloAnatomy의 혼합현실 경험을 통해 사용자는 의료 교육 분야에서 혁신적인 높은 수준의 세부 정보와 상호 작용으로 인체 해부학을 연구할 수 있다. CWRU와 Cleveland Clinic 파트너십을 통해 개발된 HoloAnatomy는 Microsoft HoloLens와 함께 사용할 수 있으며 학생들은 어디서나 앱을 사용할 수 있다. 학생들은 골격, 근육계, 순환계 등 신체 시스템의 여러 계층을 불러오는 작은 움직임을 통해 가상 대상을 ‘해부’할 수 있다. 그들은 HoloAnatomy 프로젝션 주위를 원을 그리며 걸으며 내부 장기 등을 모든 각도에서 검사할 수 있다. 또한 HoloAnatomy는 강사가 학생들을 위한 대화형 테스트를 설계하고 실제 수업 중에 학생들이 어디를 보고 있는지 확인할 수 있어 진행 상황과 이해도를 더 잘 평가할 수 있다. 의료 오류 발생률이 감소하면 병원과 지불인의 비용이 절감된다. 마찬가지로, 인체 해부학에 대한 보다 정교한 이해는 복강경 또는 로봇 수술을 통해 훨

---

97 박영숙, 제롬 글렌. 『세계미래보고서 2021』, 312
98 Diego Di Tommaso. 〈How Augmented Reality Can Humanise the Metaverse〉, cryptonews

씬 더 많은 절차를 완료할 수 있게 하여 환자 회복 시간을 단축하고 제공자와 지불자의 총 입원비용을 줄이고 병원 재입원률을 감소시키게 된다.[99] 증강현실 기술은 다음에 나오는 혼합현실로 확장이 되며, 증강현실과 확장현실의 경계는 사실상 모호하다고 볼 수 있다.

3 MR (혼합현실 Mixed Reality)

시나리오 2050년대 우리사회

애틀란타에 20년째 거주중인 도널드는 서귀포에서 열리는 회의에 대한 기대감이 높았다. 이날 열리는 회의는 일론머스크가 진행중인 화성개발에 대한 것이었다. 2055년 화성에 인삼재배를 하게 될 터인데 서귀포회의는 이를 위한 첫발을 내딛는 것이다. 2050년까지 100만 인구의 화성도시 건이었지만 2052년 현재 화성이주 프로젝트가 순조롭게 진행되고 있다. 2055년까지 3년이 남아있는 현재 현지에서 재배가능한 농산물이 어떤것이 있을지 연구되었으며 그중에 인삼재배 가능성도 열려 이에 대한 첫번째 회의가 열리게 된 것이다. 현재 도널드는 하와이 호놀룰루를 방문중에 있다. 회의 시간에 맞춰 안경처럼 생긴 MR디바이스를 통해 회의 현장에 입장했다.

MR은 Mixed Reality , 즉 몰입감이 높은 VR의 장점과 현실감 체험이 가능한 AR의 장점을 혼합한 기술이며 현실세계와 가상세계를 융합한 기술이다. 시각에만 전적으로 의존하는 VR, AR과는 달리 청각, 촉각 등 인간의 오감을 접목하여 가상인지 현실인지 구분하지 않는 광범위하고 몰입감 있는 체험을 제공한다.[100] MR은

---

99 Sonali Bloom. 〈HoloAnatomy: AR 바디, AR셀프〉. 2017년 4월17일. 하버드 경영대학교
100 심재우. 47

실제 영상에 보이는 사물의 깊이 및 형태를 측정, 3D 형태로 가상 이미지가 더해져 보다 현실감 있게 가상 이미지의 360도 모습을 볼 수 있다. 따라서 VR과는 달리 현실을 배제하지 못하며, 어떤 형태로든 현실이 간섭하게 된다. 즉, MR은 VR이 주는 이질감을 완화하고 AR의 낮은 몰입도를 개선해 가상의 이미지를 마치 현실의 일부인 것처럼 느낄 수 있다. MR의 장점은 사용자가 자신의 정확한 물리적 위치를 인식할 수 있어 사용이 자유로우며 다양한 콘텐츠를 지원할 수 있다는 것이다.[101]

애플의 MR 해드셋 비전프로(사진: 애플홈페이지) [102]

메타퀘스트2(사진: 박준호)   MR기기 [103]

2023년 6월4일에 열린 애플의 세계개발자회의(WWDC23)에서 혼합현실(Mixed Reality)을 구현하는 기기인 비전프로가 발표가 되었다. 비전프로(Vision Pro)는 메타의 오큘러스퀘스트를 비

101 이성규, 〈5G 시대엔 혼합현실(MR) 주목하라〉 2018년 10월24일. 사이언스타임즈.
102 애플홈페이지(www.apple.com/apple-vision-pro/)
103 103. 산업일보 (www.kidd.co.kr/news/188903)

롯한 MR 시장의 발전으로 대중화를 알리는 다양한 제품과 서비스들이 등장할 것으로 예상된다. Microsoft와 Intel은 PC 시장의 지배력을 바탕으로 MR 시장 전선을 확대하는 가운데 Google도 강력한 경쟁자가 될 것으로 예측된다. 삼성역시 2018년 HMD 오디세이를 출시했다. 이외에 HTC가 혼합현실 기술이 적용된 헤드셋인 HTC Cice XR Elite가 CES2023에서 선보인바 있다.

4 SR (대체현실 Substitutional Reality)

SR은 VR의 연장선상에 있는 기술로 현재와 과거의 영상을 혼합하여 실존하지 않는 인물이나 사건을 새롭게 구성하는 등 가상현실과 인지 뇌과학을 융합하여 뇌 자극으로 현실인지 비현실인지 알 수 없도록 하는 기술이다. 대체현실은 다양한 기술을 통해 사람의 인지 과정에 혼동과 착각을 발생시켜 가상세계의 경험이 현실을 대신하거나 마치 실제인 것처럼 인지하도록 하는 기술로 영화 〈토탈리콜〉, 〈인셉션〉에서 사용한 기술에 해당된다. 그러나 영화와 같은 완전한 대체현실을 체험할 수 있으려면 20년 이상 소요할 것으로 전망되며 2050년경이면 완전한 대체현실을 체험할 수 있을 것으로 예상된다.[104]

대체현실(SR)이 현실화가 되면 다음과 같은 일들이 가능해 질것으로 보인다.

영화 '토탈리콜'의 한장면 [105]

104 104. 심재우. 47
105 AhnLab. 〈상상이 현실로, VR, AR, MR, XR, SR 뭐가 다를까〉. 2021년 1월 27일.https://m.blog.
     naver.com/mocienews/220024891953

2050년 우리사회

    사랑어린이집에서 교사로 있는 조이스는 아이들과 함께있는 시간이 너무 좋아서 자신이 어린이집에서 교사로 일하는 것이 너무나 감사했다. 아직 미혼인 조이스는 학부모들로부터 아이들을 잘 봐줘서 고맙다는 인사를 많이 받았다. 하지만 조이스에게도 힘든시간이 있는데, 아이들이 엄마를 보고 싶다고 칭얼거릴 때이다. 조이스는 그럴때마다 대체현실 체험 장비인 헤드마운트디스플레이(HMD)를 씌워주고 다른 교실로 아이를 데리고 간다. HMD의 렌즈에는 가상의 엄마가 나타나는데 아이는 진짜 엄마인줄 안다. 아이의 엄마는 아이를 안아주고 동화책도 읽어준다. 아이는 엄마가 읽어주는 동화책을 함께보다가 잠이 든다. 대체현실속의 가상의 엄마와 함께 있었지만 아이는 실제로 엄마와 함께 시간을 보낸줄 안다. 아이가 잠이 들면 조이스 선생은 아이에게서 HMD를 벗겨주고 침대에 아이를 눕힌다. 아이가 잠이 든 시간은 어린이집에서 정해진 낮잠자는 시간이었다.

    대체현실 기술은 VR, AR, MR과 달리 하드웨어가 필요 없으며 스마트 기기에 광범위하고 자유롭게 적용될 수 있고 사실상 거의 모든 애플리케이션 시나리오에 사용될 수 있다는 장점이 있다. 일본의 이화학연구소가 네이처지에 발표한 바에 따르면, 체험자가 미리 기록된 과거 장면을 실제처럼 착각하게 만드는 대체현실 시스템을 개발했다. 뇌를 자극해 체험하는 사람이 현실인지 비현실인지 알 수 없도록 해서 진짜 현실을 대체하는 또 하나의 현실을 경험토록 한다는 것인데 기억을 조작할 수 있는 기술의 상용화가 시작됐다고 보는 견해도 있다.[106] 아무튼 대체현실은 가상현실이 주는 몰입감을 능가하게 될 것이며, 미디어에서 대체현실이 도입이 된다면 시청자의 마음속을 거울을 보듯 들여다보고, 시청자를 가상의 세계로 데려가고, 가상의 세계를 시청자의 눈앞에 데려오

---

106 AhnLab. 〈상상이 현실로, VR, AR, MR, XR, SR 뭐가 다를까〉. 2021년 1월 27일.

는 것이 가능해지면서 방송에서 구사할 수 있는 스토리의 한계가 깨지고 확장될 것이다.[107]

5 XR (확장현실 Extended Reality)

MR헤드셋을 쓰고 회의를 하고 있는 모습 [108]

확장현실은 현실과 가상세계의 결합, 인간과 기계의 상호작용을 말하며 VR, AR, MR과 같은 초실감형 기술, 미래에 등장할 신기술까지 포괄한다.[109] 그래서 이들 기술을 통칭해 확장현실(XR, Extended Reality)이라고 부르기도 한다. 이 기술들은 게임뿐만 아니라 다양한 분야와 융·복합을 통해 현실의 제약을 벗어나 새로운 경험을 안겨줄 수 있다. 대중의 눈에 잘 띄지는 않지만 교육공학, 의료기술, 사내교육 분야에서 XR 기술의 상당한 효율성과 문제 해결 능력을 입증했다. 다국적 금융 컨설팅 기업 PwC의 조사에 의하면 가상현실 공간을 활용한 교육과 훈련은 직업 기술 뿐 아니라 리더십, 회복력, 변화 관리와 같은 소프트 스킬(Soft skill)을 키우는 데 높은 효과를 보이는 것으로 드러났다. 이 연구에서 가상현실을 이용한 교육 참가자들은 대조군과 비교했을 때 습득 속도가 4배 더 빨랐고, 3.5배 높은 감정적 연결, 2.5배 높은 자신감, 4배 높은 집중력을 보였다. 의료기술 역시 XR 애플리케이션이 혁신적인 방법을 시도하고 결과를 얻어내고 있다. 원격 의료부터 시작해서 의료진 교육,

---

107 《앞으로 5년, 한국교회 미래 시나리오》. 298
108 https://www.kipa.org/webzine/vol461/sub04.jsp
109 심재우. 49

수술 훈련, 환자와의 새로운 의사소통 방식에 이르기까지 의학 애플리케이션의 효율성을 높이고 품질 높은 서비스를 제공하기 위해 XR 기술을 활발하게 사용하고 있다.[110] 2023년 6월 4일에 열린 애플 WWDC23에서 발표된 MR기기 비전프로는 지속적인 업데이트와 콘텐츠의 강화로 인해 나타나게 되는 결과는 VR, AR, MR 등으로 세분화 해서 모든 기기들이 결국에는 XR 기기로 불려지게 될 것이다. 필자가 이러한 견해를 밝히는 것은 이미 그렇게 불려지고 있어서이기도 하지만, 애플의 비전프로 발표후 비전프로를 MR로 부르기도 하고 AR로 부르기도 하는 등 견해차이가 있어서이다. 하지만 이러한 견해차이는 필자가 보기에는 큰 의미는 없다는 생각이다. 분명한 것은 헤드셋을 사용하지 않고도 동일한 서비스를 누릴 수 있을때까지는 MR헤드셋 혹은 MR글래스의 발전은 지속될 것이다.

---

110 코넬 힐만, 《메타버스를 디자인하라》, 64

4차산업혁명의 발달로 인해 학교교육방식의 변화가 일어난지도 20여년이 지났다. 전세계 어느곳에 있던지 수업에 참여하는데 큰 어려움은 없어졌다. 특별히 7G 시대를 맞이하면서 인터넷 연결망의 환경은 매우 좋아졌다. 과거 전화라인으로만 사용했던 시절은 그야말로 전설이 되버린지 오래다. 오늘 세계적인 교회사의 권위자인 데이빗 팔머 교수가 하게 될 강의는 종교개혁과 종교개혁자에 대한 것이다. 강의에 참여하는 학생은 12명이다. 팔머 교수는 헐리웃 고전영화에서 아이디어를 얻어 준비한 것을 학생들에게 보여주었으며 수업시간은 흥미진진하게 흘러갔다. 팔머교수의 강의는 그의 입을 통해 전달되는 강의가 아닌 시청각 자료를 통해 전달되었다. 그가 80년대 중반 재미있게 봤던 '엑설런트 어드벤처'를 오마주하여 강의를 준비했다. '엑설런트어드벤쳐'는 구제불능상태인 두 남자고등학생이 역사수업시간에 해야 하는 발표를 준비하는데 공중전화박스로 된 타임머신을 타고 고대그리스의 소크라테스, 링컨, 프로이드, 베토벤, 징기스칸, 잔다르크를 소환하여 그들의 이야기를 듣게 하는 내용이 담겨진 영화이다. 이 영화의 방식을 차용하여 마틴루터, 존 칼빈, 쯔빙글리, 후스 등 종교개혁가를 AI로 불러내어 당시 상황과 개혁을 해야했던 내용을 흥미롭게 구성했다. 흥미로운것은 AI로 제작이된 각각의 종교개혁가들이 그들이 활동했던 시절 이야기를 설명했으며 수업에 참여한 학생들이 그들에게 직접 질문을 하기도 했으며 질문을 받은 각각의 종교개혁가들이 대답을 하여 종교개혁 당시 역사를 이해하기 쉽게 해주었다.

홀로그램통신은 실물에 대한 홀로그램을 생성하고, 특정 공간에 그 홀로그램 영상을 전송해 재현함으로써 그 공간에 마치 실물이 존재하는 것 같은 효과를 제공하는 기술이다. 영화 스타워

사진: 123RF/OSTAPENKO

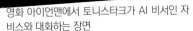

영화 아이언맨에서 토니스타크가 AI 비서인 자비스와 대화하는 장면

스위스 시계 회사 IWC의 크리스토프 그레인저-헤르(Christoph Grainger-Herr) 최고 경영자(CEO)가 지난 2020년 4월 Portl 기술을 사용하여 무역 박람회 행사 중에 홀로그램으로 나타났다. 사진: 포틀

WeWork의 최고 제품 및 경험 책임자인 Hamid Hashemi는 홀로그램 기술을 사용하여 2020년 4월에 열린 회사 전원 회의에 나타났다.(사진: 위워크) [111]

즈에서 제다이들이 한곳에 모여 회의를 하는 모습, 영화 아이언맨에서 토니스타크가 그의 인공지능 비서인 자비스와 이야기를 나눌때 나타나는 형상을 생각하면 된다. 홀로그래피는 1951년 헝가리계 영국 물리학자 데니스 가보르가 발명했으며 20년 후 그는 이 아이디어로 노벨 물리학상을 받았다. 이 기술은 2012년 고 Tupac Shakur가 Coachella 음악 축제에서 랩핑 홀로그램으로 등장하면서 돌파구를 마련했다. 그 다음에는 마이클 잭슨과 휘트니 휴스턴이 출연하는 콘서트가 이어졌다. 스웨덴 팝 4중주단 아바(Abba)의 70대 멤버들의 "홀로그램 아바타"는 런던에서 일련

---

111 https://www.wsj.com/articles/tech-companies-want-to-make-holograms-part-of-routine-office-life-11623232800

의 콘서트를 위해 라이브 뮤지션들과 함께 했다.[112] 홀로그램 기술은 전통적으로 실감 콘텐츠 재현을 목적으로 주로 연구되었으나, 이제는 홀로포테이션과 같은 응용기술의 개발로 인류의 사회적 문제를 극복할 수 있는 수단으로서 역할이 점차 확장되고 있다. 예를 들어 코로나 팬데믹 사태로 물리적, 정신적 교류 단절이 사회적 문제가 되는 때에 홀로그램 기술은 비대면 진료, 원격 지도와 같은 응용 서비스를 위한 핵심 원천 기술이 된다. 이를 활용하면 인류의 고립감을 기술적으로 해소할 수 있는 수단이 될 수 있다. 현재 주목받는 '디지털 트윈(Digital Twin)'이나 '메타버스(Metaverse)'와 같은 비대면·원격 협업을 위한 기술 또한 궁극적으로 홀로그램을 시대적 상황에 맞게 발전시켜가는 응용 서비스의 예로 꼽힌다.[113] Google에서 WeWork에 이르는 회사는 커뮤니케이션에 대한 새로운 접근 방식인 직장용 홀로그램을 통해 고용주가 Zoom 피로를 줄일 수 있도록 했다. Alphabet Inc.의 Google은 지난 5월 참가자에게 3차원적 깊이를 제공하는 화면이 있는 비디오 채팅 시스템을 만들기 위한 노력인 Project Starline을 공개했다. 알파벳과 파트너십을 맺고 ARHT 미디어전 세계 16개 지역에 있는 100개의 WeWork 건물에 홀로그램을 도입한다고 발표했다. WeWork는 다양한 용도로 홀로그램을 구상하고 있다. 고객은 화상 회의, WeWork의 실제 청중 또는 이 둘의 조합을 통해 가상 청중을 위해 3차원 비디오를 녹화하거나 라이브 스트리밍할 수 있다.[114] 토론토에 본사를 둔 ARHT Media의 CEO인 Larry O'Reilly는 풀 사이즈 홀로그램이 오늘날의 네트워크가 일반적으로 전송할 수 있는 것보다 더 많은 데이터를 필요로

---

112 K Oanh Ha. 〈When your boss becomes a hologram〉. 2022년 3월7일 Bloomberg
113 강민구. 〈첨단 기술 더한 '홀로그램', 우리 일상 바꾼다〉. 2023년 2월22일 조선일보
114 Ann-Marie Alcántara. 〈Tech Companies Want to Make Holograms Part of Routine Office Life〉. June 9, 2021. The Wall Street Journal

한다는 것이 문제라고 말했다. O'Reilly 대표는 "이 기술은 우리가 실제 크기의 사람이나 물체에 눈에 띄는 대기 시간 없이 3D의 환영을 만들어 현장감을 만든다"며 "사람들은 눈을 뗄 수 없다"라고 말했다. 전문 컨벤션 관리 협회(Professional Convention Management Association)의 CEO인 셰리프 카라마트(Sherrif Karamat)는 자신이 이 기술의 팬이라고 말하지만 벤더들이 이 기술이 널리 채택되기 전에 가격을 급격하게 낮춰야 한다고 주장했다. 2021년 그는 싱가포르에서 열린 그의 그룹 연례 회의에서 ARHT의 기술을 통해 홀로그램으로 나타났다. 라이브 사회자와 여러 다른 사람들과 함께 무대에서 그는 대화가 쉽게 흘러갔다고 말했고 심지어 한 지점에서 동료 스피커를 팔꿈치로 부딪치기도 했다. Karamat은 "홀로그램은 여기에 있으며 점점 더 많이 사용될 것이다."라고 말했다. 그는 "하지만 우리는 때때로 항상 그 방에 있고 싶을 것"이라 말했다.[115]

Alphabet Inc.의 Google은 지난 5월 참가자에게 3차원적 깊이를 제공하는 화면이 있는 비디오 채팅 시스템을 만들기 위한 노력인 Project Starline을 공개했다.

---

115 K Oanh Ha. 〈When your boss becomes a hologram〉

7 교회

1) AI 설교자

　인공지능(AI) 챗봇이 교회에서 실제 설교한 것으로 알려졌다. 그러나 반응은 긍정적이지 않았다. CBN과 KTLA5 등은 지난주 독일 남부 바이에른 주 퓌르트의 한 루터교 교회에서 챗GPT가 설교를 전했다고 12일(현지시간) 보도했다. 언론보도에 따르면 챗GPT는 대형 화면에 수염을 기른 흑인 아바타로 등장, 300명 이상의 신도들에게 설교했다. 아바타는 "친애하는 친구 여러분, 올해 독일 개신교 대회에서 최초의 인공 지능으로서 여러분에게 설교할 수 있어서 영광입니다"라고 말문을 열었다. 240분짜리 챗봇 설교는 요나스 짐머라인 비엔나대학교 교수가 제작했으며, 설교의 98%는 챗GPT가 생성한 것으로 알려졌다. 또 전반적인 예배는 4명의 다른 아바타가 주도했다. 이에 대한 반응은 부정적이다. 아바타가 진부한 표현과 무뚝뚝한 표정으로 설명하는 장면에서 일부 참석자는 무심코 웃음을 터뜨렸으며, 일부는 "영혼이 없는 설교였다"고 혹평했다. "생각보다 잘 작동하는 것을 보고 놀랐다"는 대답도 나왔다. 이에 대해 '제작자'인 짐머라인 교수는 "종교 지도자를 AI로 대체하려는 의도는 없다"며 "오히려 AI가 교회의 일상 업무를 도울 수 있을 것"이라고 말했다.
출처: AI타임스(https://www.aitimes.com) [116]

　위의 기사는 2023년 6월9일 독일의 바이에른 주 퓌트르에 있는 성바울교회 예배시간에 AI를 통한 예배에 대한 AI타임스의 2023년 6월13일 기사이다. 이 예배는 CBN뉴스, FOX뉴스와 KTLA, AP통신 등 외신에서 비중있게 다루었다. 한국언론인 YTN, MBC 등 방송사와 데일리굿뉴스, 국민일보, AI타임스, 한겨레 등 언론사에서도 이에 대한 소식을 보도했다.

---

116 강두원. 〈챗GPT, 독일 교회에서 설교...반응은 "영혼 없어"〉. 2023년 6월13일 AI타임스

최종인 목사는 "인공지능이 설교하는 시대가 올 것"이라고 그의 저서 『church@메타버스』에서 언급했다. 최종인 목사는 "현재 사회를 IT 사회이기 때문에 머지않아 많은 정보통신 기기들이 교회 안에 들어온 것처럼 AI 인공지능 설교자도 들어오게 될 것이며 설교를 작성할 때, 그리고 설교를 전파할 때도 인공지능을 사용할 것"이라고 전망했다.[117] 최윤식 박사는 미래세대의 어린아이, 청소년들은 인공지능 설교자, 인공지능 목회자를 더 편해할 수 있으며 현실 교회보다 가상세계에서 현실보다 더 현실같고, 더 인자하고, 편안하고, 성경에 해박한 지식을 가진 디지털 목사의 설교에 더 열광할 가능성이 있다. 기성세대에게 불편하지만 다음세대들에게는 전혀 불편하지 않게 될것이라고 말한바 있다.[118]

(사진위) 새들백교회 영상예배 [119]
(사진아래) 독일 성바울교회 예배시간에 설교하고 있는 AI 설교자(KTLA 화면)

신문기사 내용에는 대부분의 신자들의 반응은 부정적이었다. 하지만 새로운 기술이 세상에 나왔을 때 나타나는 반응이 부정적이었던 점을 생각하면 독일교회 신자들, 그리고 소식을 접한 목사들의 반응이 호의적이지 않았다는 것은 충분히 예상할 수 있는 것이다. 왜냐하면 새로운 기술의 도입이 되고 정착

117 최종인. 《church@메타버스》. 83
118 《앞으로 5년, 한국교회 미래 시나리오》. 318
119 Saddleback Remains Southern Baptist for Now, After Surprise Appeal by Rick Warren

이 될 때까지 진통을 겪는 시간을 함께 겪게 되기 때문이다. 영국에서 최초로 자동차가 발명이 되었을 때 자신들의 일자리를 잃어버리게 되는것을 우려했던 마부들이 시위를 했었고, 인터넷이 보급이 되었을 때 팩스 사용을 이메일이 뛰어넘지 못할 것이라며 인터넷 사용에 대해 부정적으로 보기도 했었다. 소위 찬양팀이라는 이름으로 밴드가 도입된 예배에 대해서 거룩하지 못한 예배행위라며 오르간과 피아노, 그리고 성가대의 찬양만이 거룩한 예배라고 여겼던 시절도 있었지만 오늘날 많은 예배가 찬양밴드의 연주가 가미된 예배를 드리고 있다. AI를 이용한 예배 역시 교회에서 도입하고 정착할 날이 현실이 될 것이다. 물론 이 글을 쓰는 2023년 6월 현재 이러한 형태의 예배에 대해 많은 사람들이 우려하고 있고 비판을 하고 있지만, 필자는 AI 예배의 도입은 시간문제일 뿐 현실로 다가오고 있다고 생각한다. 필자가 보도된 기사를 통해 느낀 것도 마찬가지였다. 다만 AI를 이용한 예배의 부족함은 시간이 지남에 따라 보완이 될 것이기 때문이다.

　AI가 주도하는 예배에 대한 부정적인 인식은 아마도 실존인물이 인도하는 예배가 아니기 때문으로 생각된다. 하지만 이미 많은 교회들이 현장에서 영상을 통한 설교를 접하는 것에 대해 익숙해 있다. 새들백교회를 비롯한 많은 미국교회들이 영상을 통한 예배를 진행했으며, 한국교회 역시 여의도순복음교회의 영상설교부터 고인이 된 목사의 설교를 예배시간에 틀어놓고 보는 교회도 존재한다. 따라서 AI를 통한 예배 역시 시작단계에서 오는 거부감은 완화가 될 것으로 보인다. 나아가 메타버스의 발전으로 2050년 혹은 그 이전이라도 가상공간 혹은 현장이라도 홀로그램 기술을 통한 설교자와 예배인도자가 등장하여 마치 실존하는 인물이 예배를 인도하는 것같은 예배의 실제감을 신자들에게 제공하게 될 것이다.

　코로나19로 인해 대부분의 교회가 문을 닫고 온라인을 통해 예배를 드리던 시절이 있었다. 크리스천미디어의 기자로 활동 중인 필자가 자주 접한 이야기는 온라인 예배에 대한 불편함이었다. 유튜브 라이브(YouTube Live)나 줌(Zoom)을 통한 예배는 처음 시작할 때와는 달리 시간이 지남에 따라 예배의 집중력 저하현상이 일어났다. 온라인예배에 대한 지적사항 중 가장 많이 들렸던 이야기는 예배를 드리는 자세의 흐트러짐이었다. 온라인예배를 시작할 때 교회마다 이에 대한 가이드라인이 있었다. 복장규정부터 예배를 드리는 자세까지 예배에 임하는 자세에 대한 지침이 있었는데 시간이 지남에 따라 이러한 가이드라인이 지켜지지 않게 되었다는 것이다. 심지어는 잠옷은 물론 속옷 바람으로 침대에 누워서 예배에 참석한다는 지적사항까지 나올 정도이다. 이러한 흐트러짐으로 인해 예배당에서 현장예배를 다시 시작해야 한다며 온라인예배에 대한 폐지 혹은 축소를 주장하는 자들의 논리가 힘을 받기도 했다. 필자는 이들의 이야기에 공감을 하는 바이지만 과연 이러한 이유로 온라인예배에 대한 비중을 줄여야 하는지에 대한 의구심이 들었다. 미국교회에서는 팬데믹이 발생하기 훨씬 전부터 온라인 예배가 정착이 되어 시행중이며 온라인과 오프라인이 함께하는 하이브리드 방식의 예배가 운영되고 있는 것은 어떻게 생각해야 할까? 라는 것이었다. 그리고 많은 목회자들이 지적하는 온라인예배 참석자들의 흐트러진 그래서 예배경시현상으로 보여지는 것이 문제라면, 단정한 복장으로 예배당에 찾아와 예배참석을 하지만 머리 속에는 온통 다른 생각으로 가득차있는 상태라면 과연 그것이 온전한 예배를 드리는 것인가라는 것이다. 하나님은 우리가 '어디에서'라는 장소의 문제보다 정해진 시간에, 바른 자세와 마음으로 드리는 것을 기뻐 받으시며 이것이 바로 오늘날 영과 진리로 예배를 드리는 것의 참된 의미[120]인 것을 생각해 볼 때 더 이상 특정한 장소에서 드려지는 예배가 진정한 예배라는 개념에서 벗

---

120 김병삼,《올라인예배》. 41

어나야 할 것이다. 다가울 시대의 교회는 사람들을 모이게 할 뿐 아니라 흩어져서도 예배할 수 있도록 도와야 한다. 하나님이 계신 곳이 곧 예배의 자리이며, 결국 삶의 모든 영역에서 하나님을 예배할 수 있다는 뜻이다.[121] 따라서 여러 정황상 현장예배에 참석하지 못하고 예배의 사각지대에 있는 자들에게 그들이 있는 그곳에서도 동일하게 하나님을 예배할 수 있도록 교회가 도움을 주어야 한다.

---

121 앞의 책. 34

제 3 장
통신 및 통신장비

2050년 우리사회

"

　지난 주 화요일 오후 스페이스X에서 쏘아올린 10만번째 저궤도위성으로 인해 2020년 사용화 서비스를 시작한 1세대 저궤도 위성서비스의 완전 종말을 알렸다. 이번에 쏘아올린 저궤도 위성서비스는 앞으로 다가올 8세대(8G)까지 염두에 두고 계획이 되었던 것으로 알려졌다. 2044년에 등장한 7세대(7G) 이동통신으로 이세상은 그야말로 초연결 사회가 되었는데 8세대를 준비하고 있다는 소식은 그야말로 경악 그자체였다.

　미주타임즈 AI 기자인 아폴로 기자는 2050년 3월2일자 기사에서 "스페이스X에서 쏘아올린 저궤도 위성으로 남아있던 1세대이자 5만번째 위성의 활동종료를 눈앞에 두고 있다"며 "앞으로 한국에서 3만번째 위성인 나로25000 발사가 한달 후로 다가왔으며 나로25000으로 인해 한국역시 7G에서 8G로 넘어가는 발판이 될 것으로 기대한다"고 보도했다.

　또한 홀로그램 기술의 발전은 현실과 가상의 경계를 완전히 무너뜨리게 될 것이란 보도가 연일 나오고 있다. 회의석상에 참석한 자들 중 누가 현장에 있는지, 누가 비대면 방식으로 참석했는지 불분명해 질 것이다. 교회와 성당의 예배(미사)현장에 참석한 교인들 역시 비대면으로 참석한 자들에 대하여 전혀 어색함 없이 함께 하고 있음을 느끼게 될 것이다.

　2016년 다보스포럼에서 클라우스 슈밥으로부터 나오게 된 4차산업혁명을 기점으로 4G에서 5G를 너머 2030년 6G 시대를 향해 달려가고 있다. 그리고 2040년쯤 7G 시대가 도래하면 가상과 현실이 완전히 융합이 된 시대 속에 놓여있게 될 것이다. 필자는 시나리오에서 2050이후 8세대 통신(8G)이 2050년쯤 도입이 되는 것으로 이야기를 풀어나갔다. 실제로 2050년경 8G가 도입이 될것인지는 미지수이지만 8G 세상이 되면 가상과 현실이 완전히 유기체처럼 움직이는 세상으로 들어가게 될 것이다. 마치 영화 메트리스 속 세상이나 영화 아바타 속 세상처럼 말이다.

1 저궤도 위성

최초 인공위성은 군사적인 목적으로 사용되었다. 시간이 지남에 따라 군사 정찰의 목적을 가지는 기상 관측, 과학 연구, 군사 정찰 등의 목적정찰위성, 위성을 사용해 지상에서 자신의 위치를 확인하기 위한 항법위성, 위성을 경유해 지상의 두 지점에서 서로 통신을 하기 위한 통신위성 등으로 나뉘어 졌다. 지구는 너무 넓어 일일이 땅을 파서 광케이블을 설치할 수 없으므로 하늘에 위성을 띄우는 방법이 훨씬 효율적이기에 통신위성이 발명이 되었다. 하지만 기존 정지궤도 위성은 너무 높이 떠있어 속도가 느리고 데이터 송수신에 지연이 발생된다. 따라서 지구와 가까운 곳에 통신위성을 띄우자는 아이디어에서 시작된 것이 저궤도 위성통신 프로젝트다. 이는 저궤도 위성을 통하여 지구와 가까운 궤도에 수백에서 수천 기의 통신위성을 촘촘히 배치해 전 세계 어디서나 인터넷을 안정적으로 이용할 수 있게 하는 통신기술이다.[122]

---

122 김명선.《뉴마켓 새로운 기회》. 185

위 성 궤 도 는 고도에 따 라 저궤도, 중 궤 도, 정지궤 도 로 구 분 하 며, 저궤도 위 성 은 저 지 연

〈위성 궤도별 개념〉

	저궤도 (LEO: Low Earth Orbit)	중궤도 (MEO, Medium Earth Orbit)	정지궤도 (GEO: Geostationary Orbit)
위성 고도	200~2,000km	2,000~36,000km	36,000km
평균 통신 지연율(ms)	25	140	500
위성 수 (19.3월 기준)	1,338	125	544
대표 사업자	스페이스X, 아마존, 원웹 등	SES Networks	NASA 등 정부기관

※ 자료 : 한국투자증권, '19.9.19 / IDC, '19.12

자료: 한국투자증권 [123]

성을 최대 강점으로 언제 어디서나 이동통신 서비스 제공이 가능해 차세대 통신망으로 주목받고 있다.[124] 저궤도 위성은 지상으로부터 700~2000㎞의 궤도로 선회하는 인공위성이다. 위성의 궤도는 고도에 따라 저궤도, 중궤도, 정지궤도로 분류된다. 지상 네트워크 수준의 경쟁력을 가지고 있어 차세대 통신망으로 주목받고 있다. 저궤도 위성은 낮은 고도에 위치하고 있어 통신거리가 짧아 전파 손실이 적다. 저지연이 가능한 이유다. 지연성은 0.025초로 광케이블의 0.07초 대비 현저히 낮다. 전파지연시간이 짧아 통화지연이 발생하지 않고 전파 손실이 적기 때문에 단말기의 소형화와 경량화가 용이하다. 위성의 소형화도 가능해 저렴한 비용으로 동시에 발사할 수 있다. 저궤도 위성은 위성 인터넷을 위한 핵심 인프라로 주목받고 있다. 테슬라 스타링크 등 글로벌 기업은 지구 상공에 수천개 저궤도 위성을 띄워 인터넷을 제공하는 서비스를 준비 중이다. 이동통신 커버리지 제약을 극복할 중요한 수단이 될 것으로 기대된다. 비행기를 타고 다니면서 인터넷을 이용할 수 있는 기내 와이파이 서비스(IFC, In-Flight Connectivity)도 LEO 위성망을 이용한다.[125] 저궤도 위성 무선 인터넷은 고도

123 now.k2base.re.kr/portal/trend/mainTrend/view.do?poliTrndId=TRND0000000000038595&menuNo=200004
124 과학기술정보통신부. 〈세계 전역을 커버하는 저궤도 위성, 치열한 선점 경쟁 전개〉. 2020년 2월18일.
125 손지혜. 〈[ICT시사용어]저궤도 위성(LEO, Low Earth Orbit)〉. 2020년 11월5일. 전자신문

200~2000km에 통신위성을 다수 배치하여 전화에서 인터넷 통신까지 가능하게 하는 시스템이다.[126] 지난 2020년 서비스를 시작한 일론 머스크의 스타링크는 현재 4000여 개 위성을 기반으로 전 세계 50여 개국에 광대역 인터넷을 제공하고 있다. 통신 기지국을 설치하기 어려운 산골이나 섬 등에서도 인터넷이 가능하도록 한 것이 장점이다. 스타링크는 미국과 캐나다를 시작으로 영국, 독일, 호주, 프랑스 등에 진출했으며 지난해 10월에는 일본에 진출했다. 그리고 한국 내에서도 음영 지역 없이 한반도와 부속 도서 전체에 인터넷을 제공할 수 있을 전망이다. 스타링크는 오는 2027년까지 4만2000여 개 위성을 우주로 쏘아 올리겠다는 계획이며 이는 위성이 많아질수록 인터넷 속도가 빨라지고 서비스 가격도 낮아질 수 있다.[127] 아마존의 첫 번째 카이퍼 위성 두 대를 발사하는 데 사용될 미국 발사서비스 기업 ULA(United Launch Alliance)의 새 로켓 벌컨 센타우르(Vulcan Centaur)는 NASA의 발사기지가 있는 플로리다의 케이프 커내버럴(Cape Canaveral)에서 조립됐다. 아마존은 2029년까지 카이퍼 위성 총 3,236대를 모두 발사할 계획이다. 첫 번째 위성들은 2024년 초에 발사될 가능성이 있다. 패러는 "아마존은 기술 분야 전반에 걸쳐 혁신을 이루겠다는 야심이 있다. 따라서 그들이 이 분야에 뛰어든 것도 그리 놀라운 일은 아니다"라고 말한다. 아마존은 미연방통신위원회(FCC)에 총 위성 수를 7,774대로 늘려 스타링크와 마찬가지로 알래스카를 포함한 북쪽과 남쪽의 더 넓은 지역에 서비스를 제공할 수 있게 해달라고 신청했다. 아마존은 초당 1기가비트의 속도로 초당 1테라비트의 대역폭을 제공할 수 있다고 말했다. 이는 스타링크가 발표한 수치와 비

---

126 《뉴노멀》. 34
127 김경미. 〈[팩플] 일론 머스크의 스타링크, 비싸고 느려도 통신사들이 긴장하는 이유〉. 2023년 4월3일. 중앙일보

숫하며, 전체적으로 두 서비스는 상당히 유사한 것으로 보인다.[128)

영국 원웹은 428기를 발사해 알래스카·캐나다에서 서비스를 시작했다. 아마존은 최근 미국 연방통신위원회(FCC)에서 저궤도 위성 발사 허가를 받았다. 한국은 한화시스템 등 일부 기업이 저궤도 위성에 들어가는 주요 부품을 만들지만, 저궤도 위성 발사를 시작하지 못했다. 과학기술정보통신부가 추진한 '저궤도 위성통신 기술개발' 사업은 예비타당성조사 대상 선정에서 두번 탈락했다.[129)

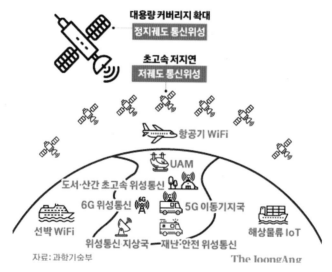

그래픽 김경진 기자 capkim@joongang.co.kr

---

128 Jonathan O'Callaghan. 〈아마존이 위성 인터넷 지배권을 두고 스페이스X와 정면으로 맞서고 있다〉. 2023년 4월17일. MIT테크놀로지 리뷰

129 윤상은. 〈"차세대 통신 주권 취려면 저궤도 위성 경쟁력 필요"〉. 2023년 6월14일 ZDNET KOREA

5G, 6G, 7G 통신

1) 5G

2023년 현재 우리가 많이 사용하고 있는 통신인 5G는 4차 산업혁명의 키워드인 연결과 융합을 성공적으로 이끌 중요한 요소이다. 인공지능, 빅데이터, 사물인터넷 등 각 분야에서 혁신적으로 발달한 기술을 묶어 초연결의 융합효과를 낳는다.[130] 5G 통신망은 초고속, 높은 접속 수 허용, 낮은 통신 지체 시간의 장점이 있다. 이 때문에 실시간 가상현실과 사물통신을 위한 인프라가 될 것이다.[131]

2) 6G

세대별 무선 네트워크 성능비교 [132]

6G는 전송 속도 및 반응속도, 최대 기기 연결수, 고속이동성(Mobility) 측면에서 5G보다 월등한 기술적 특성을 가진다. 6G의 기지국 전송 용량은 1Tbps(테라비트)로 20Gbps(기가비트)인 5G보다 50배 증가하며, 모바일 트래픽의 효과적인 처리와 저렴한 비용으로 더 빠른 서비스가 가능하다. 그리고 이용자 체감 속도는 1Gbps로 5G(100Mbps)보다 10배 빨라질 것이다. 이는 이동 중에도 초고화질의 게임, 화상회의, AR/VR. 홀로그램 등 초실감 콘텐츠의 활용이 보편화된다는 것이다. 그리고 6G 무선구간에서 반

---

130 고삼석.《5G 초연결사회, 완전히 새로운 미래가 온다》. 23
131 《뉴노멀》. 34
132 https://www.hankyung.com/it/article/202102199524g

응속도(전송지연 latency)는 0.1ms(밀리초)로 5G(1ms)보다 10배 정도 개선될 것이다. 이에 따라 자율주행 자동차의 브레이크 구동 명령을 10배 빠르게 전달할 수 있으며, 실시간으로 조종하는 수술로봇, 드론, 공장 자동화 로봇 등의 반응속도나 정밀도도 그 만큼 향상될 수 있다.[133] 하루에 차량 수백만대가 운행하는 서울과 같은 대도시가 자율주행 환경에서 처리해야 할 데이터 용량과 속도는 엄청난 규모다. 자율주행차는 주행중인 도로 상황과 주변 차량 정보만이 아니라 자전거와 보행자, 음영지역의 정보까지 실시간으로 지연시간 없이 처리해야 한다. 교차로에 진입하는 순간마다 실시간으로 사물통신용 네트워크를 생성하고 데이터 처리 이후 바로 폐기해야 한다. 과학기술전문매체 'MIT 테크놀로지'는 20019년 4월 19일, 독일 브레멘 야콥스대학의 라츠반-안드레이 스토이카와 쥐세페 아브로이가 아카이브(arXiv)에 실은 논문('6G: the Wireless Communications Network for Collaborative and AI Applications')에서 이런 기능이 5세대 통신망에서는 구현하기 어려워 6세대 통신의 주요한 개발 수요가 될 것이라고 언급했다. 사람의 지시 없이 자율적으로 인지, 판단, 행동하는 인공지능 주체가 상호 소통하고 처리하는 수요가 향후 통신수요의 대부분을 차지할 것이라는 전망이다. 개별 차량이 차량내 장치를 통해 특정 상황에서 자율주행을 할 수 있어도, 다른 차량 및 다양한 교통정보를 처리하면서 완전 자율주행을 할 수 있는 시점은 6세대 통신의 서비스 시기와 연계된다는 것을 의미하기 때문이다.[134]

6G에서는 1㎢당 연결기기 수를 5G(100만 개)보다 100배 늘릴 수 있다(1억 개). 이는 한 개의 기지국에서 연결할 수 있는 센

---

133 카이스트 문술미래전략대학원 미래전략연구센터.《카이스트 미래전략 2023》. 96~98
134 구본권.〈'5G 이통' 첫발, 6G 되면 뭐가 바뀌나?〉2019년 4월15일 한겨레.

서, 통신 모듈 수를 증가시켜 사물인터넷 서비스 비용과 품질을 크게 높일 수 있다. 6G에서는 시속 1,000km의 이동 속도에서도 통신이 가능해진다(5G는 시속 500km까지 가능). 이에 따라 차세대 고속열차, 초고속 드론, 도심 항공 모빌리티(UAM) 내에서도 고속의 무선통신 서비스를 이용이 가능하다. 무엇보다 6G에서는 저궤도 위성과 지상 기지국 장비의 연동을 통해 공중에 뜬 항공기에서, 또 오지나 해상에서도 초고속 인터넷 서비스 이용이 가능해진다.[135] 2028년께 상용화될 6세대 이동통신(6G)은 10㎞ 상공에서도 통신이 가능해질 전망이다. 그리고 유선네트워크 중요성이 커지며 광통신망 구축이 크게 늘어날 것으로 보인다. 6G 국가 R&D는 △초성능 △초대역 △초공간 △초정밀 △초지능 △초경험의 6개 성능지표(KPI) 구현을 목표로 추진된다. 구체적으로 보면, 최대 전송률은 5G(20Gbps)의 20배 수준인 1Tbps, 체감전송속도는 10배 늘어난 1Gbps를 목표로 한다.[136]

3) 7G

2040년대의 7G시대는 생명체의 논리가 기계, 즉 온갖 단말에도 적용될 것으로 본다. 이에 따라 인간과 기계가 동질적 유기체로 수렴하는 초생명화 단말(Hyper-vivifying device)의 보편화 국면으로 성큼 다가간다. 7G시대의 초생명화 단말 환경에서는 더는 인간의 개입과 통제가 필요하지 않다. 완전 자율운전 단계에서 인간 운전자의 개입을 배제하듯, 모바일 천국의 혜택을 충분히 누리기 위해서는 시스템에 모든 것을 위임하는 편이 좋기 때문이다.[137] 7G 시대에는 사람이 존재하는 공간 자체가 네트워크화 될 것이다. 즉 지구에 존재하는 모든 산업과 인프라가 연결되는 조 단

---

135 『카이스트 미래전략』, 96~98
136 최아름, 〈6G, 2028년께 상용화…광통신망 구축 '탄력'〉, 2020년 2월17일, 정보통신신문
137 하원규, 〈6G·7G 생태계는 어떤 모습일까〉 2019년 5월6일, 헬로디디

위의 센서로 이뤄진 만물초지성인터넷 생태계가 정착된다는 것이다.[138] 아마도 7G 시대가 도래가 되면 영화 매트릭스의 주인공 네오가 앤더슨으로 살아가던 가상의 세계가 현실인것처럼 생각되는 시대가 될수도 있으며 영화 '레디플레이어 원'에서의 가상세계인 오아시스나 메타버스라는 단어가 처음으로 사용되었던 닐 스티븐슨의 소설 '스노우크래쉬'에서 가상과 현실이 공존하는 세상을 맞이하게 될 것이다. 이 시기는 홀로그램, 가상현실, 지금보다 1,000배 빠른 통신기술, 휴먼인터페이스(Human Interface), 입는 컴퓨터, 3D그래픽 및 디스플레이, 인공지능 등이 서로 시너지를 내면서 진일보한 가상세계를 만들어 낼 것이다.[139]

---

138 헤드라인제주 편집팀. 〈2040년 7G 시대 예측, "초연결 세상 온다"...7G는 어떤기술?〉. 2014년 12월27일. 헤드라인 제주
139 《앞으로 5년, 한국교회 미래 시나리오》. 206.

2020년과 2021년 우리는 2년간의 코로나19 팬데믹을 경험하면서 새로운 시도를 하게 되었다. 이는 우리가 준비가 되서 시도된 것이 아닌 갑작스러우면서도 자연스럽게 시작된 시도였다. 즉 전통적인 기업 사무실 문화를 포기하는 현시대 최대의 사회적 실험을 요구받게 된 것이었다. 그 어떠한 사전 준비도, 변화할 업무 환경에 맞춘 교육도 받지 못한 채로 재택근무에 적응해야 했다. 대면으로 진행했던 각종 미팅, 타 회사와의 업무에서도 직접 방문하는 출장을 포기해야 했었으며, 서면으로 전달되던 문서는 모두 디지털화해야했다. 화상통화 서비스를 이용한 온라인 미팅에서 카메라와 마이크에 익숙해져야 했으며 화면 공유나 프리젠테이션까지 원활하게 사용하기가 쉽지 않았다.[140] 팬데믹을 지나면서 상당부분 이러한 어려움은 해소가 되었다. 하지만 엔데믹을 맞이한 오늘날 팬데믹 이전처럼 모여서 일하는 환경이 어색해졌으며 원격근무를 선호하는 현상이 발생했다. 이런 상황을 볼때 사무실은 베이스캠프 역할을 하고 업무의 대부분은 개인의 공간에서 재택근무와 화상회의 등으로 이루어진다.[141] 캐런 만지아 미국의 고객관계관리(CRM) 소프트웨어 전문기업인 세일즈포스 부사장은 2022년 9월 20일부터 22일까지 한국에서 세계지식포럼2023의 〈일의 미래: 달라지는 직업과 근무환경〉 세션에서 "정보기술(IT)이 발달해도 누군간는 대면환경에서 모일 때 기쁨을 느낄 수 있고, 누군가는 카페에서 근무를 해도 생산성 있게 할 수 있기에 왜 특정 방식의 근무가 필요한지 목적이 명확해야 한다"고 말했다.[142] 메타의 CEO 마크 저커버그는 2020년부터 5~10년 이내에 사원의 절반이 원격

140 송민우, 안준식 『메타사피엔스』, 244
141 『세계미래보고서 2021』, 189
142 《세계지식트렌드2023》, 170

으로 일할 것이라 언급하며 원격근무를 전제로 직원 고용 및 재택근무를 실시할 것이라고 발표한바있으며 2030년까지 안경형 웨어러블 기기를 통해서 출근하고 고객과도 만날 것이라고 예측했다.[143] 2024년 출시를 앞둔 애플의 비전프로는 혼합현실(MR)에서 사용하게 되는 안경형 웨어러블 기기이며, 메타에서 출시한 메타퀘스트3와 함께 메타버스 속 세상을 밝혀줄 것이다. 여기에는 현재 메타가 설계하고 출시한 호라이즌 워크룸을 비롯 스페이셜 등을 통해 가상오피스를 만날 수 있을 뿐만 아니라 그안에서 각자의 아바타를 통해 업무를 보게 될 것이다. 그리고 한국 네이버에서 만든 메타버스 플렛폼인 제페토의 게더타운, 가상부동산 디센트럴랜드, 샌드박스, 어스2 등에서도 가상오피스를 구현할 수 있다.

1) 호라이즌 워크룸 (Horizon Workrooms)

호라이즌월드커뮤니티(사진=페이스북)　　　　호라이즌워크룸(사진=메타)

　호라이즌 워크룸은 2021년 8월19일　메타에서 제작한 메타버스 플렛폼 내의 회의장소이다. 워크룸은 메타 퀘스트 헤드셋을 착용하든 2D 화면으로 참여하든 팀원을 만나 아이디어를 브레인스토밍하고 프레젠테이션을 공유하며 업무를 처리할 수 있는 몰입형 가상 오피스다. 그리고 워크룸에 마련된 공간은 간단하고 모바일 친화적인 도구를 사용하여 사람들을 한데 모아 정보를 공유하고,

---

143 이시안, 『메타버스의 시대』, 199

서로를 더 잘 알아가며, 더 빠르게 업무를 처리할 수 있도록 지원한다.[144) 2000년대로 들어서면서 모바일과 인터넷을 이용한 화상회의 서비스를 지원하는 업체가 늘어났다. 그리고 화상회의는 코로나19팬데믹을 통해 수요가 폭발적으로 확산이 되었는데 그 중심에는 줌(Zoom)이 있었다. Zoom은 단순한 화상회의 공간이었다면, 호라이즌 워크룸은 여기에 메타버스 요소를 집어넣어 새로운 업무 패러다임을 개발했다. 호라이즌 워크룸은 자신과 똑같은 가상현실(VR) 아바타를 사용해 가상공간에서 회의할 수 있다. 아바타 시스템인 '오큘러스 아바타'는 얼굴 부위, 체형, 복장 등 100경 종류를 조합할 수 있기 때문에 자신과 비슷한 아바타를 만들 수 있다.[145) 호라이즌 워크룸은 최근 메타버스가 세계적 화두로 떠오르면서 사용자가 늘고 있는 또 다른 플랫폼 '게더타운'과도 차이점을 보인다. 마크 저커버그 CEO는 호라이즌 워크룸을 공개하며 자신의 페이스북에 "워크룸에서는 참여하는 모두가 실제 회의와 똑같은 느낌을 받을 수 있다"고 밝혔다. 실제 회의에서 PPT 발표를 하거나, 화이트보드에 메모를 하는 행동이 워크룸 안에서 모두 가능하다. 게더타운이 설정된 아바타 위에 줌과 흡사한 화상 모니터를 띄우는 것과 비교해 더 진보한 형태다. 목적에 맞춰 회의실 테이블 위치나 좌석 구조를 다르게 바꿀 수도 있다. 토론 형식의 회의를 위해 원형 테이블을 두거나, 컨퍼런스처럼 무대와 객석을 배치하는 식이다. 같은 공간을 넓힐 수도, 축소할 수도 있다. 저커버그는 이처럼 다양한 호라이즌 워크룸 활용방법을 언급하며 "머지 않은 미래에 메타버스가 우리 현실이 되기 위한 첫 단계로 워크룸을 선보였다"고 설명했다.[146)

---

144 메타 홈페이지 (https://forwork.meta.com/horizon-workrooms/)
145 도구가와 타로. 《세계를 바꿀 테크놀로지100》. 309
146 박혜섭. 〈업무용 메타버스 '호라이즌 워크룸' 첫 도입한 페이스북.. '혁신' '불필요' 갑론을박〉. 2021년 8월23일 AI타임스.

2) 스페이셜

스페이셜(Spatial)은 호라이즌워크룸 처럼 사용자들이 홀로그램으로 원격 미팅에 참여해 마치 같은 공간에 있는 것처럼 쉽게 일할 수 있는 협업 소프트웨어다.

스페이셜은 어떤 디바이스에서도 사용할 수 있는 증강현실 플랫폼이다. 마이크로소프트 홀로렌즈, 메타퀘스트, 매직리프, 퀄컴, 그리

사진: 스페이셜

고 스마트폰과 피씨/ 맥 어떤 디바이스에서든 스페이셜 플랫폼을 사용해 협업할 수 있다. 스페이셜의 솔루션을 이용하는 기업에서는 차세대 자율주행차의 디자인 구상 회의, 또는 분기 사업 리뷰 등 전세계 각지의 직원들이 가상으로 한 방에 모여 회의를 할 수 있다. 비디오, 3D 모델, 문서, 이미지, 웹사이트 등 각종 자료들을 공간 또는 화면 제약없이 공유하고 함께 작업이 가능하다. 또 스페이셜은 인공지능을 이용해 사용자의 사진 한 장만을 갖고 아바타를 생성하고, 증강현실 기기를 통해 사용자의 눈동자나 손의 움직임 등의 데이터를 읽는다. 나아가 주변의 3차원 공간을 디지털 작업환경으로 전환해서 쉽게 생각과 정보를 공유할 수 있다.[147] 스페이셜(Spatial)은 2022년 5월17일 레디 플레이어 미(Ready Player Me)와 파트너십을 체결하고, 전신 아바타와 '커스터마이징(맞춤형 주문제작)' 지원 기능을 새롭게 선보이게 됐다. 레디 플레이어 미는 게임과 메타버스에 접목이 가능한 아바타 플랫폼이

---

147 https://www.nextunicorn.kr/company/ffb47a4402d2a88a

다. 이용자는 레디 플레이어 미를 통해 만든 아바타를 여러 메타버스 공간에서 활용할 수 있다. 스페이셜은 그동안 상반신 중심의 아바타로 서비스를 제공해왔지만 이용자들에게 자연스럽고 생동감 넘치는 메타버스 환경을 선보이기 위해, 개발 역량을 집중해 하체까지 포함한 전신 아바타와 커스터마이징 기능을 구현할 수 있게 됐다. 기존 가상·증강현실(VR·AR) 중심의 환경에선 헤드셋 카메라로 상체 움직임에만 집중되는 한계가 있었지만, 웹 중심의 인터넷 환경이 이동해사진: 스페이셜 전신 아바타로 자유로운 표현이 가능해졌다. 이용자는 스페이셜 내 생성된 '프로필 피커(Profile Picker)'를 활용해 40개의 신체 모양과 복장, 헤어스타일 중 원하는 영역을 선택해 아바타를 만들 수 있다. 얼굴도 기존 실제 사진을 바탕으로 한 옵션과 레디 플레이어 미 일러스트 기반의 캐릭터옵션 가운데 고를 수 있다. 스페이셜의 공동 창업자인 이진하 최고제품책임자(CPO)는 "메타버스 내 아바타는 사용자 정체성을 드러낼 수 있는 수단이 된다는 점에서, 몰입감 높은 환경을 위한 중요요소로 작용한다"며 "협업을 통해 이용자가 개성을 자유롭게 표현하고, 역동적인 상호작용을 기반으로 긍정적인 사회적 경험을 할 수 있을 것으로 기대한다"고 말했다.[148]

3) 브룸(VROOM)

브룸(VROOM, Virtual Robot Overlay for Online Meetngs)은 미국 마이크로소프트 리서치가 등신대 아바타를 가상공간이 아닌 리얼한 사무실에 3차원 영상으로 투영하는 방식이다. 등신대 아바타는 사무실에 있는 작업자와 재택 작업자가 실제로 사무실에서 마주하고 있는 것처럼 회의할 수 있다. 원격 작업자는 윈도우 혼합현실(Window Mixed Reality) 헤드셋을 장착하고 사무실 작

---

148 김성현. 〈메타버스 플랫폼 스페이셜, 전신 아바타 선봬〉. 2022년 5월17일 ZDNET Korea

업자는 홀로렌즈 AR(HoloLens AR) 헤드셋을 장착한다. 그리고
일대일 대화를 한뒤 회의를 마무리한다.[149]

4 가상학교

코로나19로 인해 학생들이 학교를 방문할 수 없게 되면서 캠퍼
스를 가상으로 체험하게 하는 것이 신입생 유치의 중요한 마케팅
수단이 되었다.[150] 2020년 5월 UC버클리대학은 마인크래프트 게
임안에 3D 버클리 캠퍼스를 조성한 후 학생들을 초대하여 졸업
식을 거행했다.[151] 순천향대는 3월27일 신입생의 선택에 따라 메
타세계와 현실세계, 메타-리얼 융합 세계에서 대면, 비대면 방식
으로 입학식을 참가해 즐기는 '2023 하이플렉스 입학식'을 개최
했다. 순천향대는 지난 2021년 세계 최초 메타버스 입학식 개최
에 이어 2022년 순천향 메타버시티, 스칼라 등을 선보인 메타버
스 입학식 영상이 유튜브 천만 조회 수를 돌파해 전 세계 MZ세대
로부터 큰 관심을 모았으며, 올해 입학식에서는 신입생에게 입학
식 참여 방식의 선택권을 부여하는 '하이플렉스' 방식을 활용했다.
'하이플렉스'는 교수자 중심의 기존 학습모델에서 탈피해 학생들
이 대면·비대면, 실시간·비실시간의 수업 참여방식을 스스로 선택
할 수 있도록 함으로써 학습 유연성을 극대화한 학습자 주도의 학
습방식이다. 시간과 공간의 외부환경 변화에 영향을 받지 않고 학
습자의 여건과 요구에 따라 최적화된 학습 환경을 제공할 수 있어
포스트 코로나 시대 이후 미래 교육을 선도할 새로운 교육혁신 모
델로 주목받고 있다. 순천향대는 2023년 입학식에서 대면과 비

149 도크나가 타로, 《세계를 바꿀 테크놀로지》, 309
150 『최재붕의 메타버스 이야기』, 116
151 『메타버스 세상을 선점하라』, 47

대면의 새로운 소통인 '하이플렉스'를 통해 가상의 메타우주와 리얼우주를 융합하는 'MR-Verse(메타-리얼 융합 우주)'를 선보였다.[152]

팬데믹 기간과 팬데믹을 거치면서 학생들의 디지털 등록이 급증하고, 온라인 교육 사업에 대한 평가가 훨씬 높아지고, 교육과 정보통신기술을 결합한 에듀테크(ed-tech) 스타트업의 가용 자본이 늘어나고 있다.[153] 이미 고등교육 분야에서는 대학교 신입생의 감소, 커리큘럼의 느린 개발속도, 원격학습 부족 및 비싼 학비로 인한 문제점이 가시화 되고 있다.[154] 이런 시점에서 구글과 구글의 IT 고용주들은 오랫동안 지연된 디지털 학습의 문제점을 파괴하고 새롭게 혁신하는 선구자가 되고 있다. 강원대학교가 대한민국 대학교 최초로 자체 웹서비스 기반 '메타버스 플랫폼'을 공개했다. 웹서비스 기반의 메타버스는 사용자 접속 환경에 크게 구애받지 않고 모바일, 웹 브라우저 등에서도 접속 가능하다. 강원대학교(총장 김헌영 박사)는 2022년 6월7일 춘천캠퍼스 60주년기념관 국제회의실에서 '강원대 메타버스 플랫폼 구축 1단계 사업 완료 보고회'를 개최하고, 본격적인 서비스 운영에 착수했다. '강원대 메타버스 플랫폼'은 강원대 홈페이지를 통해 이용할 수 있으며, 학내 구성원은 'K-Cloud 통합로그인' 아이디, 일반 이용자는 카카오톡 아이디를 통해 별도의 회원가입 없이 접속할 수 있다. 강원대학교 메타버스 플랫폼은 MZ세대 학생들을 위한 차별화된 교육정보서비스를 제공할 것으로 기대된다. 메타버스 플랫폼은 현실의 3개 캠퍼스(춘천·삼척·도계)와 가상의 두리캠퍼스로 구성된 총 4개의 메타버스 캠퍼스맵에 학내 주요시설과 서비스를 3D 그래픽

---

152 서명수. 〈순천향대, 가상·현실 융합 '하이플렉스 입학식' 개최〉. 2023년 3월2일 중앙일보.
153 《클라우스 슈밥의 위대한 리셋》. 224
154 《세계미래보고서2021》. 125

으로 제공하며, 다양한 아바타와 가상 캐릭터 봇(NPC)을 제공한다. 강원대 메타버스 플랫폼은 입학부터 졸업까지 전주기 맞춤형 교육시스템을 지원한다. 학생들은 개인별 대시보드 형태로 제공되는 '마이페이지'를 통해 △학적 및 성적 조회 △교과 이수 현황 △장학조회 △비대면 강의 △취업 정보 및 진로상담 등을 지원받는다. 아울러, 메타버스 내 제공되는 강좌·학과·동아리별 가상공간은 학생 간 커뮤니티 형성과 정보 공유와 소통의 장이 될 전망이다. 강원대 메타버스 플랫폼을 활용하여 디지털 대전환 시대에 걸맞는 교육생태계 조성을 위한 다양한 사업을 마련하고 있다. 가상 캐릭터 봇(NPC)과 미니게임을 활용한 대학정책 및 학과 소개, 실감나는 학과 체험을 통해 예비 신입생 유치, 발전기금 모금 등을 펼쳐 나갈 계획이다. 김헌영 총장은 "강원대 메타버스 플랫폼이 코로나 19 이후의 일상 회복을 넘어 미래로 도약을 위한 교육생태계가 되기를 기대한다"며 "앞으로 메타버스의 적극 활용해 혁신적인 교육 서비스를 제공할 수 있도록 전문적이고 시의성있는 사업들을 지속적으로 발굴하고 지원하겠다"고 밝혔다.[155]

1) 학교교육의 전환

현존하는 직업 20억 개가 2030년에 소멸되고 현존 일자리 80%가 15년 안에 사라진다고 한다. 2011년에 초등학교에 입학한 어린이 중 65%는 아직 생기지도 않은 직업에 종사하게 된다. 핀란드는 2020년까지 전통적인 수업 과정을 4C, 즉 소통(communication), 창의성(creativity), 비판적 사고(critical thinking), 협업(collaboration)을 강조하는 주제로 대체하게 된다고 발표했다. 아르헨티나의 초등학교와 중학교에서 코딩을 가르치며, 중고등학교의 교과과정에는 기술교육 2년, 창업 및 기업가

---

155 이종혁. 강원대, 〈전국 대학 최초 '메타버스 캠퍼스' 공개〉 2022년 6월 14일 춘천사람들.

정신 교육 3년이 포함되어 있다. 이는 학생들이 학교 밖에서 마주치게 될 현실이 무엇이든 적응할 수 있도록 적응력을 가르치려는 시도다.[156]

현재 케냐의 들판에서 스마트폰을 가지고 있는 마사이 전사가 25년 전의 미국 대통령보다 더 효율적으로 정보를 수집할 수 있다. 73%이 미국 10대들이 스마트폰을 가진 지금, 암기의 중요성은 사라지고 있다. 웹에서 47억 페이지의 정보를 이용할 수 있는 오늘날 학생들이 가진 가장 큰 도전과제는 정보를 찾고 평가하며 합성하는 기술이다.[157] 지금까지 학교교육은 지식전달이 주를 이루었다. 강의실에서 교사를 통해 이루어지는 지식전달 중심의 교육, 그리고 그것을 평가하는 시험으로 학생의 학업성취도를 결정하는 방식이었다. 하지만 이러한 방식은 미래세대들에게는 적합하지 않은 방식의 교육이다. 매학기 중간고사 혹은 기말고사로 치뤄지는 시험은 단순히 시험을 위한 시험으로 그치는 경우가 다반사다. 암기한 내용은 시험이 마치면 잊어버리는 경우가 태반이다.[158] 성균관대 최재붕 교수는 그의 책 〈최재붕의 메타버스 이야기〉에서 "한국의 경우도 별반 다를게 없다. 고등학교 교육은 오직 수능이며 암기를 잘해야 잘 볼수 있다. 협업도 창의적 아이디어 훈련도 전혀 없다. 대학도 10년 전과 크게 달라진건 없다. 대한민국 사회는 그동안 대학에 투자를 늘린적이 없다. 학과 간 융합 교육이나 창조적인 수업을 진행하려고 하면 많은 변화와 혁신이 필요한데 투자도 없고 생각도 달라진게 없다"고 지적했다.[159] 이는 글로벌사회가 변화와 혁신으로 발전해가려는 움직임을 보이고 있는데

156 《세계미래보고서2050》. 147
157 앞의책. 145
158 《세계미래보고서2050》. 144
159 최재붕. 《최재붕의 메타버스 이야기》. 73.

반해 우리사회는 예전과 다를게 없는 교육을 계속하고 있기에 국제경쟁력에서 살아남아야 한다는 마음에서 나오는 절규라고 느껴진다. 워싱턴 D.C의 비영리기관 대도시학교연합(the Council of the Great City Schools)이 발표한 보고서에 따르면 '미국 대도시 공립학교의 평균적인 학생들은 유치원에서 고등학교를 졸업할 때까지 대개 112개의 의무 표준시험을 치른다. 또 전국 66개 대도시 학군을 조사한 결과 3-11학년의 표준시험 평균시간은 20~25시간으로 나타났다. 8학년의 경우 연간 수업시간의 2.3%가 시험을 치르는데 사용된다. 보고서에 의하면 이들 시험 중 많은 시험들에 불필요한 중복이 있었으며 학생들은 OMR답안지가 아닌 실제 세계를 통해 지식을 접할 기회를 원한다.[160]

대한민국 통계청이 2022년 5월에 발표한 2020 인구통계 기준 미래 인구 동향 시나리오에 따르면 2020년 총인구는 5184만명에서 지속적으로 줄어들어 2050년에는 4736만명에 이를 것으로 전망했으며, 서울, 부산 등 13개 시도의 총인구는 감소하고 경기, 세종, 제주, 충남 등 4개 시도의 총인구는 증가할 것이라고 하였다. 특히 학령인구 급감은 2000년대 들어서면서부터 꾸준히 제기된 시급하고 중대한 과제인데도 몇 번의 정권이 바뀌는 동안, 정부나 대학을 포함한 관계기관에서는 사회적 합의를 위한 의제도출도 제대로 이루지 못했다. 만 18세 학령인구는 51만명에서, 2024년 43만명, 2040년엔 현재의 절반인 28만 명으로 줄어들 전망이다. 2021년부터 국내 대입정원이 입학자원보다 더 많은 '대입 역전현상'이 본격화가 되었다. 따라서 대학은 지역의 특성과 수요에 맞는 교육과정개발과 물리적·기능적인 연계를 통해 지역주민의 삶에 실

---

160 《세계미래보고서2050》. 144

질적으로 기여할 수 있는 방안 마련에 지혜를 모아야 한다.[161]

2) 대학교육의 전환

미국의 경우 미국인 가운데 약 40%는 2년제 혹은 4년제 대학을 졸업하고 있지만 상당수는 전공과 상관없는 직종에서 일을 한다. 1992년부터 2008년까지 미국에서는 대학졸업생이 2천만 명 이상 증가했지만, 같은 기간에 1,200만 명의 졸업생들이 전공과 상관없는 직업을 가졌다. 1992년, 510만 명의 학사 학위 소지자들은 학위가 필요없는 직업에 종사했으며 2008년에는 그 숫자가 3배 이상 증가한 1,740만 명이 되었다. 이는 학교는 엄청나게 많은 돈을 벌어들이지만 학생들이 기업에서 환영해 주지 않는 학점과 대학졸업장을 거머쥐는 경우가 흔해졌다. 한국의 경우 취업난으로 인문계열 졸업생의 절반가량이 전공과 상관없는 일자리에 취직하고 있다. 인문계열 박사학위를 받고도 공장에서 일하는 사람들도 많으며 교수는 커녕 시간강사 자리를 얻는 것도 하늘의 별따기처럼 어렵다. 그럼에도 불구하고 한국의 박사 학위 취득자는 꾸준히 늘고있다.[162] 이는 지금까지의 대학교육은 지식을 습득하는 것으로 그쳤으며 대학교육은 단지 강의시간에 나누었던 내용들을 시험을 통해 평가받는 시스템이었다. 하지만 AI의 발달로 인해 단순히 지식습득으로 이루어지는 대학교육의 의미가 퇴색되어졌다. '파괴적 혁신'으로 유명한 하버드 경영대학원 클레이튼 크리스텐슨(Clayton Cheistensen) 교수는 2017년에 "10년 안에 미국 내 절반의 대학이 파산한다"고 경고한 바 있다. 그는 2013년부터 "온라인 공개 수업인 무크(MOOC)가 다수의 비효율적 대학들을 사장시킬 것"이라며 온라인 교육 자원이 늘어나면서 전통적 고등교

---

161 최봉. 〈대학의 새로운 사회적 역할을 기대하며〉. 2022년 6월 22일. 뉴스투데이
162 《2027 10년후 4차산업혁명의 미래》. 279

육기관이 자리를 잃을 것이란 우려를 드러냈다.[163] 뉴욕대학의 스캇 갤러웨이(Scott Galloway) 교수 역시 코로나19로 미국 내 절반이 대학이 5~10년 후에 소멸한다고 말했다. 그는 PBS의 프로그램인 〈Amanpour & Co.〉에서 코로나바이러스가 대학에 미치는 영향에 대해 분석했다. 모든 대학이 온라인 강의가 강제된 상황에서 부실한 인터넷 강의를 왜 들어야 하는지에 대해 학생들이 심각하게 의구심을 나타내기 시작했다는 것이다. 그는 "미국 전역에서 학생들은 이런 강의가 어떤 가치가 있으며, 열정 없고 부실한 내용으로 왜 그렇게 많은 수업료를 받고 있는지 궁금해하고 있다"고 말했다.[164] 코로나19 팬데믹으로 인해 비대면 수업의 의존하던 시절 드러났던 문제점은 수업에 대한 집중력 저하로 제대로 된 교육서비스를 받기 어려웠다는 것이다. 특별히 음악대학과 공학대학 등 실기수업을 필수적으로 해야 하는 학생들에게 온라인 수업에 대한 만족도는 매우 낮았다. 한국공학한림원 인재양성위원회(회장 권오경 한양대 석좌교수)가 지난 2021년 6월부터 두 달 동안 진행한 전국 공과대학 교수 254명과 대학생 1668명을 대상으로 '비대면 수업의 효과와 만족도에 대한 조사'에 의하면 5점만점으로 작성된 설문조사 결과, 학생들 역시 온라인 수업에 대한 어려움은 대부분 감소했으나 '집중력 문제'(3.37점)와 '과제에 많은 시간이 소요되는 것'(3.29점)을 힘들어하는 것으로 나타났다. 한국공학한림원 인재양성위원회 위원장을 맡고 있는 조형희 연세대 기계공학부 교수는 "코로나19 장기화로 공대 교수와 학생 모두 온라인 수업에 적응하면서 만족도는 높아졌으나 공학교육의 특성상 대면수업 만큼의 교육적 효과가 높지 않은 것으로 판단됐다"며 "실험·실습과 프로젝트 수업은 부분적으로 대면 수업으로 전환할 필요가 있다"

---

163 《세계미래보고서2021》. 103
164 앞의책. 104

고 말했다. 조 교수는 "온라인 수업 경험이 쌓이면서 교수들의 블렌디드 러닝(blended learning)에 대한 인식이 바뀌면서 온라인을 통한 선행학습 이후 오프라인 강의를 통해 교수와 토론식 강의를 진행하는 플립 러닝(flipped learning) 확대 가능성이 높아졌다고 생각한다"고 분석했다.

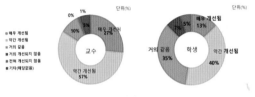

온라인 수업의 질 개선에 대한 인식

교수의 경우 새로운 매체 활용 방법이나 수업 자료 준비, 피드백 제공 등 전반적인 온라인 수업 운영상의 어려움은 감소했다. 하지만 '학생들의 이해 여부 판단이 제일 어렵다'(4.19점)고 답했으며 '학생들의 집중력 저하로 인한 어려움'(3.99점)도 지난해에 비해 늘었다고 답했다. 평가방식에 있어서도 교수와 학생 모두 대면 시험을 가장 선호했고 코로나19 종식 이후 원하는 수업의 수강 비율에서도 대면 수업(59.3%)이 온라인 수업(35.7%)을 앞질렀다. 효과적인 온라인 수업의 소통 방법으로 교수는 즉각적 응답이 가능한 ZOOM 소통을 선호하지만 학생은 개인적으로 질문할 수 있는 이메일을 선호하는 것으로 조사됐다.[165]

비대면에 의한 대학교육에 있어서 제기되는 문제점은 높은 수업료에 있었다. 월스트리트저널(WSJ)이 2020년 4월 10일 보도한 내용에 따르면 미국 대학이 코로나19로 온라인 수업을 하자 대학생들이 등록금 환불 운동을 시작했으며 미국 대학생들은 드렉셀

165 허정윤. 〈'온라인 수업 만족도 높아졌지만 문제는 그게 아냐'… 한국공학한림원 조사 결과〉. 2021년 10월19일 한국대학신문

코세라

무크(MOOC)

하버드대학교 edx

칸 아카데미 홈페이지

대학과 마이애미 대학을 상대로 등록금 반환을 요구하는 소송을 제기했다. 이들 대학의 1년 등록금은 7만 달러(8487만원)를 넘는 다. 학생들은 대학은 수업 이외에도 교수 및 동료와 상호작용을 하고, 컴퓨터실 및 도서관과 같은 시설을 이용할 수 있으며, 과외활동과 인적교류를 맺을 수 있는 공간이지만 온라인 수업으로 이 같은 기회를 박탈당했다며 수업료의 일부를 반환해야 한다고 주장했다.[166] 하지만 시간이 지남에 따라 비대면 수업에 대한 품질이 향상이 되었으며, 온라인과 오프라인을 함께 여는 하이브리드 방식의 수업으로 진행되었다. 2022년 현재 많은 학교들이 수업을 하이브리드 방식으로 진행하고 있다. 강의실에 학생들이 모여 강사의 강의를 듣는 동시에 수업이 줌이나 팀스 등을 통해 온라인으로 진행되고 있다.

수업을 아예 메타버스라는 가상공간에서 진행하는 학교도 생겨

---

166 https://atlantak.com/미국-대학생들-등록금-환불-운동-시작/

나고 있다. 성균관대학교 정보통신팀은 교육개발센터와 함께 수업에서 활용되는 게더타운 기술지원을 담당하고 있다. 미래인문학소셜앙트레프레너십 융합전공 구자준 교수는 지난 학기에 메타버스를 활용해 '사회혁신: 변화를 위한 디자인' 수업을 진행했다. 코로나바이러스감염증-19로 인해 오프라인 수업이 불가능한 상황에서도 강의실의 현장감을 살리고자 메타버스를 활용한 것이다. 구교수는 "메타버스 공간을 통해 오프라인 강의에서 발생하는 상황들이 비슷하게 구현돼 학생들의 몰입감을 높일 수 있었다"고 밝혔다. 학부대학 한옥영 교수도 △데이터분석기초 △자료구조 △'컴퓨팅 사고와 SW코딩' 과목의 질의응답을 메타버스로 진행하고 있다. 한 교수는 "한 과목을 수강하는 수백 명의 학생이 하나의 메타버스 공간에서 질문하고 누적된 질문과 답변을 언제나 확인할 수 있다는 장점이 있다"고 말했다.

한 교수의 '데이터분석기초'를 수강하고 있는 김유준(경영 21) 학생은 "동시간대에 접속하는 학생들의 모습이 캐릭터로 보여서인지 비대면 수업임에도 몰입감이 높아진다"고 밝혔다. 한편 한 교수는 "새로운 시스템을 활용하는 것에 대해 학우들이 느낄 낯섦과 어려움을 우려한다"면서도 "메타버스에 익숙해져 학습의 도구로 잘 활용한다면 성장의 발판이 될 것이라 생각한다"고 전했다.[167] 한편 미국 내 교육 및 기술 관련 기업은 대학을 위한 메타버스 플랫폼을 개발해 보급하고 있다. △모어하우스 칼리지 △피스크 △켄자스 간호대 △뉴멕시코주립대 △사우스다코타주립대 △플로리다 A&M대 △웨스트 버지니아대 △매릴랜드대 글로벌 캠퍼스 △사우스웨스턴 오레곤 커뮤니티 칼리지 △앨라배마 A&M대 △캘리포니아주립대 등 10개 대학은 2021년 가을학기부터 현실

---

167 권수빈. 〈행사부터 강의까지, 성균관도 이젠 메타버스 시대〉. 2022년 3월21일. 성대신문

공간의 대학과 가상세계를 결합해 '메타버시티를 만들기 위한 프로젝트'에 참여하고 있다. 메타(Meta)가 10개 대학 재학생을 위해 VR 헤드셋을, 아일랜드계 회사 인게이지(Engage)가 기반 기술을, VR 교육 기술기업 빅토리XR(Victory XR)이 디자인 인터페이스를 지원한다.

하버드대(Harvard University)와 매사추세츠 공과대학(MIT)은 지난 2012년 공동으로 비영리 무크(MOOC) 프로그램 '이디엑스'(edX)를 설립했다. 이디엑스를 통해 두 대학은 메타버스용 고급 강의 콘텐츠를 제작해 무료로 배포한다. 하버드와 MIT뿐만 아니라 텍사스대 오스틴 캠퍼스(UT Austin)와 UC버클리, UCLA, UCI 등 UC계열 캘리포니아주립대학교 등 140여 개 대학에서 제공하는 2,000여 개의 무료강좌가 이디엑스에 개설돼 있다. 현 원장은 "이디엑스는 세계적인 수준의 강의를 무료 또는 합리적 가격에 수강할 수 있는 혁신적 교육 시스템"이라고 소개하며 "앞으로 메타버스 시장에서도 그 위력을 발휘할 것으로 보인다"고 말했다. 시카고대(University of Chicago)와 펜실베니아대(University of Pennsylvania)는 화상회의 플랫폼 개더(Gather)에 교수와 학생이 실제 상호작용이 가능한 메타버스 공간을 마련했다. 영국 내 대학교도 메타버스를 적극 활용하는 모습이다. 런던대(University of London)는 코세라(Coursera)를 통해 '가상현실 특화 강좌'를 마련했다.

코세라는 2012년 스탠포드대(Stanford University) 컴퓨터공학과 앤드로 응(Andrew NG) 교수와 다프네 콜러(Daphne Koller) 교수가 설립한 1세대 무크 프로그램이다. 코세라는 메타버스를 직접 언급하지는 않지만, VR 속에서 가상세계를 깊이 분석한다. 학습자 모두가 VR 게임이나 프로젝트 등을 직접 개발하는 과정도 포함돼 있다. 노스햄프턴대(University of Northampton)는 대학 강의를 넘어 지역사회와 해외 학교를 대상으로 제공하는 무료 교육활동에 VR과 AR, 인공지능(AI) 기술을 사용 중이다.[168] 이들 컨텐츠들은 이미 언제 어디서나 세계 최고의 교수들의 강의를 무료나 저렴한 가격으로 수강할 수 있으며 진도를 따라가면서 퀴즈를 풀고 텀페이퍼를 내면 학점이나 인증서도 받는다. 여기서 받은 인증서만으로도 세계적인 기업에 취업을 할 수 있다.[169]

칸 아카데미는 2006년에 시작된 이래로 65개 언어로 된 5,000개의 무료 교육용 영상을 제공하고 있으며, 매일 400만 강좌가 진행되어 현재까지 3억 개의 수강이 이루어졌다.[170] 칸 아카데미는 비영리기관으로 온라인에서 만들어지는 엄청난 양의 학생 데이터를 학생과 교사 경험 증진에 활용하고 있다. 칸은 "새로운 연습 과제를 온라인으로 올리면 수백만에서 수천만, 수억명의 통계가 나온다"라며 "그 연습문제를 풀 때 나오는 학습 공백, 학습 격차가 어디서 발생하고, 그 공백으로 성취도가 어떻게 낮아지는지를 분석, 예측할 수 있다"라고 밝혔다. 칸은 이러한 학생 데이터로 학업 성취도를 증진할 수 있고, 장기적으로 '온디맨드 실시간 표준화 평가도구'로 개발할 수 있다고 생각했다. 이를 통해 학생과 교사에게 더 나은 추천과 통찰을 줄 수 있다고 기대했다.

168 염현주, 〈[대학가에 부는 '메타버스' 바람①] "입학설명회부터 졸업식까지" 대학가는 '메타버시티'로 변신 중〉. 스타트업투데이(STARTUPTODAY) 2022년 11월9일.
169 최윤식. 《당신앞의 10년 미래학자의 일자리 통찰》. 221
170 《세계미래보고서2035~2055》. 477

칸은 칸아카데미에서도 기계학습 등 인공지능(AI) 기술을 연구한다면서 이러한 에듀테크가 '기술을 위한 기술'이 돼선 안 된다고 못 박았다. 그는 "저 스스로 컴퓨터공학도이기 때문에 많은 공학도들이 기술에 너무 많이 집중하는 점을 알고 있다"라며 "문제가 무엇인지 파악하고 그 문제를 어떻게 해결할지 가장 단순한 해결책을 찾아야 한다"라고 조언했다. 칸에 따르면 미국 대학생의 30~40%가 심각한 불안증이나 우울증, 자살충동 등 정신적 어려움을 겪고 있으며, 정신건강을 위한 인지행동 치료가 필요하다. 그는 "불안감, 자존감 등의 문제로 잠재력을 잘 발휘하지 못하는 경우가 많다"라며 더 많은 관심과 지원을 요청했다.[171]

또한 2021년에 설립된 미네르바 스쿨은 미래대학의 대안으로 떠오르고 있다. 전세계 주요 100대 대학의 혁신성을 평가해 순위를 매기는 'WURI(The World's Universities with Real Impact Ranking 2022)'랭킹 결과가 발표가 되었는데 세계적인 혁신 대학 미네르바스쿨이 종합 1위를 차지했다. 애리조나주립대는 지난해와 마찬가지로 2위를 차지했다. 3·4·5위는 각각 매사추세츠공과대(MIT)와 스탠퍼드대, 펜실베이니아대가 거머쥐는 등 최상위권을 미국 대학이 휩쓸었다. 이어 △한자대(네덜란드·6위) △알토대(필란드·7위) △에콜42(프랑스·8위) △칼텍(미국·9위) △하버드대(미국·10위)의 순으로 나타났다. 국내에서 가장 높은 순위를 기록한 곳은 서울대다. 서울대는 학생 교류 및 개방성 부문에서 높은 평가를 받아 종합 16위에 올랐다. 인천대(21위), 한국외대(38위), 아주대(73위), 서울과학종합대학원대(80위), 한밭대(82위), 청운대(86위), 충북대(88위), 서울예술대(94위) 등이 종합 순

---

171 김명희. 〈[에듀테크코리아]"학생마다 배우는 속도 다르다" 살만 칸 칸아카데미 CEO〉. 2021년 9월4일 전자신문

위 100위권 안에 들었다.[172] 세계 7개 도시에 흩어져 있는 미네르바 스쿨의 특징은 모든 수업이 해당 도시에 있는 교수와 학생들이 온라인을 통해 토론형식으로 수업이 진행된다. 강의는 영상으로 미리 들어야 하며 책이나 논문을 읽어와야 토론이 가능해진다. 미네르바 스쿨이 장점은 교육의 내용이 미래 인재를 양성하는 데 유리하게 디자인되어있다는 것이다. 이미 만들어놓은 지식을 받아들이는 방식으로는 절대로 미래 인재를 양성할 수 없다. 세계적인 미래학자 토마스 프레이(Thomas Frey) 다빈치연구소장은 "2030년 전에 세계 대학의 절반이 사라질 것"이라고 말한바 있다.[173] 일자리가 변하면 자연히 교육도 달라져야 하는데, 기존 대학들은 이 변화를 따라오기 쉽지 않을 것이라고 지적했다.[174] 프레이 소장은 또한 직업의 변화와 다양화에 대비한 교육의 역할도 강조했다. 그는 "현재 대학 교육은 미래에 존재할 확률이 불확실한 직업에 대한 소양을 가르치는 경우가 많다"며 "2030년에 사회 초년생들이 되는 사람들은 직업적 진로를 최소 8~10번 바꿔야 할 것"이라며 대학들이 학위를 주는 학습에만 집중해서는 안된다고 꼬집었다. 프레이 소장은 "미래의 교육 시스템은 인공지능(AI)을 활용해 배움의 속도를 빠르게 향상해야 한다"고 설명했다. 가령 'AI 티처 로봇'이 만들어지면 학생들의 개별 성향과 특징을 파악함은 물론이고 학생들이 선호하는 학습 툴을 활용해 학생들에게 도움을 줄 수 있다고 봤다. 이어 "미래의 교육 시스템은 학생·청년들이 AI와 상호작용을 통해 문제를 해결하고 성취를 얻는 방향으로 바뀌게 될 것이다"며 "현 교육 시스템 체제에서는 지금 당장 필요한 것만 가르치는 학습 방식 중심으로 학생들을 가르친다. 4~5년 후 기업의 수요나 생활 변화에도 대비하지 못하고 있다. 대학은 대학끼리 경

---

172 이영애. 〈2022 WURI랭킹, 종합 1위 '미네르바스쿨'…서울대는 16위〉. 2022년 6월9일 조선에듀
173 《메타버스의 미래》. 187
174 박순찬. 〈"앞으로 10년간 전세계 대학 절반 사라질 것"〉. 2020년 1월20일 조선일보

128 • 이미 시작된 미래사회 그리고 교회

쟁하는 데 집중하고 있지만 앞으로는 '자격증'과 경쟁하게 될 것"이라고 예견했다. 이는 기업에 지원하는 지원자가 어떤 자격을 갖춘 것에 대한 증명이 대학 학위로만 인정되는 시대가 끝날 수 있다는 말이기도 하다.[175)]

3) 비학위 전문교육 활성화

하버드법대 최고협상가과정 홈페이지

대학생들을 대상으로 하는 교육은 이제 일반 사회로까지 확대되고 있다. 이미 한국에서는 사회교육원 혹은 평생교육원으로 지역사회를 위한 교육 프로그램이 시행되고 있으며 일부 프로그램은 정규대학 학과로 승격이 되기도 했다. 그리고 비학위 프로그램을 개설하여 운영되기도 하는데 정식학위만 수여하지 않을 뿐 강사는 해당 대학교에서 강의를 하고 있는 교수가 강사로 나서서 수준 높은 강의를 하고 있다. 예를 들면 하버드법대 최고협상가 과정(The Program on Negotiation (PON) at Harvard Law School)을 들 수 있다.

또한 교육컨텐츠의 제작이나 출판의 진입이 낮아지며 엄청난 양의 컨텐츠가 제작, 출판되고 있다.[176)] 2020년 6월 AP통신은 트럼프 대통령이 '학위보다 기술 우선 채용을 명령하는 행정명령법

---

175 허정윤. 〈미래학자 토마스 프레이 "'문제해결 중심 교육'해야 변화하는 사회에서 생존 가능"〉. 2021년 7월15일 한국대학신문
176 박영숙. 《세계미래보고서2050》. 125

에 서명한다'는 내용의 기사를 보도했다. 미국에서 210만 명에 달하는, 가장 많은 인원을 채용하는 연방정부가 '학력 파괴' 채용 시스템을 마련한다면 더 많은 이들에게 일자리 기회를 제공할 수 있다. 학위, 학력, 대학 무용지물의 시대가 온 것이다. 물론 연방 공무원 채용시 대학 학위를 요구하는 조건을 완전히 폐지하는 것은 아니다. 학교가 아닌 곳에서 습득한 기술과 지식을 인정함으로써 더 많은 미국인들이 연방정부에서 일할 수 있는 기회의 창을 열어줄 것이기 때문이다.[177]

프레이 박사는 우리사회가 정규직은 점차 줄어들고, 2개월에서 짧게는 2시간까지 단기 고용해 일을 맡기는 임시직(gig)이 대세인 '초고용(super employment) 시대'로 접어들고 있다고 말했다. 하지만 문제는 아무도 이런 변화에 어떻게 대비해야 할지 알려주지 않는다는 것이다. 앞으로 똑같은 직업이라고 해도 하는 일은 전혀 달라진다.

자동차 디자이너의 예를 들면 지난 120년간 운전대, 가속페달처럼 운전을 위한 기능에 힘을 쏟았다면 앞으로는 운전 대신 차 안의 경험을 디자인하는 데 많은 힘을 쏟아야 할 것이다. 교사는 학생을 직접 가르치는 대신 AI 교육 로봇과 한 교실에서 협업하게 된다. 이는 똑같은 일이라고 볼 수 없으며 향후 20년간 매우 중요한 질문이 될 것이다. 우리에게 어떤 교육이 필요한가. "2030년에 경제 활동을 시작하는 사람은 평생 8~10개 직업을 바꿔가며 일하게 될 것이다. 이를 위해 매우 구체적인 기술 재교육이 필요하다.

예를 들어 3D 프린팅 디자이너, 드론 파일럿이 되는 것을 배우

177 우찬만. 〈2020년대 교육의 미래 대학학위 무용지물의 시대가 도래한다〉. 2023년 3월6일. 안산일보

는 것이며. 다시 대학으로 돌아가 2년간 공부해 새로 학위를 따는 대신 2주~2개월짜리 짧은 교육에 대한 수요가 크게 높아질 것이다. 그런 교육을 제공하는 '마이크로 대학(micro college)'이 대세가 된다. 정년을 보장받은 교수들이 포진한 기존 대학들은 방향을 돌리기 쉽지 않을 것이다. 대신 마이크로 대학을 많이 사들일 것으로 본다." 그는 저서 '에피파니Z'에서 대학 학위가 '신분의 상징'이었던 시대는 끝났다고 했다.

명문대 학위 하나로 평생을 먹고살던 시대는 가고, 끊임없는 재교육과 세세하게 개인 능력을 평가하는 '정량화된 자아(自我)'의 시대가 온다는 것이다.[178] 기존의 학교교육은 산업화시대의 산물로 각 나라의 인재양성에 기여한 점은 많으나 21세기에 접어들면서 한계를 드러내기 시작했으며 4차산업혁명으로 한차원 업그레이드가 되어야 하는 시대적 요구에 직면했다. 이에 대해 미국은 이미 고등교육 혁신에 기업들이 발 벗고 나섰다.

미국에서 단일 고용주로는 가장 많은 공무원을 채용하고 있는 연방정부가 학력파괴 채용 시스템을 마련했다. 구글과 마이크로소프트 같은 글로벌 IT기업들도 대학 학위 대신 새로운 기술개발에 도움이 되는 자체 교육 프로그램에 기반한 아카데미를 운영하고 있다. 구글 아카데미의 경우 수료한 학생들이 구글의 IT 고용주 컨소시엄인 세계 유수의 기업에 취업했다. IBM은 2019년부터 미국 내 신규 채용의 15%를 4년제 대학 학위가 없는 이들로 채웠다. 특히 구글이 2020년 7월부터 도입한 '구글 경력 인증서' 프로그램은 기존 대학 학위를 대체 가능한 IT분야 온라인 교육과정이다. 최대 6개월 동안 온라인 수업을 들은 후 최종 시험까지 통과해 수료증을 받으면 150개 구글 협력 기업에서 4년제 대학 학위와 동등한 대우를 받게 된다.[179] 미국의 통신회사 AT&T는 기술 자동화로 대체 가능성이 높았던 24만 명의 직원을 온라인 수업 등을 통해 재교육시켰고, 이를 통해 필요한 신규 인력 4만 명 중 40%는 재교육된 내부 인력으로 대체하는 성과를 거뒀다. 싱가폴은 '기술이 미래다'는 비전을 내걸고 정부가 학생부터 사회 초년생, 수십 년의 경력을 가진 기술자 까지 개인의 상황에 맞는 평생 직업훈련을 제공하겠다는 구상으로 4차 산업혁명 시대의 인력 양성을 위한 국가 프로그램인 '스킬스퓨쳐(Skills Future)'를 2015년부터 추진해 국민들의 재교육 및 전환교육을 지원하고 있다.[180]

비학위과정의 경우 비즈니스맨들의 필요한 지식을 얻는 것이 아닌 네트웍형성의 강의실장으로 사용되기도 하지만, 장기적으로 볼 때 자신의 실력을 한차원 더 업그레이드 할 수 있는 유용한 교육시스템이다. 또한 외국 유학을 가지 않아도 새로운 지식을 학습할 수 있는 환경이 조성되다 보니 열의만 있다면 누구든지 도전할 수 있는 기회가 열렸다. 한국의 카카오를 만든 김범수 의장, 네이버를 만든 이해진 의장, 그리고 중국의 알리바바를 만든 마윈이나 텐센트를 만든 마화팅 모두 해외 유학경험이 없다. 심지어 마윈은 중국 지방 사범대 영어과를 나와 취업에 어려움을 겪었다. 그는 중국 관광 가이드로 일하다 야후의 창업자 제리 양(Jerry Yang)을 만났고, 디지털 플랫폼을 만들었으며 세계 최대 회원수를 가진 디지털 플렛폼으로 성장시켰다. 그리고 기업을 나스닥에 상장하고 상상할 수 없을 만큼의 부를 창출했다.[181]

---

179 《세계미래보고서2023》. 367
180 《ICT와 디지털 뉴노멀이 만드는 코로나 이코노믹스》. 378
181 《ICT와 디지털 뉴노멀이 만드는 코로나 이코노믹스》. 378

5 사물인터넷 및 웨어러블 디바이스

사물인터넷과 웨어러블 디바이스는 5장과 6장에 다루게 되는 자율주행 장치, UAM (Urban Air Mobility), 스마트홈, 스마트 오피스에 절대적으로 필요한 기기이다.

1) 사물인터넷(IOT)

영화 '마이너리티 리포트'의 한장면(사진: 드리웍스)

2002년에 상영한 영화 마리너리티 리포트(Minority Report)에서는 등장인물들이 홀로그램 디스플레이를 통해 메시지를 주고받는 장면이 나왔으며 2006년에 출간된 소설 레인보우 엔드(Rainbow End)는 사람들이 옷에 달린 센서와 콘택트렌즈를 통해 주변 환경과 교류하고 가상현실(VR)을 체험하는 세상을 보여주었다.[182] 사물인터넷은 사람과 사물 그리고 공간이 인터넷에 연결되는 것을 말하며 PC와 스마트폰, 자동차, 냉장고, 세탁기, 시계 등의 사물은 물론 사람과 동물 등의 생명체 그리고 우리가 사는 집과 사무실, 공원과 도로 등 모든 공간이 하나로 연결되며[183] 데이터를 수집하고 필요에 따라 처리하면서 가공하는 스마트 센서와 커넥티드 센서로 구성되어있다. 그리고 시스템과 사용자들의 의도에 따라 데이터를 다른 기기나 사람에게 전달한다.[184]

사물 인터넷(IoT)은 일상의 '사물'을 인터넷과 통합한다. 컴퓨

---

182 미래전략연구원. 《10년후 4차산업혁명의 미래》. 97
183 《10년후 4차산업혁명의 미래》. 98
184 클라우스 슈밥. 《클라우스 슈밥의 제4차 산업혁명》. 2020. 142

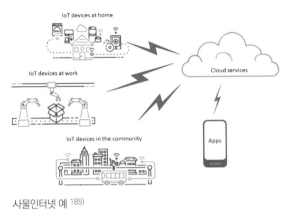

사물인터넷 예 185)

터 엔지니어들은 90년대부터 일상 용품에 센서와 프로세서를 추가해 왔다. 그러나 칩이 크고 부피가 커서 초기에는 진행이 느렸다.

RFID 태그라고 하는 저전력 컴퓨터 칩이 고가의 장비를 추적하는 데 처음 사용되었다. 185)

컴퓨팅 디바이스의 크기가 줄어들면서 이러한 칩도 시간이 지남에 따라 더 작고, 빠르고, 스마트해졌다. 이제 컴퓨팅 파워를 작은 물건에 통합하는 비용이 상당히 감소했다. 예를 들어 전등 스위치와 같이 1MB 미만의 RAM이 내장된 MCU에 Alexa 음성 서비스 기능과의 연결을 추가할 수 있다. 가정, 기업 및 사무실을 IoT 디바이스로 채우는 데 관심이 집중함에 따라 사물 인터넷 산업 전체가 빠르게 발전했다. 이러한 스마트 객체는 자동으로 인터넷과 데이터를 주고받을 수 있다. 이러한 모든 '보이지 않는 컴퓨팅 디바이스' 및 이와 관련된 기술을 사물 인터넷이라고 총칭한다. 186)

IOT는 인간의 삶에 광범위한 영향을 미친다. 커넥티드 디바이스는 물론 AI와 결합하여 비즈니스 환경을 개선해주기도 한다. 하지만 사물인터넷이 궁극적으로 지향하는 바는 단순한 '물리적 연

---

185 사물인터넷의 예 https://aws.amazon.com/ko/what-is/iot/
186 aws. 〈IOT란 무엇입니까?〉 https://aws.amazon.com/ko/what-is/iot/

결'만이 아니라 연결을 전제로 한 상호 유기적 통신과 데이터의 발생, 교환, 축적, 처리, 연동 들을 모두 포함한다.[187]

2) 웨어러블 디바이스

사물인터넷 예 [188]

웨어러블 디바이스가 처음 등장했을 때는 기존의 시계, 안경, 이어폰에 비해 너무 크고 무겁거나 사용하기 불편한 요소가 많았다. 하지만 기술이 발전하면서 더 가볍고 사용하기 편한 웨어러블 디바이스가 출시되었으며 소비자들 사이에서 인기를 끌기 시작했다. 웨어러블 디바이스의 인기가 늘면서 선도적으로 웨어러블 시장을 개척해온 브랜드뿐만 아니라 애플, 삼성 등의 유명 브랜드도 웨어러블 시장에 뛰어들기 시작하면서 선택의 폭이 넓어졌다. 또한, 기술의 발전과 경량화를 통해 웨어러블 디바이스는 엔터테인먼트, 비즈니스, 의료, 국방 등 다양한 분야에 진출하게 되었다.

몇 년 전만 해도 스마트워치는 일부 얼리어답터의 전유물이었지만, 이제는 적지 않은 사람들이 애플워치나 갤럭시 워치 등

---

187 고삼석.《5G 초연결 사회, 완전히 새로운 미래가 온다》. 29
188 https://m.news.zum.com/articles/8589581

을 사용하고 있다. 2021년 5월, 영국 시사주간지 이코노미스트(Economist)에 따르면 지난해 미국인 4명 중 1명은 스마트워치를 소유하고 있었으며, 영국, 핀란드 등의 유럽에서도 비슷한 수준으로 스마트워치가 대중화됐다.

코로나19 팬데믹 속에서 건강관리 수단으로 주목받은 스마트워치는 다양한 기능으로 소비자의 헬스케어 수요를 만족시키고 있다. 이제 웬만한 스마트워치라면 혈압, 심박수 측정은 물론 스트레스 측정도 가능하며, 달리기에서 수영, 등산까지 다양한 운동 측정도 가능하다.[189] 한때 웨어러블 기술은 공상과학 영화나 비디오게임의 주제에 불과했지만 지난 몇 년 동안 아주 빠른 속도로 우리 곁에 다가왔다. VR과 AR은 쇼핑과 엔터테인먼트 뿐 아니라 우리가 주변 세계와 소통하고, 교제하고, 상호작용하는 방식으로 완전히 혁신하게 될 것이다.[190] 그리고 5세대 통신망의 발전과 앞으로 시작될 6세대 통신망, 그리고 저궤도 위성의 개체수 증가는 웨어러블 기술발전으로 이어지게 될 것이다.

웨어러블 기기는 현재 많은 부분 우리사회에 적용되고 있다. IT업체들이 무선이어폰과 스마트워치를 판매중에 있으며 메타와 애플, 그리고 삼성에서 해드셋 방식의 VR. AR. MR 기기를 제작하여 판매하고 있다. 그리고 웨어러블기기는 앞으로 해드셋과 별도로 안경에도 적용이 될것으로 보인다. 이미 구글을 비롯 레이방에서 안경형 기기가 출시되었던 적이 있기에 무거운 해드셋을 너머 안경형으로 디자인된 스마트글래스의 보급도 이루어질 것이며, 그 외에 반지로 사용될 스마트링과 의류에도 웨어러블이 적용이 되어

---

189 이철호. 〈[창간 27주년 기획] 글로벌 웨어러블 시장의 오늘과 내일〉. 2022년 9월28일. 스마트PC사랑
190 박영숙, 제롬글렌, 데이비드 핸슨.《AI세계미래보고서 2023》. 171

출시될 것이다. 또한 웨어러블 기기는 헬스케어와 결합을 통해 개인건강 및 자가건강진단을 위한 제품 발명으로 이어지고 있다. 이에 대한 것은 제4장에서 다루기로 하겠다.

6 교회

우리가 살고있는 이 세상은 모든 분야가 디지털의 영향을 받고있다. 가까이는 전기밥솥, 전자렌지, 컴퓨터, TV, 스마트폰, 전철, 승용차, 신용카드, 온라인쇼핑, 인터넷뱅킹 등을 생각할 수 있다. 교회역시 디지털의 영향하에 놓여있다. 필자가 필자의 형으로부터 들었던 이야기 중 흥미로웠던 것은 수년전 러시아 모스크바를 방문했을 때 그곳 교회 예배를 참석한 적이 있었다고 한다. 예배시간에 헌금을 걷는 시간이 있었는데, 헌금바구니를 청중들에게 돌려서 헌금을 걷는 형식이었는데, 헌금담당자들이 헌금바구니나 접시 대신 크레딧카드 단말기를 가지고 다니며 헌금을 걷었다는 것이었다.

교회에서 드려지는 예배 중에 온라인을 통한 예배가 있다. 미국교회에서는 하이브리드 방식으로 온라인과 오프라인을 병행하여 예배가 드려지고 있었다. 한국교회 역시 온라인과 오프라인을 병행하여 예배가 드려졌었는데 차이점은 한국교회와 이민한인교회의 경우 온라인예배는 보조적인 역할인데 반해 미국교회는 온라인과 오프라인의 비중은 동일하다는 것이었다. 다만 지교회(branch) 개념으로 존재하는 교회의 경우 시간을 나누어 여러번보는 예배중 하나를 담임목사의 설교방송으로 설교시간을 배정했다. 하지만 팬데믹 발생후 온라인예배는 선택지가 아닌 반드시 해야 하는 방식으로 자리를 잡게 되었으며 엔데믹 시대에 접어들어서도 필요한 형식의 예배가 되었다. 이렇듯 디지털로 매개되는 세상들은 단순히 전통적인 예배의 행위들을 온라인으로 전송하는 것을 넘어 예배하는 이들에게 능동적으로 참여할 가능성의 범위를 확장해주었다.[191] 또한 메타버스 관련 기술의 발전으로 메타버스를 이용한 교회사역을 하는 교회도 생겼다. 오클라호마주 오클라호마시티에 기반을 둔 라이프닷처치는 온라인으로 성장한 교회로 알려져 있다. 이들이 만든 메타버스 내 교회는 보다 분명한 목적을 두고 레이아웃을 짠 덕분에 로블록스보다는 조금 더 교회에 가까운 모습을 보인다.

라이프닷처치의 미디어 사역 그룹인 유버전(YouVersion)은 마이크로소프트 메타버스 솔루션인 알트스페이스VR을 이용해 메타버스 교회를 만들었다. 메타버스 내 교회지만 운영 룰은 라이프닷처치에서와 차이가 없다. 입구에 안내자가 있고 로비를 통해 입장하며 교회 관련 정보를 읽을 수 있는 보드와 그것을 돕는 사람들도 있다. 라이프닷처치의 메타버스 교회 운영이 자리를 잡아간다면 이는 메타버스에 관심을 둔 교회에게 좋은 사례가 될 것으로 보인다. 로블록스에서 'church' 키워드로 검색을 해보면 생각보다 많은 결과물이 나온다. 하지만 '처치'라는 이름을 쓰지만 정체가 불분명한 것도 보이고, 심지어 사탄의 교회도 있다.

로블록스 처치 중에서 비교적 많은 사람이 이용하는 것으로 보이는 서버에 들어가면 예배실, 친교실, 기도실 등 나름 교회 건물이 갖춰야 할 부분들이 구현되어 있는 것을 볼 수 있다. 하지만 로블록스 자체가 게임 플랫폼이기에 이 '처치' 메타버스 안에서 보다 구체적인 종교 활동 등을 기대하긴 어렵다. 다만 이 플랫폼을 활용

---

191 테레사 베르거, 《예배, 디지털 세상을 만나다》, 79

해 교회 기능이 필요한 사람들끼리 이용할 수 있다면 교회 역할도 가능해 보인다. 로블록스 키워드 검색을 한글로 '교회'라고 입력해도 적지 않은 결과가 뜨긴 한다. 하지만 활동이 활발하게 이뤄지고 있는 것은 아닌 듯 보인다.[192] 한국 감리교신학교 교수인 장성배 목사는 그의 저서 『메타버스 선교로 사역을 확장하라』에서 "메타버스는 우리 삶의 확장이며 메타버스에 지구촌 모든 사람이 살고 있다. 사람이 사는 곳이라면 하나님께서도 이미 역사하고 계신다"고 말하고 "메타버스에서 만나는 사람에게도 복음이 필요하며 교회는 메타버스 안의 상처받은 사람들을 위로하고 치유해야 한다. 교회는 메타버스를 거룩하게 해야 하며 메타버스에서도 교회가 필요하다"고 말했다.[193]

미국 새들백교회에서 미디어사역을 담당하고 있는 케빈 리 목사는 "가상현실과 인공지능이 가까운 미래에 현실화 되는 것에 교회는 준비하고 있어야 한다"며 "VR과 AI를 주시해야 하는 이유 중 하나는 글로벌 기업인 메타와 애플이 투자하고 개발하는 분야이며 한국의 대표기업 삼성과 미국의 대표기업인 구글도 이 분야를 계속 개발해가고 있다"고 말했다. 케빈 리 목사는 "메타의 온라인 플랫폼인 페이스북, 애플, 구글, 삼성의 사용자들을 합하면 아마도 전 세계 대부분의 인구일 것"이라며 "이 기업들이 VR과 AI의 개발에 집중하고 있다면, 이런 기기들과 가상현실이 일상 속으로 들어올 날이 얼마 남지 않은것이다. 교회는 그때 가서 급하게 대처할 것이 아니라 지금부터 잘 준비해 나가야 한다"고 강조했다.[194] 필자 역시 케빈 리 목사나 장성배 목사와 같은 입장이며 이 책을 집필하는 이유이다. 자마(JAMA)의 설립자인 김춘근 박사가 "미국

---

192 황인상. 〈메타버스 교회 현실과 대응〉. 2022년 3월27일 크리스찬투데이.
193 장성배. 《메타버스 선교로 사역을 확장하라》. 33
194 케빈 리. 《온라인 사역을 부탁해》. 145

영화의 본산인 헐리우드는 과거 '십계', '벤허' 등 기독교영화콘텐츠를 만들어낸 곳이었다. 하지만 보수 기독교계가 헐리우드가 세속적이라는 이유로 헐리우드를 배척했다. 그 결과 반기독교 정서를 가진 히피들이 지도자가 되어 미국의 각 분야로 들어가게 되었으며 헐리우드가 세속화되어버렸다"는 안타까움이 서려있는 이야기를 접했던 기억이 떠오른다. 마찬가지로 4차산업의 발전으로 나타나는 모든 콘텐츠에 대해 소홀히 한다면 헐리우드의 세속화와 동일한 결과를 4차산업시대에도 보게 될 것이다. 따라서 교회가 메타버스 등 4차산업의 산물들을 적절히 사용할 수 있는 역량을 키워낸다면 가상세계 속에서 성령의 역사를 체험하게 될 것이다.

제 4 장
미리 의료서비스

시나리오 2050년 우리사회

❝

    내일은 소망커뮤니티교회의 정기심방이 잡혀있는 날이다. 특별히 이번 정기심방에는 그동안 병원에 입원중이라 만날 수 없었던 김성한 집사를 만나는 날이다. 김성한 집사는 위암 3기에서 4기로 넘어가는 시기여서 항암치료를 받고 있었다. 시대가 2050년이지만 암을 완전히 극복하지는 못했다. 다행히 연세의료원이 존스홉킨스 의대와 협업으로 새로운 암치료제를 개발중이고 이미 3상실험이 무사히 마쳐진 상태다. FDA에서 최종승인을 기다리는데 3개월 후면 승인이 될 것으로 예상하고 있다. 그동안 김 집사는 서울에 있는 연세의료원에서 치료를 받아왔다. 서울에 있는 동안 인천송도에 있는 그의 집에 머물며 온라인으로 의사와 상담을 받았다. 그리고 10일 전 입원하여 간단한 수술을 받았다. 수술은 로봇의학계의 세계적인 권위자인 최상준 교수가 직접 수술집도를 했으며 수술은 성공적으로 마쳐 되었다. 김 집사는 1주일전 팔로스버디스에 있는 집으로 돌아와 휴식을 취하고 있다.

    케이티 조한슨 박사는 시애틀컨벤션센터에서 3박4일간 열린 국제환경협약 주최로 열린 심포지움을 마치고 벨뷰에 있는 집으로 돌아왔다. 4일간의 일정속에서 두번의 강의를 소화했으며 그린피스 등 전세계에서 활동중인 환경운동가들과의 대화를 통해 앞으로 전세계가 나아가야 할 환경의 방향을 모색하는 시간을 가졌다. 행사가 마쳐지고 집으로 돌아온 조한슨 박사는 침대에 몸을 맡긴 채 깊은 잠에 빠져들었다. 조한슨 박사가 잠을 자는 동안 그녀가 누워있는 침대에는 각종 센서가 달려있어 조한슨 박사의 심장은 물론 혈류상태를 점검하고 있다.

99

2017년 5월 로히트 샤르마 박사가 설립한 헬스테크 스타트업의 지니는 의료 데이터로 교육받은 AI 기반 가상의사다. 사용자는 앱으로 액세스할 수 있는 지니로 모든 의학적 증상이나 건강 문제를 상담할 수 있다. 이 앱에서는 음성인식 인공지능 비서 알렉사와의 대화로 950개가 넘는 건강 증상과 300개 이상의 질병 평가 혹은 조치 권장, 자세한 보고서 제공, 환자가 연락할 수 있는 인근 의료시설 정보를 공유할 수 있다.[195] 로히트는 "지금까지 인류 역사를 통틀어 오직 인간 의사만 이 일을 할 수 있었다. 진료 고정에는 지식(의학), 지성, 직관(경험)이라는 3가지 요소가 필요하기 때문이다. 그렇지만 지금은 데이터와 인공지능의 힘을 사용해 지니 같은 가상 에이전트가 이 과정을 복제할 수 있다. 이 기술은 다양한 제품에 통합되어 있고 그중 일부는 지니 안드로이드 앱(Zini the Android App), OPD(외래진료) 관리 시스템, 의료 API(Application Programming Interface)와 5분 클리닉 시스템을 포함한다"고 말했다.[196] 특별히 코로나19 펜데믹을 경험하면서 원격의료에 대한 관심이 높아졌으며 이와 관련된 애플리케이션이 개발이 되는 등 의료서비스의 발전은 계속될 것이다.

---

195 《AI세계미래보고서2023》. 239
196 앞의책. 242

1 디지털 의료

코로나19 팬데믹 이후 디지털 의료체계에 대한 관심이 높아졌다. 그동안 의료체계는 환자가 직접 병원에 찾아가 의사와 면담을 갖고 치료여부를 결정했었다. 하지만 코로나19가 발생된 이후 환자로부터 감염을 최소화하기 위해 전화 혹은 앱을 통해 의료서비스를 제공받는 일이 발생하였다. 필자 역시 2021년 1월 코로나19 바이러스에 감염이 되어 필자가 서울에 거주하는 곳을 담당하고 있는 사당동에 위치한 생활치유센터라는 격리시설에서 코로나19 치료 서비스를 받은 경험이 있다. 해당병원에서 제공한 가이드라인에 맞춰 아침과 오후에 체온, 맥박, 호흡 등을 담당 의료인에게 전화로 보고하는 방식을 가졌으며 필요시 약을 제공받아 복용했다.

현재의 원격의료는 주로 비대면진료, 약 배송, 원격 모티터링으로 이루어져있다. 하지만 미래에는 스마트폰 앱, 게임, 가상현실, 챗봇, 인공지능 등의 소프트웨어를 기반으로 환자를 치료하는 디지털 치료제 시장으로까지 확대될 것[197]이라는 전망이 나왔다. 하지만 스파트안경 등 HMD(Head Mounted Display)가 스마트폰을 대체하게 될 것이라는 전망도 나온바 있기에 이에 맞는 애플리케이션이 개발이 될 것이다.

또한 교통사고나 추락사 등 갑작스럽게 당하게 되는 사고로 인해 척추손상을 입고 하반신장애를 입어 평생 휠체어에 의존하여 살아가는 자들이 많이 있다. 2023년을 살아가는 오늘날까지 지체장애인들에 대한 치료는 이루어지지 않고있다. 하지만 미래에는

---

197 《세계미래보고서 2023》. 285

의료장치를 통해 다시 자유롭게 걸어다닐 수 있게 될 것이다.

1) 골전도(boneconduction, 骨傳導) 기기

필자는 1997년 청각장애인들을 위한 골도전화기를 본적이 있다. 골도전화기는 청각장애를 가진 자들이 전화통화시 청각기능이 있는 두뇌를 통해 상대방의 음성을 인지하게 하는 기능을 가진 제품이었다. 특별히 청각장애인들은 직장에서 타인과의 불편한 소통으로 많은 어려움을 겪고 있다. 작업 현장에서 타인과의 불편한 소통뿐만 아니라 전화 등 업무에서 오는 어려움도 포함된다.

작업현장에서 발생하는 상황을 소리로 파악하는 데서 생기는 어려움, 다시 말하면 각종 소리로 전달되는 정보들을 파악하는데 한계가 있다는 점이 직장생활의 어려움이다. 다행히도 이러한 청각장애인 근로자의 어려운

1997년 청각장애인과 난청으로 전화통화에 어려움을 겪고 있는 자들을 위해 골도전화기가 개발되었다.(사진은 고 김영삼 대통령이 골도전화기로 귀가 어두워 전화통화에 어려움을 겪고있는 할머니와 시험통화하는 모습) [198]

부분을 지원할 수 있는 보조기기가 있는데 그중 전화통화를 돕는 기기가 있다. 일반적인 전화들이 음성통화만을 지원하기 때문에 청각장애인들은 업무상 통화가 어려울 수 있는데, 이들을 위해 발명된 제품이 골도 전화기이다.

이 제품은 골전도 즉, 뼈의 진동으로 소리를 전달하는 전화기다.

---

[198] https://imnews.imbc.com/replay/1997/nwdesk/article/1770370_30717.html

청각장애인 중에서도 청신경은 손상되지 않고, 고막이 손상된 사람이 주 사용대상이다. 일반 전화기와 비슷한 모습인데 수화기 부분에 골전도 진동자가 단추처럼 튀어나와 있다. 이 부분을 광대뼈, 귀 뒤쪽에 두개골에 대면 뼈를 진동시켜서 청신경으로 소리를 전달하는 원리다.[199] 아마존은 음파와 두개골에 전도돼 직접 속귀(inner ear)에 전달되는 현상을 이용한 '골전도 안경'을 개발중이다. 골전도 방식을 사용하면 평형감각을 강화할 수 있다. 아마존은 자신들의 스마트 안경에 초소형 스피커를 탑재하고 인공지능 비서 '알렉사'와 연결할 예정이다. 골전도 방식은 전화기와 안경 외에 해드셋이 있는데, 미래에는 청각장애인들의 원활한 의사소통을 돕기위한 기기들이 많이 출시가 될 것이다. 2023년 6월4일 애플에서 열린 세계개발자회의(WWDC23)에서 2024년 양산을 위해 발표한 혼합현실 기기인 비전프로는 골전도 방식으로 음성을 들을 수 있게 디자인되었다. 골전도 방식으로 음성을 들을 수 있게 하는 것은 이어폰을 장시간 사용시 청각에 피로감을 안겨줄 뿐만 아니라 소위 '가는 귀가 멀 수 있는' 현상을 방지할 수 있는 이점이 있기에 장시간 해당기기를 사용하더라도 청각에 무리를 일으키는 일은 최소화 할 수 있게 된다.

2) 원격의료 애플리케이션

코로나19 팬데믹을 경험하면서 원격의료에 대한 관심이 높아졌다. 필자가 2021년 초 코로나19 바이러스에 걸려 서울에 있는 생활치유센터에서 격리생활을 하는동안 지정병원의 의료진과 하루 두차례 오전, 오후 전화로 건강상태를 점검했었다. 이와같이 원격의료 방식은 코로나바이러스가 기승을 부리던 시저러럼 바이러스

---

199 남세현. 〈전화와 작업장 내 의사소통-청각장애인의 직장생활을 돕는 보조기기-〉. 2013년 3월4일. 함께 걸음.

전파력이 왕성하던 시절 의료진의 건강을 위해 바이러스 감염자와 접촉을 하지 않은 상태에서 건강상태를 점검하는 방법이며 이와같은 연구가 지속 되었으며 원격의료 애플리케이션 개발로 이어지게 되었다.

폴란드에서 발명된 것 중 어린이 환자들을 위한 가정용 스마트 청진기 스테토미가 있다. 천식이나 호흡기 질환을 앓는 어린이 환자를 위한 것으로 한 손에 쏙 들어갈 만큼 작고 동그란 기기와 애플리케이션으로 구성됐다. 애플리케이션을 핸드폰에 다운로드 한 후 동그란 기기의 전원을 켜 아이의 가슴에 30초 정도 갖다 대기만 한다. 그러면 스테토미는 인공지능이 의학적인 알고리즘을 통해 폐렴이나 기관지염 같은 호흡기의 이상 징후를 자체적으로 분석한다. 검사 결과는 스테토미 클라우드에 저장되는데, 발현 증상이나 약물 투여 같은 정보를 추가해서 저장할 수 있다. 더불어 검사 결과를 토대로 효과적인 상담이 이뤄지도록 메일이나 메신저를 통해 의사에게 링크 형태로 전송하는 것도 가능하다.[200]

대한민국의 스마트 AI솔루션 전문기업인 스마트사운드(대표 이정호)가 개발한 인체용 스마트 청진기 스키퍼(Skeeper)는 청진기로 심폐질환을 판별하는 인공지능 솔루션이며, 위더펫(WITHaPET)은 동물용 청진기로 반려견의 심장병 이상유무 및 MMVD(이첨판 폐쇄부전증)의 단계를 인공지능으로 판별하는 솔루션이다. 스키퍼 R1은 인공지능 기능을 기기 내부에 탑재한 올인원 인공지능(Edge AI) 스마트 청진기이다. 별도 스마트폰과 모바일 앱(APP)없이 자체 기기만으로 모든 디지털 기능을 사용할 수 있으며, 탑재된 인공 지능은 심장 잡음과 비정상적인 폐음을 빠른

200 강정민, 《2022 한국이 열광할 세계트렌드》, 249

시간에 자동으로 식별할 수 있다. 또 내부 카메라를 통해 환자 진료카드와 연계된 QR 또는 바코드를 자동 인식할 수 있으며 500시간, 10만건의 환자와 청진 데이터를 저장하고 전송할 수 있다. 스키퍼 H1/SM-300은 일반인도 집에서 간편하게 가족 심폐나 태아 건강상태를 확인할 수 있다. 가정에서 측정된 청진 소리는 인공지능이 분석해 심장과 폐, 태아 건강 상태를 확인하고 시간 경과에 따른 변화를 지속적으로 모니터링 할 수 있도록 개발됐다. 스키퍼 P1은 웨어러블 패치형태로 몸에 부착해 장시간 건강 모니터링 기능을 제공한다. 위더펫은 최적화 기술을 통해 22g의 가벼운 제품 중량을 실현했고, 반려동물 털 위 청진 및 200g 이하 신생견 청진도 가능하도록 설계됐다. 인공지능을 통한 반려견 심장병 이상유무 및 이첨판 폐쇄부전증(MMVD) 조기 진단 서비스를 통해 반려견의 1차 건강 진단 및 심장병 스크리닝이 가능한 장치다.[201]

3) 무선 디지털 브리지(Wireless digital bridge)

12년 전 교통사고로 척수를 다쳐 하반신이 마비됐던 사람이 걷게 됐다. "걷겠다"는 뇌의 신호를 '무선 디지털 통신 장치'를 통해 하반신 근육에 전달하는 방식으로 끊어진 뇌와 척수의 신경세포를 다시 이어내면서다. 기적보다 더 기적 같은 과학기술이 이뤄낸 현실이다. 2023년 5월 24일(현지시간) 스위스 로잔 연방 공과대학의 그레구아르 쿠르틴 교수 연구팀은 과학 학술지 네이처에 실은 연구 결과에서 뇌와 척수 간 신경을 '무선 디지털 브리지(Wireless digital bridge)'로 연결해 게르트-얀 오스캄(40)이 스스로 서고 걷게 됐다고 밝혔다. 그는 하루에 최소 100미터를 걸을 수 있고 가파른 경사로를 오르거나 서서 술을 마시고 차에 타고 내릴 수도 있다고 연구팀은 밝혔다. 척수가 손상되면 뇌와 몸 사이의

---

201 오인규. 〈청진기 시장의 게임 체인저 '인공지능 스마트 청진기'〉. 2023년 3월24일. 의학신문.

통신이 끊기며 마비로 이어진다. 이에 연구팀은 통신을 재개할 일종의 전자 통신망을 만들기로 하고 오스캄의 머리뼈와 척추에 전극으로 구성된 무선 기록 장치를 심었다. 엉덩이, 발목 등 하반신의 특정 부위를 움직이려 할 때 뇌의 어떤 부분이 활성화되는지를 파악한 연구팀은 오스캄의 '의도'를 전기 신호로 바꿨다. 이 신호가 척수에 연결된 전극에 무선으로 전달되면 하반신 근육에 운동 명령 신호를 보낸다. 정보와 신호 처리는 오스캄이 착용하는 헤드폰과 배낭 모양의 기기에서 이뤄진다.[202] '무선 디지털 브리지'에 대한 연구가 발전하면 뇌졸중 환자도 마비된 팔과 손을 다시 움직일 수 있을 것으로 기대하고 있다.[203]

2 나노로봇의 상용화

1987년 극소 단위로 축소된 소형 잠수함이 사람의 몸속을 탐험한다는 인체 탐험을 소재로 삼은 영화 이너스페이스(Innerspace), 세계 3대 SF 거장으로 꼽히는 아이작 아시모프의 '마이크로 탐험대', 그리고 2023년 한국에서 넷플릭스를 통해 방영된 '승리호'는 공통적으로 나노로봇을 이야기하고 있다. 물론 1987년 영화 이너스페이스의 소형 잠수함을 나노로봇을 염두에 두고 만들어진 것이라 단정 지을수는 없지만 현재 의학계에서 논의되고 있는 이슈를 생각해보면 나노로봇이라 불리워도 무리는 없을것이다. 2022년 나노로봇을 의료에 접목해 동물실험에서 소기의 성과를 이루었다는 연구결과들이 발표되고 잇다. 특히 나노로봇으로 줄기세포를 특

---

202 전혼잎. 〈기적 아닌 과학⋯뇌-척수 '무선연결'로 하반신 마비자가 12년 만에 걸었다〉. 2023년 5월25일. 한국일보.
203 KBS. 〈[지구촌 더뉴스] 뇌-척수 통신 연결⋯하반신 마비 환자 걷게 만든 기술〉. 2023년 5월26일 KBS 지구촌 더뉴스.

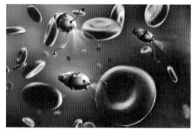
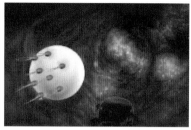

▲ 나노로봇 (픽사베이 제공)　　　전남대학교 뉴스 / 박테리오봇이 암을 추적하는 모습

정 환경이나 신호에 노출시켜서 뼈, 지방, 근육, 심근, 혈관 등의 조직으로 분화하도록 유도하는 연구들이 인공장기나 세포치료 등을 위한 재생의학 분야에서 활발하게 시도되고 있다.[204] 생명공학을 비롯해서 로봇공학까지 영향을 주는 나노 기술은 인간의 생물학적 평균 수명을 연장시키는 결정적 도구다. 인간은 생명을 창조할 수 있는 신은 아니지만 나노 도구를 사용해서 생명의 설계도인 유전자 지도를 손에 넣었다. 인간은 개처럼 1조분의 1 단위 농도로 냄새를 맡는 능력이 없지만, 나노 기술을 활용하여 당뇨, 유방암, 간질 등의 질병을 감지할 수 있는 초소형 탐지장치인 분자 스캐너를 개발했다. 암세포에 정확하게 도착하여 항암체를 투여하는 나노 로봇도 개발했다. 따라서 앞으로 20~30년 이내에 인간은 암과의 전쟁에서 승리할 가능성이 커졌다.[205] 필자가 2022년 8월 워싱턴DC에서 열린 세계한인선교대회 참가차 미국을 방문한 박상은 아프리카미래재단 대표와 인터뷰를 했던 적이 있었다. 내과의사이기도 한 박 대표는 암치료에 있어서 암4기 환자중에서도 치료를 통해 암세포를 잡아낼수 있으며 충분히 회복이 가능하다고 말했다. 과거 암4기 환자는 말기환자로 생각이 되었지만 현대의학의 발전으로 암4기가 암말기로 단정지을 수 없는 세상이 되었다.

---

204 《세계미래보고서2023》. 128
205 《메타도구의 시대》. 429

처음 나노로봇에 대한 이야기를 한 사람은 천재 물리학자인 리 차드 파인만(Richard P. Feynman, 1918~1988)이다. 그는 1959 년에 열린 '저기 바닥에 많은 공간이 있습니다(There's Plenty of Room at the Bottom)'라는 제목의 강연을 통해 엄청난 양의 정보 가 작은 공간에 축적되는 나노로봇의 가능성을 예측한 바 있으며, 62년이 지난 지금 그의 예언이 그대로 실현되고 있다.

학술지 'ZME 사이언스(ZME Science)'가 2021년 5월9일에 발표 한 기사에 따르면 최근 실제로 등장하고 있는 나노로봇이 사람의 머 리카락 너비의 10만분의 1 수준에 도달하고 있다고 밝혔다. 치료용 으로 제작된 이 나노로봇들은 사람 인체에 들어가 주변 상황을 스캔 한 후 질병 등의 상황을 감지한다. 그리고 병원체에 감염됐거나 고장 난 부위로 이동해 처방된 약물을 투여하거나 치료를 감행한다. 과학 자들은 이런 시나리오를 실현하기 위해 지난 20여 년 동안 힘든 연 구를 계속해왔다. 그리고 최근 어려운 제조공정을 개발하면서 의료 용 나노로봇을 마침내 현실화할 수 있는 수준에 차츰 도달하고 있다.

2021년 5월 7일 의학포털 '메디컬 라이프사이언스' 지에 나노 크 기의 뇌질환을 표적으로 한 약물 운반체로 사용할 수 있는 나노 물 질을 개발했다는 내용의 연구 결과를 발표했다. 이 물질은 죽어가는 세포에서 분비되는 세포사멸체(AB)를 활용한 것이다. 그동안 그 역 할이 과소평가돼 왔다며, 그 안에 있는 천연 생물활성지질과 풍부 한 단백질을 활용해 매우 기능적인 운반용 나노물질을 만들 수 있다 고 밝혔다. 특히 혈액 속의 물질 중 선택된 일부 물질만 뇌 속으로 이 동할 수 있게 하는 혈액·뇌장벽(blood-brain barrier)은 뇌질환 치 료의 어려움을 가중하며, 노화 문제를 가중시키고 있는데 이 나노 머신을 통해 뇌 속으로 효율적인 약물전달이 가능하다고 말했다. 논문은 최근 '사이언스 어드밴스' 지에 게재됐다. 제목은 'Delivering Antisense Oligonucleotides across the Blood-Brain Barrier by Tumor Cell-Derived Small Apoptotic Bodies'이다.[206]

현재 세계과학계에서 나노기술에 대한 연구가 활발히 진행중이다. 2030년 이후가 되면 나노 로봇을 통해 암을 추적하고 공격하는 기술을 갖게 될 것이다. 혈관 속에 주입된 나노 로봇은 혈액 속을 돌아다니면서 암 세포를 추적하고 스스로 약물을 투여하여 치료하게 될 것이다. 혈관 속을 돌아다닐 정도로 작기 때문에 미세 찌꺼기가 쌓여있는 부분을 만나게 되면 나노 드릴로 구멍을 내어 혈관을 깨끗하게 해줄 수 있으며 손상된 혈관도 치료할 수 있다.[207]

3 정신건강 이슈

현대인들과 현세대에 주어진 가장 큰 과제중 하나는 정신경강 이슈일 것이다. 특별히 1인가구 시대를 맞이하여 혼자 맞이해야 하는 외로움은 사회문제로 발전하기도 한다. 독거노인들이 생을 마감하고도 한참 후에 시신이 발견되는 일, 경제적 문제로 인해 가정이 깨어져 원치않은 혼자의 삶을 살게 되기도 한다. 한국의 경우 전체 가구 중에서 1인 가구의 구성비율은 1970년 3.7%에서 2000년에는 15.5%로 급속히 증가했고, 2015년 인구주택 총 조사에서는 1인 가구가 27.1%로 2인 가구를 제치고 대한민국 대표 가구가 되었다. 통계청에서는 2025년에는 31.3%에 이를것으로 예측했으나. 이미 그보다 5년이나 빠른 2020년에 31.7%로 증가했다.[208] 코로나19 팬데믹 초기에 정신질환을 호소하는 사람들이

---

206 이강봉. 〈나노로봇 기술, 어디까지 왔나?〉 사이언스타임즈 2021년 5월13일.
207 《메타도구의 시대》. 474
208 《한국교회트렌드2023》. 115

폭발적으로 늘어났는데, 이러한 현상은 포스트코로나 시대에도 이어질 것이라고 클라우스 슈밥이 2020년 6월 전망한 바 있다.[209]

이러한 상황 외에도 4차산업의 발전으로 VR, MR, XR 등 가상공간, 혹은 가상공간과 현실공간이 융합된 콘텐츠의 발전으로 인해 이와 연관된 시스템이 생겨나게 될 것이며, 많은 이들이 이와 관련된 콘텐츠를 사용하게 될 것인데, 이에 대한 부작용으로 가상과 현실을 구분하지 못하는 일도 발생하게 된다. 이러한 것은 정신 건강문제로 이어지게 된다.

1) 의료용 휴머노이드 로봇

1인가구가 증가하고 있는 지구촌은 가족 친척 등 주변 사람들과 단절돼 홀로 사는 사람이 홀로 임종을 맞고 시신이 일정한 시간이 흐른 뒤에 발견되는 고독사가 증가하고 있는 실정이다. 우리나라의 고독사 위험군이 153만 명에 달하는 것으로 나타났다. 전체 1인 가구가 717만 명이므로 5명 중 1명이 위험군인 셈이다. 한국의 보건복지부가 2022년 1인 가구 9400여 명을 대상으로 사회적 교류, 식사 횟수 등을 토대로 추정했다. 고독사가 우리 주변에서 언제든지 일어날 수 있다는 사실을 보여주는 수치다. 2021년 3378명이 고독사했다. 2017년보다 40% 늘었다. 1인 가구 중에서 연고가 없거나, 가족이 있어도 연락이 끊어지면 고독사의 위험은 높아진다. 고독사 위험군은 고령층이 다수일 것 같지만 실직, 이혼 등으로 경제력이 취약해진 40~60대 중장년층이 훨씬 많다. 이들 중에는 쪽방 고시촌 등 열악한 주거환경에서 변변치 않은 수입으로 살면서 자포자기에 빠져 스스로 고립을 택하는 경우도 적지 않

---

209 클라우스 슈밥, 《클라우스슈밥의 위대한 리셋》, 288.

다.[210] 이태리의 경우 한 독거노인이 의자에 앉은 채 숨진 뒤 2년 가량 방치돼 미라 상태로 발견됐다. 따라서 반려로봇을 비롯한 홀로의 삶을 사는 자들을 위한 로봇개발, 그리고 심리상담 애플리케이션을 통해 고립된 삶에서 벗어날 수 있는 솔루션들을 개발 보급하고 있다.

2) 반려로봇

반려로봇은 강아지나 고양이 반려동물을 고려하고 있는 소비자들을 위한 것으로 특별히 1인 가구의 증가 추세에 따라 반려동물을 키우고 싶지만 여건이 갖춰지지 않아 망설이는 사람들이 중요 고객이다.[211] 그리고 반려동물은 정신건강을 위해 도움을 주는 역할을 하게 된다. 의료용 반려로봇은 고령화의 급속한 진행과 코로나19에 따른 의료인력 투입제한 등으로 비접촉 환자관리 문제가 시급하게 대두되면서 주목받고 있다. 뉴욕주 노인복지국은 이스라엘의 인튜이션 로보틱스와 제휴해 고립된 노인 800여 명에게 반려로봇 '앨리큐'를 제공하는 프로그램을 시작했다. 앨리큐는 노인의 독립성을 개선하고 사회 활동성 유지를 위해 디자인된 탁상용 로봇이다.[212]

현재 일본에서 대중적으로 상용화된 AI반려로봇은 한국어로 '동반자'라는 의미를 가진 소니의 '아이보'다. 아이보는 강아지의 특징들을 잘 살린 로봇이다. 호기심이 많으며 주인이 부르면 곧장 달려가 응석을 부린다. 쓰다듬으면 기뻐하며 딥러닝 학습을 통해 주인과 환경을 파악한다. 이를 통해 아이보는 저마다 다른 성격과 개성을 갖게 된다. 아이보만큼 그루브X사에서 출시한 '러봇(lovot)'

210 동아일보. 〈[사설]'고독사 위험군' 153만 명… 개인의 문제 아닌 사회적 질병〉. 2023년 5월20일. 동아일보
211 나호정. 〈[나호정의 디지랜드] 일본사회 일상속에 스며든 반려로봇〉. 2022년 4월4일 AI타임스
212 《세계미래보고서2023》. 113

아이보는 소아 의료 현장에서 장기 요양 중인 어린이에게 주는 안식 효과의 검증을 2018년 12월부터 실시하고 있다. (사진=소니 아이보 공식 홈페이지).

지난 2018년부터 출시한 소니의 '아이보'는 일본 현지에서 상당한 인기를 끌고 있다. (사진=소니 아이보 공식 홈페이지).

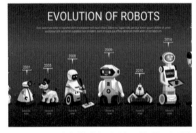

일본에서는 이미 일상속에 인공지능을 탑재한 반려로봇이 함께 하는 문화가 자리를 잡아 눈길을 끌고 있다. (사진=셔터스톡).

현관 앞으로 마중나온 러봇의 모습. (사진=러봇 공식 홈페이지).

의 인기도 상당하다. 러봇은 '사랑받기 위해 태어난 로봇'이라는 의미로 부드러운 촉감에다 귀여운 모습으로 소비자의 마음을 사로잡았다. 러봇은 살아있는 동물처럼 체온이 느껴지는게 특징이다. 주인과 만난 첫날에는 집안을 돌아다니며 구조를 파악해 적응에 나선다. 머리 위에 있는 다수의 센서와 카메라로 눈 앞에 있는 문턱과 같은 장애물을 인식해 피하거나 넘을 수 있다. 러봇은 자신만의 감정을 표현하기 위한 울음소리를 내며, 노랫소리와 악기에 맞춰 흥얼거리거나 춤을 춘다. 주인이 집에 돌아올 시간이 되면 현관문 앞에서 기다렸다가 반갑게 맞이한다. 주인 가족에게 어플리케이션을 통해 방문 이력을 알려주기 때문에 서로 연락하지 않아도

안부를 확인할 수 있으며 집에 대한 능동형 감시가 가능하다. [213)]

　한국 송파구(구청장 서강석)가 취약 홀몸 어르신들을 위해 구 캐릭터를 활용한 인공지능(AI) 반려로봇 '하하 호호'를 지원하고 있다. 이는 늘어나는 기대 수명과 눈앞에 다가온 초고령사회 진입으로, 어르신 돌봄에 대한 복지 패러다임이 고독사 방지를 위한 수동적 돌봄 체계를 넘어서 '웰 에이징(Well-aging)' 지원으로 점차 변화하고 있어서다. 이에 송파구는 돌봄서비스에 4차 산업을 도입한, 'AI반려로봇 하하 호호와 행복을 그리다' 사업을 통해 홀몸 어르신들에게 정서적 돌봄을 제공함으로 취약 어르신들이 고독감과 우울감을 해소하고, 행복한 노년 생활을 영위할 수 있게 했다. 반려로봇은 △약복용 식사 알림 서비스를 제공해 어르신들의 일상생활을 지원하고 △움직임 미감지 시 보호자 알림 기능을 갖춰 위기상황에 적극 대처한다. 또, 로봇에 탑재된 센서를 통해 △반갑게 인사를 하며 교감을 나눌 수 있어 고독감 해소와 정서적 안정에 큰 도움을 준다.

　서강석 송파구청장은 "스마트한 기술을 활용한 반려로봇 하하호호가 홀로 어렵게 삶을 영위하시는 어르신들께서 건강하고 안전하게 지내실 수 있도록 작게나마 도움을 드릴 수 있기를 바란다."면서 "구는 앞으로도 어르신들의 필요에 꼭 맞는 복지 사업을 발굴하여 포용의 도시 송파를 만들기 위해 앞장서겠다."고 밝혔다. [214)]
OECD 회원국 중 고령화 속도가 가장 빠른 한국의 경우 1인 가구 증가로 인해 고령자 고독사의 급증 같은 사회 문제를 해결할 제도적 장치 마련이 시급하다. 따라서 반려로봇은 현재로서 해결책이며

213 나호정. 〈일본사회 일상속에 스며든 반려로봇〉. 2023년 4월4일 AI타임즈
214 허주희. 〈송파구, 취약 홀몸 어르신 위한 반려로봇 '하하 호호' 지원〉. 2023년 5월4일. 실버아이뉴스.

이에 대한 투자가 계속될 것이다. 또한 반려로봇은 전 세계 어디에 서든 유용하게 쓰일 효과적 대안이다. 한국에서는 2021년 7월 KT 가 65세 이상 독거노인 100명에게 말벗 기능을 갖춘 AI반려로봇을 보급했으며. 서울 시립 중랑노인종합 복지관에서는 코로나 블루 취약 고령자를 대상으로 언택트 케어 체제가 구축된 반려로봇 '복돌이'를 지원하겠다고 밝혔다. 이와같이 IT기술에 기반한 실버 산업과 반려로봇이 고령화 시대에 접어든 전 세계인의 삶을 보다 즐겁고 행복하게 만들어 줄것이다.[215]

3) 심리상담관련 앱

코로나19 팬데믹이 전세계를 강타하던 2021년에 출시된 무드메이트(Moodmate)는 벨라루스를 사로잡은 심리치료 챗봇(chatbot)이다. 당시 코로나 확산은 '코로나 블루(corona blue)'라고 불리는 정신적 우울감과 무기력증까지 안겨줬다. 벨라루스의 경우 전염병에 대한 두려움과 정치적, 경제적 우울감이 지속적으로 더해졌기에 현지 스타트업이 개발한 심리치료 챗봇 무드메이트는 벨라루스인들의 우울감을 조금이나마 덜어내고 긍정적 마음을 갖도록 유도하기 위해 출시됐다.

무드메이트는 분위기를 살리고 전환시키는 친구같은 챗봇이다. 매일 5분 정도 챗봇과 대화하면서 제시된 심리극에 따라 주어진 네가지 객관식 답안 중 하나를 선택하며, 알고리즘을 통해 챗봇이 생각하는 심리적 상황이 맞을 경우 다음 문제로 넘어가고, 우울한 심리를 반영하는 답안을 선택하면 설득해 다시 답을 고르게 하거나 우회하도록 유도한다. 결국 긍정적인 결과로 이끌면서 사용

---

215 곽미성.《2022한국이 열광할 세계트렌드》. 103

자의 기분이 나아지는 심리행동 전략게임이다.[216] 우리나라의 경우 문자 심리 상담 서비스 애플리케이션을 통해 심리 치료가 이루어지고 있다. 2021년 5월 기준으로 문자 심리 상담 서비스 애플리케이션 '트로스트'의 누적 이용자는 9,000명이며, 월평균 1,000여 명이 이용하고 있다. 이 외에도 마인드카페, 헬로마인드케어, 코끼리, 구성토크 등 다양한 심리 상담 애플리케이션이 활성화되고 있으며, 이용자도 점점 증가하고 있다. 이는 우리나라의 경우에도 코로나 19로 인한 비대면 선호 추세 및 우울증 환자의 증가로 인해 이러한 애플리케이션이 개발되고 보급이 되었다.[217] 미국 스탠퍼드대학교 심리학 전문가들이 주축으로 설립된 스타트업 워봇헬스(Woebot Health)는 코로나 팬데믹 이전부터 페이스북 메신저와 전용 애플리케이션을 통해 우울증 환자를 위한 인공지능(Artificial Intelligence, AI) 기반 챗봇 서비스를 제공했고, 2021년 상반기에는 호주에서 청소는 정신건강에 특화된 챗보 애쉬(Ash)가 등장해 화제를 모았다.[218]

심리치료 애플리케이션은 코로나19 팬데믹이라는 특수상황을 생각하지 않더라도 현대인에게 지대한 도움을 주는 장치이다. 한국에서 사용되고 있는 애플리케이션 사용자중 특히 전 연령층 중 20대의 비대면 심리 상담 앱 이용률이 높게 나타나는데, 그 이유는 우울증 통계와 관련 있다. 보건복지부 2021년 통계에 따르면, 20대 우울증 환자는 4년 동안 두 배 이상 증가했다. 20대 우울증 환자는 2016년 6만 5천 104명, 2017년 7만 7천 433명, 2018년 9만 9천 764명, 2019년 12만 1천 42명, 2020년 7만 4천 58명으로 매년 증가 추세를 보인다. 학업, 취업, 직장 스트레스 및 코로나 블루로

---

216 김동묘.《2022 한국이 열광할 세계트렌드》. 19-20
217 박지희. 〈급증하는 비대면 심리 상담 앱…효과는?〉 2021년 5월6일. The Psychology Times.
218 김동묘. 28

인한 영향이 크게 작용한 결과로 볼 수 있다. 코로나 19 여파 및 우울증 환자 증가 외에도, 비대면 심리 상담이 활성화되는 것에는 또 다른 요인이 작용한다. 가장 크게 영향을 미치는 것은 익명성이다. 익명성이 보장되기 때문에 자신의 고민이나 심리 상태를 솔직하게 털어놓을 수 있다는 장점이 있다. 상담 내용도 기록되지 않으며, 대면 상담과 비교해 가격이 저렴한 점, 시공간의 제약을 받지 않는다는 점이 비대면 상담 앱 사용 증가에 기여하고 있다. 사회적 편견도 많은 영향을 미치는데, 대표적으로 정신과 및 상담 시설 방문 시 정신 이상자로 낙인이 찍힐 것 같다는 두려움이 그에 해당한다. 직접 상담 시설에 방문하지 않아도 된다는 심리적 안정감이 생기기 때문에 더더욱 심리 상담 애플리케이션을 선호하는 추세이다.[219]

특별히 1인가구 시대를 맞이하여 수많은 독거인들에게 닥쳐올 수 있는 외로움이나 심리적 불안감을 최소화할 수 있게 될 것이다. 하지만 4차산업의 발전으로 가상현실과 실제현실이 공존하는 사회가 완전히 도래하게 된다면 정신적인 혼란을 겪게 되는 자들이 많아지게 될 것이다. 또한 사회의 급격한 변화로 인한 정신적인 문제는 더욱 더 세분화 될 것으로 보인다. 따라서 심리 상담 분야 전공자들을 비롯한 전문가들이 심리 상담 관련한 다양한 기관에 종사하게 될 것이며 이와 관련된 애플리케이션을 개발하는데 투입이 될 것이다.

4) 장년과 노년을 위한 로봇
인간이 나이가 들게 되면 신체적인 결함을 겪게 된다. 특별히 외골격의 노화현상은 삶의 마무리로 가는 시작점이 되며 삶의 질이 저하가 되기도 한다. 이에 따른 첨단기술은 6백만달러의 사나이 혹은 아이언맨을 생각해 볼 수 있겠지만 현실은 노년을 위한 아이

---

219 박지희

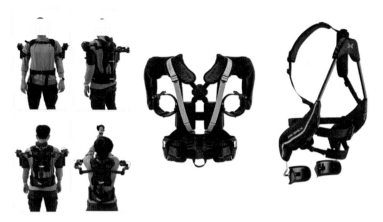

어깨근력보조 액소수트(사진:한 어깨머슬수트(사진: 한성리프트 등, 허리 머슬수트(사진: 한성리
국로봇학회) 220)   홈페이지) 221)   프트 홈페이지) 222)

언맨이다.

계단오르기, 짐 들어 올리기, 집안 일 하기, 혹은 재활 치료 등
의 필요에 따라 맞춤형으로 만들 수 있으며 이는 노년층의 삶의 질
과 자율성, 독립성에 관심이 많다는 것이다. 일본의 기업 이노피
스(Innophys)는 자체 개발한 액소머슬(Exo-Muscle)장치를 이미
1000대가량 판매했다. 이 장치는 등에 걸치는 형태로 몸을 지탱
해줘 짐 가방 같은 무거운 물건을 들어올리는 일을 돕는다.[223] 이
러한 액소머슬 장치는 실제로 신체에 부착하는 기술로 발전이 될
것이다.

현재 토미존수술 같이 운동선수들의 인대손상으로 인한 인대
부착수술이 있지만 이와 같은 이식 수술 기술은 장년과 노년의 삶
을 좀더 젊게 만들어 줄 것으로 예상된다. 이미 3D 프린팅 기술을
통해 손상된 신체를 제작할 수 있게 되었으며 팔부상을 당했을 때

220 한국로봇학회. jkros.org/_PR/view/?aidx=35756&bidx=3204#!po=5.55556
221 한성리프트. hansunglift.co.kr/product/list.php?ca_id=f010&ckattempt=1
222 앞의 자료
223 마우로 기엔.《2030축의전환》. 86

4D프린팅 기술을 통해 기브스를 하게 되는데 석고로 된 장치보다 훨씬 위생상 깨끗한 장치를 할 수 있게 되었다. 이에 대하여는 6장에서 언급하고자 한다.

예방적 치료와 수면 모니터링을 위한 링은 손목과 비교해서 손가락의 생체 신호는 10배까지 강도가 더 강하며 사용자의 생체 지표를 더 잘 감지하고 측정하기 위해서 디자이너들이 손가락을 생체측정 지점으로 사용하는 웨어러블 스마트 링을 개발했다. 스마트 링은 고감도 온도 센서, 가속도계, 적외선 LED, 자이로스코프를 사용해서 전문적인 의료 장비에 필적하는 측정 정확도를 제공한다. 링은 사용자가 수면 동안에 착용하기가 훨씬 더 편하고 심박수(심박변이도), 수면 사이클, 체온, 신체 활동, 호흡수 등에 대해서 실시간 측정을 제공할 수 있다.

비상용 팔찌와 펜던트는 갑작스러운 위험 상황에서 노인들을 돕기 위해서 새로운 웨어러블 디바이스이다. 이 디바이스는 24시간 모니터링, GPS 위치추적, 넘어짐 감지가 가능하다. 일부 제품은 5G 셀룰러 네트워크나 와이파이를 통해서 가족이나 구급 대원과 양방향 통신이 가능하다. 비상용 팔찌와 펜던트는 사용하는 기술이 거의 비슷하다. 둘 다 가속도계를 내장해서 넘어짐을 감지할 수 있다. 노인들이 넘어졌을 때 6시간 안에 의료적 도움을 받지 못하면 90퍼센트가 요양원에 의존하게 된다는 사실을 보면 이 기능이 중요하다는 것을 알 수 있다.[224]

미국의 최대의 노년 생활 공동체 개발 및 제공업체로 10만명

---

224 아담킴멜. 〈[기고] 소비자 건강 향상시키는 3가지 혁신적인 웨어러블 헬스케어 디바이스〉. 2023년 1월 4일. elec4

이 넘는 회원을 보유한 부룩데일 시니어 리빙(Brookdale Senior Living)과 음성인식이 가능한 디지털 도우미인 로봇 엘리큐(ElliQ)는 특히 관절이나 시력이 좋지 않은 환자들에게 유용하다. 엘리큐는 인터넷 게임이나 화상대화, 인터넷 강연 미국 인튜이션 로보틱스가 업데이트해 내놓은 노인용 동반자 로봇 '엘리큐 2.0'. (사진=인튜이션 로보틱스)청취, 기타 사회적 활동에 적극 참여할 수 있다. 로봇들과 교감하는 노년층은 좀 더 적극적으로 삶을 살아가며 우울증에 걸릴 확률도 적다.[225]

미국 인튜이션 로보틱스가 업데이트해 내놓은 노인용 동반자 로봇 '엘리큐 2.0'. (사진=인튜이션 로보틱스)

로봇 엘리큐(ElliQ)를 2.0 버전이 출시되었는데 엘리큐 2.0 SW는 더 깊은 대화를 나누고 더 강한 관계를 구축하도록 제작이 되었으며, 새로이 박물관 전시 투어를 제공하고 가상 여행을 용이하게 하며, 추억을 기록해 사랑하는 사람들에게 보내는 기능도 들어갔다. 인튜이션 로보틱스는 엘리큐 2.0과 함께 가족, 친구 및 사례 관리자 또는 가정 의료 보조자(요양사)와 같은 간병인을 위한 동반자 앱도 출시했다. 사용자들은 이 앱으로 엘리큐에서 영상통화 수행은 물론 텍스트, 이미지, 영상 메시지를 보내고 원격으로 알림을 설정할 수도 있다. 엘리큐 사용자의 건강상태 변화에 대한 업데이트도 받을 수 있다. 도어 스쿨러 인튜이션 로보틱스 공동창업자이자 최고경영자(CEO)는 "엘리큐가 많은 노인들의 삶을 긍정적으로 바꾸는 것을 보는 것은 엘리큐를 시장에 내놓기 위해 열

---

225 《2030축의전환》. 88

심히 노력한 우리 팀의 꿈이 실현되는 것이다. 이제 우리는 규모에 맞게 엘리큐를 제공하고 가족, 사례 관리자, 간병인 및 파트너와 같은 이해 관계자들에게 가치를 더해주는 다음 여정으로 접어들고 있다"고 말했다. 엘리큐는 외로움이나 사회적 고립의 영향을 완화하고 사용자를 가족과 보호자와 연결하기 위해 설계됐다. 이 로봇 기술은 심리학, 행동 과학, 진보된 인지 인공지능(AI) 능력을 결합해 능동적이고 공감적인 치료를 제공한다.[226]

  또한 로봇은 아니지만 약물을 투여하여 환자에게 안정을 취하게 하는 피부 패치가 있다. 피부패치는 피부를 통해서 약물을 투여하는 피부 패치이다. 이 패치는 사전에 정해진 양의 약물이 들어 있어서 피부를 통해서 혈류로 일정하게 약물을 투여한다. 피부 패치는 능동 투여 시스템과 수동 투여 시스템이 존재한다. 수동 시스템은 피부를 통한 자연적인 확산을 사용한 것이다. 그러므로 투여되는 양이 사용자의 피부 특성과 패치 디자인에 따라서 달라질 수 있다. 반면에 신체로 능동 투여는 좀더 복잡하다. 이 접근법은 마이크로니들, 화학적 강화제, 2~10mA 대의 약한 전기 전류를 사용해서 지정된 시간 간격으로 피부로 약물을 투여한다. 그러므로 환자에 따른 맞춤화가 가능하다. 전기 전류가 이온삼투요법(iontophoresis)을 통해서 피부로 약물을 침투시킨다. 그러기 위해서 패치에서 피부로 한 방향으로 중단 없이 약물을 투여하기 위해서 직류 전류가 필요하다. 기계장치가 전류를 인가해서 빠르게 피부로 약물을 주입한다. 이 접근법은 ADHD와 항염증 치료에 유용하다. 사용자마다 투여해야 하는 약물의 양이 다를 수 있기 때문이다.[227]

---

226 이성원. 〈美 인튜이션 로보틱스, 노인용 동반자 로봇 '엘리큐 2.0' 출시〉. 2022년 12월13일 로봇신문
227 아담킴멜.

4 교회

교회의 사역에서 가장 밀접한 분야가 의료분야일 것이다. 그래서 많은 의료계통 종사자들이 빈곤층들을 위해 의료봉사를 실시하고 있다. 또한 교회에서 해외로 단기선교를 실시할때도 의료인들이 동참하여 선교지에서 의료서비스를 하고있다. 미래사회 역시 마찬가지이다. 교회의 주요 사역중 하나가 치유사역이며, 성경에서도 고아와 과부를 돌봐야 함에 대한 강조점을 두고 있다. 이는 소외 계층과 빈곤층을 위해 교회가 나서야 한다는 의미이며 여기에 의료서비스는 당연히 포함되어야 하기 때문이다. 1인가구의 증가는 독거인들의 증가라는 의미이다. 뉴스에서 종종 등장하는 독거인들의 사망은 결국 인간관계의 단절에서 오는 아픈 결과물이다. 이를 위해 앞장서야 하는 것이 교회이다. 독고인들에 대해 끊임없는 관심을 가지고 다가가야 한다. 하지만 세상이 많이 발전하는 만큼 소외된 이웃들에게 관심을 가지기 어려운 아이러니한 세상이 되었다. 이러한 상황속에 교회가 해야 할 일은 그들이 세상과 단절이 되지 않도록 하는 것이다. 예를들면 반려로봇을 제공하는 것이다. 또한 AI 기술의 발전으로 가상세계와 현실세계의 융합으로 이어지게 될 것이기에 정신적인 혼란을 경험하는 자들이 많아질 것이다. 따라서 교회에서는 상담분야와 정신의학 분야에 끊임없는 관심을 가져야 하며 이에 대한 전문사역자 양성에 심혈을 기울여야 한다.

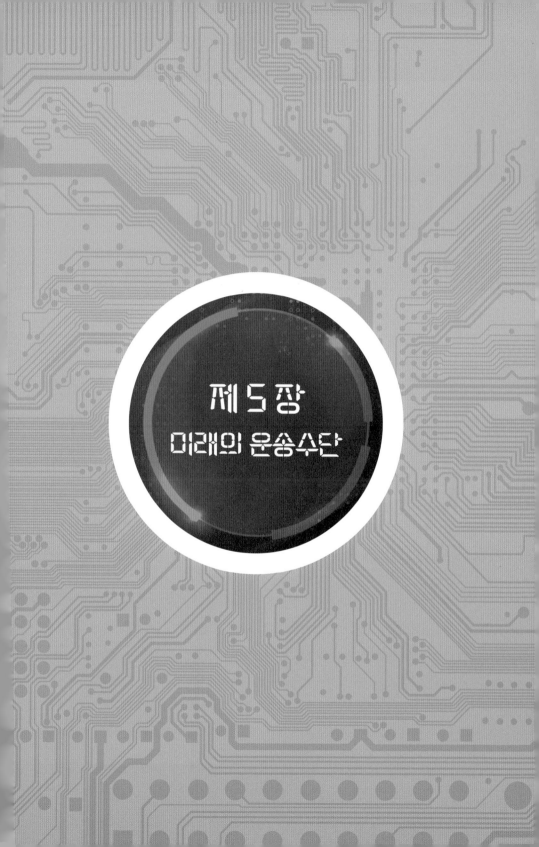

제 5 장
미래의 운송수단

시나리오 2050년 우리사회

᠃᠃

　오늘은 모처럼 동기들이 모이는 날이다. 5월 마지막 월요일인 메모리얼데이는 1년 중 동기들이 모일 수 있는 유일한 날이다. 물론 모두가 모일 수 없었던 적도 있었지만 피치못할 사정이 생기지 않는 한 모임을 가져왔다. 특별히 분주함이란 핑계로 디지털 기술의 힘을 빌려 모일 수 밖에 없는 현실을 안타까워 하던차에 1년에 한번은 아날로그시대처럼 대면으로 만남을 갖는 이벤트를 가져보기로 했다. 이번 모임은 모처럼 남가주 실비치에 있는 리저월드 내 실버타운에서 모이기로 했다. 2년전 은퇴를 하고 이곳에서 지내고 있는 최다니엘 박사 집에서 모임을 갖기로 했다.

　30년전 아주사퍼시픽대학교에서 함께 수학을 했던 15명이 그들의 스승인 최 박사 집에 모이기로 한 것이다. 아주사퍼시픽대학교에서 목회학석사학위를 취득했지만 인문학자가 된 설민수 박사는 전세계를 돌아다니며 인문학 강의를 해오고 있다. 이날 역시 말리부에 있는 페퍼다인대학교에서 인문학 특강을 마치고 학교 주차장에 마련된 UAM 정류장에서 리저월드로 향했다. 설 박사는 UAM이 본격적으로 상용화가 되던 2030년을 떠올렸다. 당시 배터리 기술등의 문제로 UAM의 크기는 마치 헬리콥터 크기 같았다. 그래서 공항이나 버스터미널에 정류장을 만들고 그곳에서 UAM을 사용해야 했다. 하지만 기술의 발전으로 미니벤 정도의 크기로 제작이 되어 더이상 특정장소에서 UAM을 사용하지 않아도 되었다. 초창기때는 UAM 정류장이 롱비치 공항에 있었으며 그곳에서 택시를 타고 목적지로 향해야 했다. 하지만 2050년 UAM의 대중화로 비행기 조정 자격증이 있는 자들에게는 UAM을 직접 운전할 수 있게 되었다. 설 박사 역시 2040년 취득한 UAM 운전면허증으로 패퍼다인대학교가 있는 말리부에서 직접 UAM을 몰고 리저월드에 있는 최박사의 집으로 향했다.

칼스테이트 롱비치(California State University, Long Beach)에 강의가 있는 권현주 박사는 설민수 박사와 아주사퍼시픽대학교 동기이다. 권 박사 역시 목회학 석사과정을 이수했지만 UCLA에서 심리학을 전공하고 심리학 박사가 되었다. 산타모니카에 거주중인 권 박사는 강의를 마치고 웨이모에서 운영중인 자율주행 택시를 타고 리저월드로 향했다. 카이스트와 MIT에서 항공우주공학을 전공하고 애리조나주립대학교에서 항공우주학 학과장으로 재직중인 김현철 박사는 커넥티드카를 타고 아리조나 주 피닉스에서 리저월드로 향하고 있다. 그는 최다니엘 박사의 제자는 아니지만 피닉스에서 열린 '메타시대와 윤리'라는 주제의 심포지엄에서 패널로 함께하면서 맺은 인연으로 수년째 소식을 주고받는 사이가 되었다. 마침 최 박사의 제자들과 만남의 시간을 갖는다는 소식에 애리조나 주에서 캘리포니아로 손수 운전해서 가고있다. 적지않은 나이라 직접 운전하는 것이 만만치 않지만 평소 자동차 운전을 즐겨하였기에 최 박사의 집까지 운전해서 가기로 했다. 다행인건 그의 자동차가 자율주행도 가능한 차이다.

99

서울은 전 세계적으로 손꼽히는 메가시티다. 1천만 인구가 거주하는 서울에서 교통체증은 일상이다. 출퇴근시간엔 10km를 가는 데도 1시간이 훌쩍 넘게 걸린다. 일상이라 생각했던 이러한 교통대란은 발상의 전환으로 해결할 수 있다. 특히 자율주행기술과 AI의 발전은 '탈 것'의 진화를 이끌고 있다. 고가도로를 만들고 지하도를 건설하는 전통적 방법이 아닌, 영화 속에서나 가능했던 '하늘의 도로'로 현실화시키고 있다.[228] 또한 목적지가 짧은거리일 경우 주로 자전거나 퀵보드를 이용했으나 앞으로는 공중에 떠서 다니는 비행보드를 사용하게 되는 자들도 많아질 것이다.

1 자율주행차

키트(KITT)(사진: 박준호)

1980년대 중반 우리나라에서 방영하였고 2008년 리메이크가 되었던 〈전격 Z작전(Knight Rider)〉의 인공지능 자동차 '키트(KITT)'가 화면 밖으로 나와 우리 곁에 다가와 있다. 키트는 자율주행자동차라고 부를 수 있는데 운전자와 사람처럼 자연스럽게 대화를 나눌 수 있을 뿐만 아니라 농담도 주고받고 조언까지 건넨다. 키트와 같은 수준의 자율주행차가 나오려면 IoT가 뒷받침되어야 한다.[229]

자율주행차는 좁은 의미로는 인공지능의 수천가지 다른 응용 프로그램이 확산될 수 있도록 문을 여는 '킬러앱'이다.[230] 자동차의 자율주행은 총 6단계로 등급을 나눈다. 미국자동차공학회에 따르면 자율주행은 기술 고도화에 따라 0~5까지이다. △1단계는 주행

---

228 에릭 앨리슨. 『세계지식트랜드 2023』, 224
229 『5G 초연결사회, 완전히 새로운 미래가 온다』, 101
230 박영숙, 제롬 글렌, 《세계미래보고서 2023》. 146

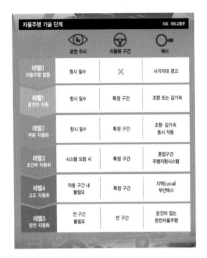

한국 국토교통부의 자율주행 기술단계 자료

시 운전자를 보조하는 수준, △2단계는 특정 조건에서 시스템이 보조 주행, △3단계는 제한된 조건에서의 자율주행 가능을 뜻한다. △4단계는 정해진 도로 조건의 모든 상황에서 자율주행이 가능한 단계, △5단계는 운전자가 불필요하며 탑승자만으로 주행이 가능한 단계다. 웨이모, 우버, 테슬라 등 경쟁업체들은 앞다퉈 자율주행차 출시를 위해 개발 중이다. 세 개의 주요업체 뒤를 이어 제너럴모터키트스(GM), 현대, 혼다, 크루즈, 죽스, 폭스바겐, BMW, 애플, 등이 가세했다. 전 세계 주요 자동차제조업체 모두가 자율주행차 개발에 박차를 가하고 있는 모양새다.

구글의 자회사인 웨이모(Waymo)는 이미 사람이 운전하지 않고 공공 거리에서 작동하는 차량을 보유하고 있다.[231] 닛산 자동차는 2021년 가을 요코하마시에 있는 미나토미라이와 차이나타운의 일반도로에서 자율주행차량을 사용한 온디맨드 배차 서비스의 실증 실험을 시행했다. 사용한 차량은 이 회사의 미니밴 타입 전기차인 'e-NV200'을 기반해서 레벨2 자율주행 차량으로 개조한 연구차량이다. 혼다는 협력업체가 개발한 차량을 사용해서 2020년대 중반에 레벨4의 '자율주행 모빌리티 서비스' 사업화를 목표로 하며 협업업체는 미국 제너럴 모터스(GM)와 자회사로

231 앞의책. 147

GM크루즈이다.[232) 테슬라는 2021년 10월11일 자사 자율주행 자동차 소유주에게 '완전자율주행(Full Self Driving. FSD) 베타 10.2'버전을 출시했다는 이메일을 보낸바 있다. FSD 베타 10.2를 테스트해본 운전자는 "비가 쏟아지는 밤길에도 완벽하게 자율 주행이 가능했다"라고 소감을 밝혔다.[233)

테슬라 모델X(사진: 박준호)

테슬라는 2023년 7월 10일 FSD 베타 11.42를 출시했다. FSD 베타 11.4.2에는 자아의 행동과 보행자의 반응의 공동 공간에서 가능한 여러 미래를 평가하여 더 많은 횡단보도에서 보행자를 위해 주장하거나 양보할지 여부를 결정하는 기능이 개선되었다. 밀집된 비정형 도시 환경에서의 회전 성능이 개선되었으며 주차된 차량으로 인해 회전 차선이 막혔을 때 회전, 버스 차선 진입 회피 등이 있다. 차선 안내 모듈을 개선하여 목적지에 도달하기 위해 자아가 어느 차선에 있어야 하는지 장거리 경로 '힌트'를 네트워크에 제공한다.

최신 버전의 '차선 안내' 모듈로 동일한 데이터 세트에서 네트워크를 재훈련하고 공통 특징 공간을 사용하여 차선, 선, 도로 가장자리 및 제한 공간 감지의 기하학적 일관성을 개선했다. 차선 유형 감지 네트워크를 업데이트하고 지도와 비전의 융합을 개선하여

232 닛케이 BP. 《2023 세계를 바꿀 테크놀로지100》.124
233 김태헌 이벌찬. 『AI 소사이어티』. 56

버스 차선을 사용해야 할 때와 피해야 할 때를 더 잘 파악할 수 있도록 개선했다. 다가오는 내비게이션 마감 시간, 필요한 연속 차선 변경 및 후방 차량의 존재를 더 잘 고려하여 차선 변경 중 속도 제어가 개선되었다.

주차장 및 주택가 도로와 같은 환경에서 최대 허용 속도를 제한하는 데 사용된다. 도로의 습도, 다른 차량의 타이어 스프레이, 비의 강도, 타이어 마모 추정치 또는 차량이 노면의 핸들링 한계에 가까워졌음을 나타내는 기타 위험 요소를 사용하여 운전자에게 경고하고 속도를 줄일 수 있다. 도시 도로에서 장거리 경로 차단 감지 및 제어 기능이 개선되었다.[234]

그러나 자율주행차 시대를 맞이하기에 앞서 안전성에 대한 문제를 무시할 수는 없다. 또 사고발생 후 책임을 어떻게 져야 하는지에 대해서도 여전히 불분명하다. 법적 제도 마련은 제자리걸음인 사이, 각 자동차업체에서는 계속해서 자율주행차를 세상에 내놓기 위해 속도전을 벌이고 있다. 2020년 3월 미 자동차협회(AAA)가 조사한 바에 따르면 응답자 중 82%가 "자율주행 자동차를 신뢰하지 않는다"고 답했다. 이 가운데 60%가 신뢰할 수 없는 이유로 "업체별 여러 차례 일어나는 사고와 이를 공정하게 판결할 법적 제도 미흡"을 꼽았다.[235]

정광복 자율주행기술개발혁신사업단 사무국장(공학박사)은 "테슬라의 자율주행기술은 완전자율주행(레벨 4~5)에 미치지 못하고 있지만 일반 이용자는 완전자율주행으로 오인하는 운전행태를 보이고 있다"며 "FSD나 오토파일럿 같은 주행 보조 기능을 이용할

234 https://www.notateslaapp.com/ko/소프트웨어-업데이트/버전/2023.7.10/릴리즈-노트
235 박혜섭. 〈[스페셜리포트]③자율주행차, 어떤 사고가 났을까〉. 2021년 5월31일 AI타임스.

때도 운전에 주의를 기울여야 하고, 완전히 의존해선 안 된다"고 말했다.[236]

Model S, 3, X 및 Y용

테슬라의 FSD 베타 11.4.2는 차선, 선, 도로 가장자리 및 제한된 공간의 기하학, 곡률, 위치, 유형 및 토폴로지를 개선하여 회전을 통한 제어 및 전반적인 부드러움을 개선했다. 다른 개선사항 중에는 더 크고 깔끔한 훈련 세트와 업데이트된 차선 안내 모듈 덕분에 도시 거리의 차선에 대한 인식이 36%, 분기점은 44%, 병합은 27%, 회전은 16% 향상되었다. Occupancy Network에 차선 안내 입력을 추가하여 장거리 도로 기능 감지를 개선하여 거짓 음성 중앙값 감지를 16% 줄였다.[237]

　이는 자율주행차의 안정성 향상이 되고있으며 지속적인 연구개발로 인한 FSD 버전의 업데이트가 지속적으로 이루어짐으로 사고의 위험에서 벗어나게 될 것이다. 또한 현재는 내연기관 자동차와 하이브리드 자동차, 그리고 전기자동차가 함께 거리에서 돌아다니고 있으며, 1990년대 이전에 출시된 자동차까지 돌아다니고 있다. 따라서 필자가 글을 쓰고 있는 2023년 현재 도로위에서의 자동차 사고는 언제든지 일어날 수 있는 가능성을 가지고 있다. 하지만 캘리포니아는 2035년부터 내연기관 자동차의 운행은 금지되며, 유럽역시 완전한 전기자동차시대를 눈앞에 두고있다. 중국 인

236 박순봉. 〈테슬라 자율주행 안전성 또 논란…미국서 8중 추돌 사고, 당국 특별조사〉. 2022년 12월 23일. 경향신문
237 테슬라 소프트웨어 업데이트. 2023년 5월26일.

터넷 기업 바이두가 상하이에서 시민들을 대상으로 자율주행하는 로보택시 시범 서비스를 시작했다. 바이두는 자율주행 플랫폼 아폴로 기반 시민용 로보택시 서비스 '뤄보콰이바오' 운행을 시작했다. 상하이 시민들은 바이두 지도 앱 혹은 뤄보콰이바오 앱에서 아침 9시30부터 저녁 11시까지 로보택시를 불러 체험할 수 있다.

우선 상하이의 자딩구에서 시범 운영되며 150개 탑승 지점을 커버한다. 이로써 상하이는 바이두가 베이징, 광저우, 창사, 창저우에 이어 로보택시 시민 대상 시범 운영 서비스에 나선 다섯번째 도시가 됐다.[238] 바이두가 운영하고 있는 택시는 승객이 QR코드를 스캔해 건강 정보를 제공하면 문이 열리고, 안전띠를 매면 자동으로 출발한다.[239] 유럽연합(EU)이 2035년부터 내연기관 신차 판매를 금지하는 법안에 최종 합의했다. 2023년 3월 28일(현지시간) 로이터통신 등에 따르면 EU 27개국 각료급 이사회인 교통·통신·에너지이사회는 2035년부터는 신규 승용차 및 승합차의 이산화탄소 배출이 아예 금지된다. 사실상 휘발유·디젤 등 기존 내연기관 차량 판매가 불가능해지는 것이다. 다만 EU는 합성연료(e-fuel) 사용 내연기관차는 예외로 인정했다. 합성연료를 주입하는 신차의 경우, 2035년 이후에도 판매를 계속 허용하기로 한 것이다. 이는 독일 정부의 강력한 요구가 반영된 결과다. 앞서 독일은 "친환경적 연료를 사용하는 내연기관차는 이산화탄소 배출 저감 효과가 있다"고 주장하며 판매 금지 예외를 강하게 요구해 왔다.[240]

현재 레벨5에 해당되는 완전자율인 자율주행차 운행이 이루어지지 않기에 사고위험 속에서 자동차들이 운행되고 있지만 완전자율

---

238 유효정. 〈바이두, 상하이서 '로보택시' 시범 운영...5번째 도시〉. 2021년 9월15일 ZDNET Korea
239 김태현, 이벌찬. 《AI소사이어티》. 163.
240 조아름. 〈EU, 2035년부터 '합성연료 제외' 내연기관 신차판매 금지〉. 2023년 3월29일 한국일보

이 실시가 되면 도로교통
에서 안정성이 보장이 될
것으로 보인다. 자율주행
차 시스템 전문가인 마르
코 파본 미국 스탠퍼드대
항공우주학과 교수(엔비
디아 자율주행차 연구 이
사)가 미국에서 자율주

핸들에서 손을 뗀 채 달리는 차 안에서 뒤로 누워 편하게
이동하는 모습. 일론 머스크 테슬라 CEO는 "자율주행 소
프트웨어는 거의 끝났다"며 "앞으로는 졸음운전이란 단
어가 사라질 것"이라고 말했다. (테슬라 제공) [241]

행자동차가 돌아다니고 있다고 언급했다. 파본 교수는 "정의대로 운
전자는 없고 탑승자만 차에 타면 알아서 운전하는 차는 이미 택시 등
의 용도로 제한적이지만 쓰이고 있다"며 "문제는 이 택시들을 다른
국가나 도시로 가져가면 제 기능을 하지 못한다는 점"이라고 말했다.
해당 국가나 도시에 대한 데이터 학습이 다시금 필요하고 이 과정은
시간과 비용이 많이 소모된다고 덧붙였다. 파본 교수는 "자율주행 기
술 개발에 열을 올리는 미국과 중국, 한국을 놓고 봐도 각각 국가의
도로 상황이 너무 다르다"며 "이미 개발된 완전자율주행 기술이 어
떻게 확장성을 가질 수 있느냐가 관건"이라고 말했다.

　자율주행 기술 개발은 경쟁이 치열하다. 국가적 아젠다로 기술
개발에 막대한 자금이 투입되고, 기업들도 사활을 걸고 있다. 일본
야노경제연구소에 따르면 세계 자율주행차 시장은 연평균 41.0%
성장률을 보이며 2025년 1549억달러(약197조328억원), 2035
년 1조1204억달러(약1425조원)에 이를 것으로 예상된다. 윤석열
정부 역시 자율주행차를 포함한 전기수소차, 도심항공교통(UAM)
등 미래 모빌리티를 핵심 성장동력으로 육성할 것이라 밝히고 있

---

241 박건형. 〈머스크, 9년째 "완전 자율주행" 거짓말… 고집불통에 속고 있다. [박건형의 홀리테크]〉. 2023
　　년 3월31일. 조선일보

다. 한국은 완전 자율주행 기술 선두국가인 미국과 중국 사이에서 고군분투하고 있다. 파본 교수는 "완전 자율주행 기술은 막대한 투자가 필요한, 비싼 기술"이라며 "경쟁이 엄청 치열하긴 하지만 그만큼 시장도 크다. 승자가 모든 것을 가져가는 형태는 아니기 때문에 한국이 가져갈 수 있는 부분이 있다고 본다"고 말했다.[242] 또한 자율주행차는 개인용 승용차뿐만 있는 것이 아니다. 세계 최초 자율주행차호출 서비스를 표방하고 있는 웨이모는 자율주행택시이다. 구글 모기업 알파벳의 자율자동차 부문인 웨이모(Waymo)가 2018년 12월 5일 애리조나주 피닉스에서 세계 최초로 상용 자율주행차 서비스를 시작했다고 AP통신, LA타임스 등이 보도했다.

미국 LA에서 운행중인 웨이모 [244]

서울 청계천에서 운행중인 자율주행버스 [245]

LA타임스는 "로봇카가 공식적으로 실제 사업이 됐다"고 전했다. AP는 "구글이 거의 10년을 공들여온 자율주행차 기술이 비록 소규모이지만 상업적인 차량 호출 서비스로 시작됐다"라고 의미를 부여했다.[243] 웨이모는 현재 아리조나 피닉스와 캘리포니아 샌프란시스코, 로스앤젤레스에서 운행 중이며 곧 아리조나 피닉스에서는 프리웨어에서 시범운행을 하게 된다. 자율주행차량은 현재 자율주행버스로도 서비스를 하고 있다. 한국의 경우 서울 청계천을 비롯 청

242 고재원. 〈美선 이미 운영중 완전자율차, 한국선 왜 운행 어려울까〉. 2022년 10월23일 동아사이언스.
243 중앙일보. 〈웨이모 자율주행차 세계 최초 상용 서비스〉. 2018년 12월 5일.

와대와 상암, 그리고 세종시에서 자율주행 버스를 운행중에 있다.

또한 우버와 리프트, 카카오택시 등 공유차량서비스도 자율주행으로 운영이 될 것이며, 자율주행 자동차를 소유하고 있는 자들 역시 개인사업자 등록을 한 뒤 자신의 차량을 업무시간에 우버와 같은 형식으로 대중들을 위한 차량서비스 사업을 하게 될 것이다. 그리고 뉴욕, 시카고, 서울, 도쿄 등 지하철 운행을 하는 지역은 지하철까지 자율주행으로 운영하게 될 것이다.

2 커넥티드카

필자의 10대 학생시절 TV광고로 접했던 내용 중 카폰(Car phone)을 통해 퇴근시간에 맞춰 집안 전등이 불이 켜지고 밥솥에 밥이 지어지는 내용이 소개가 되었던 적이 있었다. 당시는 단순히 시청자들의 눈길을 끌기위해 제작된 광고로 생각되었다. 하지만 시간이 훨씬 지난후에 드는 생각은 광고 내용은 커넥티드 차량의 기술이었다는 것이었다. '커넥티드카'는 차량 시스템과 무선 네트워크의 연결을 통해 다양한 서비스를 제공하는 차량을 의미한다. 현재 상용화한 커넥티드카 핵심 서비스는 실시간 경로 탐색, 차량 원격 제어, 대화형 음성인식 서비스, 차량 진단 및 소프트웨어 업데이트 기능 등이 대표적이다.[246] 우리나라의 경우 온라인으로 연결된 자동차인 '커넥티드 카'가 늘면서 이동통신 3사들의 관련 서비스 경쟁이 치열해지고 있다. 현재 커넥티드 카 서비스는 실시간 음악 재생, 내비게이션 등 주로 인포테인먼트 서비스를 제공하는

244 웨이모 홈페이지.
245 강은. 〈청계천 자율주행버스 25일부터 운행 시작…"누구나 무료로 탑승"〉. 2022년 11월24일 경향신문.
246 송현진. 〈운전자에게 가장 필요한 커넥티드카 서비스는 무엇〉. 2023년 4월8일 카가이.

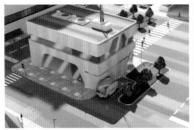

▲ 현대자동차 그룹이 공개한 모바일 리빙 스 (현대자동차 유튜브)
페이스

수준이지만, 향후 자율주행에 활용되는 등 관련 기술이 고도화할 전망이다.[247] 또한 차량과 건물이 유기적으로 연결 될 수 있게 될 것이다.

현대자동차그룹이 2023년 1월 30일 모빌리티와 건물의 유기적인 연결 시나리오를 보여주는 '모바일 리빙 스페이스(Mobile Living Space: 움직이는 생활공간)' 애니메이션 영상을 통해 모빌리티 공간을 재정의하는 미래 비전을 공개했다.

이 애니메이션 영상에는 모빌리티가 건물에 부착되어 탑승객이 외부 노출 없이 양쪽을 자유롭게 오가는 상황을 묘사했으며, 건물에서 생활할 때도 모빌리티 공간은 물론 공조 시스템과 엔터테인먼트 시스템까지, 차량의 기능을 마치 집과 사무실 전자기기처럼 활용하는 가능성을 제시했다. 특히 모빌리티가 단순 이동수단에 그치지 않고 한층 진보한 미래형 거주 공간으로 재탄생되는 다양한 신기술을 통해 고객에게 보다 풍요로운 가치와 삶의 경험을 제공하겠다는 의미를 담았다. 건물과 모빌리티가 한치의 오차도 없이 연결, 해제될 수 있도록 모빌리티 루프를 확장해 건물과 도킹되도록 하는 게이트 구조와 시나리오를 설계했으며, 건물과 모빌리티 출입구 크기를 맞춰 사용자가 허리를 굽히지 않고 드나들 수 있도록 모빌리티 높낮이를 조절하게 된다. 모빌리티

---

247 이재덕. 〈미래 먹거리 '커넥티드 카'에 뛰어든 통신 3사〉. 2022년 11월13일 경향신문.

가 건물과 연결되어 있는 시간 동안 건물 전원을 이용해 무선으로 충전될 수 있도록 하며 모빌리티 에어컨과 히터와 같은 공조 시스템 활용을 가능하게 한다.[248] 현대자동차가 공개한 에니메이션은 차량과 생활을 하는 건물 즉 주택과 사무실과의 활용을 보여주었지만, 차량이 갈 수 있는 모든 공간에서 유기적 연결을 하게 될 것이 이는 커넥티드카의 한 차원 발전된 방식으로 건물과 차량을 하나로 묶는 시스템이 될 것이다.

3 UAM (Urban Air Mobility)

영화 제5원소나 백투더퓨쳐2의 하늘을 날아다니는 자동차는 그저 영화나 만화 속에서나 존재하는 상상이상도 이하도 아니었다. 하지만 하늘을 날아다니는 자동차가 우리 눈앞에 나타날 날도 머지않았다.

영화 '제5원소'의 한장면   영화 '백투더퓨쳐 II' 의 한장면

2003년 나사(NASA)에서 일반인이 운전면허만으로 운전할 수 있는 개인용 비행체 개발이 추진되면서 도심항공 모빌리티, 즉 UAM (Urban Air Mobility) 개념이 처음 등장했다. UAM은 세계 주요 도시의 교통체증의 해결책으로 제안되었다.[249] UAM은 도

---

248 박경일, 〈현대차, 모빌리티와 건물 연결 '모바일 리빙 스페이스' 비전 공개〉, 2023년 1월30일, 로봇신문

249 김명선, 『뉴마켓, 새로운 기회』, 199

로주행이 아닌 도심 속에서 하늘길을 이용하는 비행체이다. UAM은 도로 대신 하늘을 통해 이동하기 때문에 다른 대중교통보다 빠르며 도심 내 교통체증을 효과적으로 줄일 수 있다.[250] UAM 사용화 시점은 2024~25년으로 예정되었으며 이 시기는 UAM 기체 제작업체의 본격적인 기체양산 시점과 맞물려있다. 우리나라는 국토교통부에서 2025년 UAM 사용화를 목표로 하고 있으며, 2030년에는 10개, 2035년에는 100개까지 확대할 계획이다.[251] 에릭 앨리슨 조비 에비에이션 제품 책임자는 "UAM 기술의 도입은 사회적 낭비비용을 최소화하고 전 세계의 효율성 증진에 직접적으로 기여한다"며 "한국의 경우 서울에서 인천공항까지 차량을 이용할 경우 70분정도가 소요되는데 UAM을 이용한다면 18~20분으로 단축할 수 있으며 이는 뉴욕과 서울과 같은 거대 도시일수록 시간적 비용적 낭비를 최소화하는 강력한 수단이 될 것"이라 말했다. [252]

UAM의 장점은 목적지까지 도착시간이 절약될 수 있다는 것이며 단점은 사고가 났을 때 도로교통보다 더 많은 인명피해를 가져다 줄 수 있다는 것이다. 특별히 시스템에 에러가 발생했을 경우는 더더욱 그렇게 될 것이다. 따라서 UAM의 초기버전은 버스나 지하철 등 대중교통처럼 정해져 있는 지역에서만 운행을 하게 될 것이며, 안전이 최대한 보장이 되었다고 판단이 될 때 자가용처럼 사용이 가능해 질것이다. 또한 UAM이 도입이 되면 많은 자동차 업체들이 지상의 도로에서 하늘의 도로를 달리는 자동차를 제작하게 될 것이며, 더 나아가서는 리무진처럼 15명까지 탈 수 있는 하늘을 날아다니는 자동차가 개발이 될 것이다.

---

250 앞의 책. 200
251 앞의 책. 202
252 에릭 앨리슨. 『세계지식트랜드 2023』, 224

4 호버보드(Hoverboard)

영화 백투더퓨쳐의 한장면(유투브 갈무리)

프랑스 발명가 프랭키 자파타가 2019년 7월24일 프랑스 칼레 상가트에서 비행보드를 타고 영국해협 횡단 연습비행하는 모습(연합뉴스)[253]

TV에니메이션 〈날아라슈퍼보드〉의 한장면

호버보드 [254]

영화 백투더퓨쳐를 보면 공중에 떠서 다니는 스케이트보드 즉 호버보드(Hoverboard)를 타고 다니는 사람들의 모습이 나온다. 1990년, 1991년, 1992년, 1998년, 2001년에 방영되었던 서유기를 각색하여 만든 TV에니메이션 〈날아라슈퍼보드〉에서 손오공이 근두운 대신 타고 다녔던 보드가 있다. 현재 호버보드는 영화나 에니메이션에서와 달리 지상위로 달리는 형태로 보급이 되고있다. 하지만 2019년 프랑스 발명가 프랭키 자파타에 의해 비행이 가능한 보드가 제작되어 선을 보인바 있다. 하늘을 날아다니는 비행보드는 비행 물류 플랫폼이나 공격 플랫폼으로 주로 사용이 될 것이

253 최정동 https://www.joongang.co.kr/article/23535399#home
254 머니투데이 https://news.mt.co.kr/mtview.php?no=2016070713503381491

지만, 향후 일반인들도 사용할 수 있게 될 것이다. 현재 전동퀵보드와 비슷한 용도로 사용 될 것으로 예상이되며 전동 퀵보드와 달리 공중에 떠서 갈 수 있다. 그리고 30분 이내의 짧은 시간동안 서서 이동할 수 있는 곳에서 주로 사용이 될 것으로 예상된다.

5 저궤도위성통신

우리가 사용하고 있는 통신방식은 지상 광케이블을 이용한 통신 방식과 정지궤도 위성통신 방식이다. 전자는 빠르고 안정적이지만 해상, 사막 등 오지에서는 통신설비를 구축하기 어렵다. 후자는 정지궤도 위성이 주로 고도 약 3만6천km에 머무르는데, 고도가 높아 넓은 범위를 아우를 수는 있으나 속도가 느리고 데이터 송수신에 지연이 발생하여 인터넷 시노 손실이 상대적으로 높다. 이러한 단점을 극복한 차세대 통신 방식으로 저궤도 위성을 활용한 통신이다. 광케이블을 설치하는 것은 지구가 너무 넓어 많은 비용이 들어가며 지구와 가까운 곳에 통신위성을 띄우자는 아이디어에서 시작한 것이 저궤도 위성통신 프로젝트이다.[255]

1) 스페이스 X 프로젝트 스타링크

일론머스크의 스페이스 X에서 추진중인 프로젝트 스타링크는 12,000개의 인공위성, 즉 저궤도 인공위성을, 장기적으로는 40,000개의 저궤도 인공위성을 고도 1,000km 아래에 띄워 지구를 감싸는 프로젝트다. 각각의 저궤도 인공위성이 커버하는 영역에서 스타링크 무선 인터넷을 사용할 수 있는데, 그 속도가 2023년 한국에서 사용하는 인터넷 속도의 20배가 될 정도로 빠를 것으

---

255 김명선, 《뉴마켓, 새로운 기회》, 185

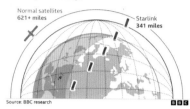

Starlink operates in low orbit
Low-Earth orbit satellites can link to Earth faster, but more are needed to provide coverage

Normal satellites
621+ miles

Starlink
341 miles

Source: BBC research

스타링크(그림 BBC뉴스코리아)

로 예상되고 있다.[256] 스타링크는 시골이나 오지 등 외딴 지역에서도 빠른 인터넷 서비스 제공을 목표로 지난 2020년 10월 북미 지역에서 서비스를 시작했다. 이후 유럽, 오세아니아로 서비스 지역을 확장했으며 지난해 하반기부터는 아시아로 범위가 넓어졌다. 스타링크는 현재 전 세계 50여개국에 서비스를 제공하고 있고, 일본에서는 2019년 10월부터 서비스를 시작했다.[257] 과거 이리듐은 총 66기의 위성을 쏘아올려 지구 전역을 아루르는 프로젝트를 실행했는데, 스타링크는 이보다 약 600배 이상의 위성을 쏘아 올리는 것을 목표로 하고 있다.[258]

2) 아마존 '프로젝트 카이퍼'

일론머스크의 스페이스 X와 경쟁하는 아마존이 향후 5년 간 83회 로켓 발사를 통해 수천 개의 인터넷 위성을 저궤도에 배치할 계획이다. 아마존이 보잉과 록히드마틴의 합작법인인 유나이티트 런치 얼라이언스(ULA), 프랑스 위성발사 기업 아리안스페이스, 블루오리진 세 곳의 로켓 발사 업체와 최대 83회 위성 발사 계약을 맺었다고 씨넷 등 외신들이 2022년 4월 5일(현지시간) 보도했다. 이번 계약을 통해 아마존은 ULA와 38회, 아리안스페이스와 18회, 블루오리진과 27회의 로켓 발사를 진행해 인공위성을 우주 저궤도에 보낼 예정이다. 아마존은 오랜 기간 '프로젝트 카이퍼'를

256 이임복.《메타버스 이미 시작된 미래》. 123
257 이경탁. 〈韓 진출하는 일론 머스크의 '스타링크'… 5G 속도도 못 내는데 월 최대 64만원〉. 2023년 3월 26일 조선비즈
258 《뉴마켓, 새로운 기회》. 188

Amazon은 전 세계에 광대역 인터넷 액세스   아마존/비즈니스 와이어
를 제공하기 위해 새로운 Kuiper 별자리를 위
해 3,236개의 위성을 발사하게된다. (이미지 출
처: Shutterstock) 259)

가동해 지구 저궤도에 총 3,236개 위성 발사해 전 세계에 초고속
인터넷 서비스를 제공하려고 준비 중이다. 아마존은 이번 계약으
로 대부분의 카이퍼 위성 배치가 완료될 것이라고 설명했다. 데이
브 림프 아마존 기기·서비스 수석 부사장은 성명을 통해 "프로젝
트 카이퍼는 전 세계에 인터넷 서비스가 부족한 곳의 많은 고객에
게 빠르고 저렴한 광대역 인터넷 서비스를 제공할 것"이라고 밝혔
다.260) 아마존은 또한 고객이 우주인터넷을 사용하는데 필요한 지
상 중계 안테나의 준비에도 많은 진척이 있는 것으로 알려졌다. 전
자책 '킨들'과 인공지능 알렉사 기반의 스마트 스피커를 비롯해 다
양한 전자제품을 직접 설계하고 생산하며 얻은 기술과 노하우를
활용해 작고 전파 수신력도 좋으면서 동시에 원가경쟁력도 있는
안테나를 개발해 현재 성능 테스트를 진행하고 있다. 안테나의 조
립은 물론 사용되는 반도체도 자체 생산한 것을 사용해 원가경쟁
력도 있는 것으로 알려졌다. 데이브 림프 부사장은 아마존의 우주
인터넷 중계 안테나는 LP판 정도 크기로 개당 생산원가가 "500달
러보다 훨씬 낮게 책정될 것"이라며 "앞으로 더 떨어질 수 있다"라
고 말했다. 그는 "500달러 이하가 되면 글로벌한 비즈니스 모델을

259 www.space.com/amazon-kuiper-satellite-constellation-fcc-approval.html
260 이정현. 〈아마존도 '우주 인터넷' 본격 시동…"스타링크 꼼짝 마" [우주로 간다]〉. ZDNET Korea. 2022
년 4월6일.

구상할 수 있는 시점"이라고 했다. 원가가 어디까지 내려갈 수 있는지는 지켜봐야겠지만 현재 수준에서도 아마존은 이미 경쟁력을 어느 정도 갖춘 것으로 보인다.[261]

3) 중국우주산업 '궈왕'

일론 머스크가 이끄는 스페이스X의 위성통신 사업인 '스타링크'를 상대하기 위해 중국이 1만 3000개의 위성을 지구 저궤도에 쏘아 올릴 계획을 추진 중이다. 2023년 4월 6일(현지시간) 워싱턴 포스트(WP)는 우주패권을 놓고 미국과 경쟁 중인 중국이 '중국판 스타링크' 구축 사업인 '궈왕(국가 네트워크)' 프로젝트에 박차를 가하고 있다고 전했다.

중국은 일찍이 2021년 6월 궈왕 프로젝트를 발표했다. 중국 정부는 기존 5세대 통신(5G), 사물인터넷, 인공지능에 이어 이번에 저궤도 위성인터넷망을 추가함으로써 국가의 경쟁력 제고를 위한 인프라 구축을 완성한다는 방침이다.

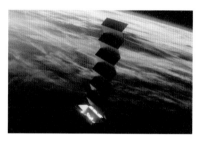

일론 머스크가 이끄는 스페이스X의 위성통신 사업인 '스타링크'를 상대하기 위해 중국이 1만 3000개의 위성을 지구 저궤도에 쏘아 올릴 계획을 추진 중이다.

중국 '궈왕' 위성통신망을 구성할 위성 수는 1만2992개로, 스타링크의 1만2000개와 거의 비슷하다. 다만 스타링크는 스페이스X라는 민간기업이 주체이지만, 중국은 사실상 정부가 사업을 주도한다.[262] 월스트릿저널(WSJ)에 따르면 중국 군 당국은 지구 저궤도가 다른 위성으로 혼잡해지기 이전에 서둘러 자국의 위성을 발

---

261 동아사이언스. 2022년 4월8일
262 문예성. 〈머스크의 스타링크 맞짱 뜨는 中…위성 1만3000기 발사〉. 2023년 4월10일. 뉴시스

사하려고 한다. 이를 위해 새로운 발사대를 건설하고 있다. 중국의 민간 기업인 베이징 텐빙 기술은 한번에 60기의 위성을 쏘아 올리는 로켓을 개발하고 있다. 이는 스페이스X의 팰컨9 로켓의 탑재량과 거의 비슷하다. 홍콩의 위성시장조사회사 오비털 게이트웨이 컨설팅의 창업자 블레인 커시오는 "2년 내에 중국의 발사 탑재량은 두배가 될 수 있다"고 말했다.[263] 익명의 중국 관계자는 "현재 초점은 중국 자체 위성 통신망 개발을 가속화하고, '스타링크형' 외국 위성에 대한 방어 조치를 모색하는 것"이라고 밝혔다. 이런 가운데 중국의 저궤도 위성 발사는 기하급수적으로 늘어날 것이라는 전망이 제기된다. 중국 위성 산업을 추적하는 조사업체 '오비털 게이트웨이 컨설팅'의 설립자 블레인 커시오는 "올해 중국이 수십 기의 저궤도 통신 위성을 발사할 가능성이 상당히 높고, 내년에는 수백 개를 발사할 수도 있다"고 추정했다. 그는 또 "5년 안에 중국이 약 2000개의 저궤도 통신 위성을 가지고 있다고 말하면 아마 기준선 정도가 될 것"이라고 부연했다.[264]

4) 한국의 저궤도위성 사업

대한민국정부는 2031년까지 지상 200~2000km인 지구 저궤도(LEO)에 위성 통신 기술을 검증할 저궤도 통신위성 14기를 쏘아 올린다는 계획을 2021년 6월9일 국가우주회의에서 내놨다. 한화시스템이 2030년 이후 지구 저궤도에 위성 2000기 이상을 쏘아올려 국내는 물론 전세계를 대상으로 위성통신 사업을 추진하겠다는 계획을 내놓고 있어 향후 국내에서도 스페이스X의 스타링크나 원웹 같은 새로운 저궤도 군집 위성 기반의 통신 서비스가 등장할 것이란 기대를 모았다. 한국은 지금까지 3만5000km 정지궤도

---

263 유지한. 〈中, 제 2의 스타링크 만든다 "1만3000개 위성 쏘아 올릴 계획"〉. 2023년 5월22일. 조선일보
264 문예성.

188 • 이미 시작된 미래사회 그리고 교회

에 케이
티샛(KT
Sat)이 운
영 하 는
무 궁 화
통신위성
과 군 이
운용하는
아나시스
군 통 신
위 성 아
나시스 2

6세대 이동통신(6G) 시대 초공간 서비스를 위한 위성통신망 구성도. /과학기술정보통신부

호 등 총 4기 통신위성을 쏘아 올려 운영하고 있다. 한국은 과학위성과 다목적실용위성, 정지궤도 복합위성 등 다양한 위성 기술을 확보하고 있지만 통신방송위성 분야에서는 아직 명함을 내놓지 못하고 있다. 고부가가치 위성인 통신위성은 아직 개발하지 못했다. 통신방송위성은 지금까지 룩셈부르크가 투자한 SES를 비롯해 유텔샛 등 미국과 일부 유럽 기업들이 독점하고 있다. 여기에 일론 머스크가 이끄는 스페이스X의 스타링크, 영국이 투자한 원웹 등이 전 세계 우주인터넷 서비스를 제공한다며 투자에 나서며 제2의 전성시대를 맞이하고 있다. 정부는 먼저 국내 기업들이 먼저 세계 시장이 인정할 만한 우주 검증 이력을 확보하기 위해 지상-위성 통합 표준화 일정에 맞춰 정부 주도로 2025년 5G 검증용 위성 1기를 개발해 쏘아 올리고 2027년에는 실증용 위성 3기를 확보하기로 했다. 차세대 통신인 6G와 통합을 위해 사전 검증용 위성 3기를 2029년 쏘아 올리고 2031년에는 7기에 이르는 상용급 6G 위성을 쏘아 올려 저궤도 통신 서비스 검증망을 구축하기로

했다. 이를 바탕으로 위성 간 링크, 6G 통합단말, 도심형항공모빌리티(UAM) 관제와 통신 기술 통신, 관제 기술을 확보해 민간이 지상·위성 통합 서비스를 상용화할 수 있는 토대를 제공한다는 계획이다. 정부는 이를 통해 위성 선도망 개발 경험과 기술을 민간에 이전해 국내 기업이 6G 서비스에 필요한 위성을 한반도에 300기, 해외에 2000기를 구축하도록 돕겠다는 목표를 내놨다.[265]

---

265 박근태. 〈2031년까지 6G 저궤도 위성통신 검증할 14기 위성망 구축…한화시스템 2030년 이후 2000
기 위성망 추진〉. 2021년 6월9일 동아사이언스

제 6 장
스마트 재요니티

시나리오 2050년 우리사회

66

　모처럼 저녁시간을 집에서 보낼 수 있게 된 한성일 전도사는 집으로 가는 애플카에 마련된 앱을 통해 저녁식사준비를 시작했다. 오늘 저녁메뉴는 김치찌개백반이다. 또한 목욕탕의 욕조에 온몸의 피로가 풀릴 수 있게 따뜻한 물을 받아놓고 있다. 시카고에서 열린 코스타 집회를 마치고 LA공항에 내린 한 전도사는 애플카를 타고 풀러턴에 있는 자신의 집까지 가는 중이다. 캘리포니아의 교통수단이 100% 전기자동차로 전환이 되고 자율주행차와 UAM이 상용화된 뒤 남가주의 교통난은 상당부분 해소가 되었다. 2020년대 퇴근시간에 LA에서 오렌지카운티까지 가는데 걸리는 시간은 대략 1시간40분정도였다. 자율주행차량의 보급이 시작된 이후 남가주에서 교통난은 점차 줄어들게 되었다. 한 전도사의 할아버지세대인 X세대가 한창 활동하던 2020년대에는 상상만 하던 그 시대가 현실이 된 2050년의 지구촌은 그야말로 원활함 그 자체였다.

　한 전도사의 집과 애플카를 인공위성으로 연결이 되어 그가 집에 도착하기 3분전 그의 집의 전등이 켜졌으며 에어콘은 그의 체온에 맞게 작동하여 집안공기를 쾌적하게 해주었다.

　일본 요코하마에 거주하고 있는 테츠야 겐조 로봇공학 박사는 점심시간을 맞이하여 동네인근 세븐일레븐에서 식사를 하고있다. 혼밥 혼술 문화의 원조국가답게 혼자서 식사를 해결할 수 있는 식당을 심심치 않게 목격할 수 있는 곳이 일본이다. 겐조 박사는 세븐일레븐에 마련되어있는 식당에 들어가 식사를 하기로 했다. 식당 입구에는 키오스크가 설치되어있으며 그곳에서 메뉴를 선택하고 애플페이를 통해 계산을 한다. 자리를 잡고 앉아있으면 서빙로봇이 음식을 가지고 찾아온다. 과거에는 세븐일레븐 등 편의점에서는 라면과 빵, 샌드위치, 그리고 과자류만 판매를 했었다. 하지만 1인가구시대가 정착이 된 후 편의점은 식당의 영역까지 넓혀지게 되었다. 그가 편의점을 자주 찾는 이유는 혼자의 삶을 사는 것도 있지만 그가 개발한 로봇이 잘활용되고 있는지 점검하기 위해서이다.

　1인 가구시대를 맞이하여 1인 가구들을 위한 사회가 펼쳐지게 될 것이다. 이미 1인가구의 증가로 인해 정부와 기업체는 그들에게 맞는 정책과 제품들을 출시하고 있고 준비중에 있다. 이미 4차 산업혁명 시대의 혁신기술을 활용하여, 시민들의 삶의 질을 높이고, 도시의 지속 가능성을 제고하며, 새로운 산업을 육성하기 위한 플렛폼인 스마트 시티가 전세계적으로 준비중에 있다. 코로나19 팬데믹 기간 재택근무가 시행된바 있으며 일부 전문직종에 한정되어왔던 홈오피스에 대한 개념이 확장이 되었다. 한국의 경우 코로나19가 한창 확산되던 시기에 SK텔레콤이나 포스코, 아모레퍼시픽 등 다수의 기업들이 '언택트(untact)' 방식, 곧 비대면 방식의 근무를 시행했다. 다수의 기업들은 재택근무를 시행했지만, SK텔레콤 등 일부 기업에서는 '스마트오피스'를 활용해 밀집도를 낮추고 분산하는 방식을 활용했다.[266]

266 참여와 혁신 http://www.laborplus.co.kr

1 스마트홈

스마트홈은 가정에서 활용되는 모든 기기를 서로 연결해 개인 맞춤형 자동화 서비스를 제공받을 수 있는 집이다. 이로 인해 집 안에 있는 가전제품과 보안 시스템, 조명 등을 원거리에서 제어할 수 있거나 기기 스스로 작동할 수 있다.[267] 스마트홈은 1984년 미국주택건축가협회(American Association of House Builders)에서 '스마트하우스'로 사용되었지만 IoT 스마트홈, 즉 IoT 홈오토메이션이 본격화되기 시작한 것은 2000년대 초반이다. 다양한 유형의 저렴한 스마트 홈 기술이 등장하기 시작했다.

IoT 스마트 홈은 일반적으로 모든 다른 장치를 제어하는 인터넷 연결 중앙 허브를 통해 작동하며 모바일 앱이 집안에 있는 중앙 스마트 홈 허브를 제어한다. 그리고 다양한 제어 시스템 기술인 IoT 홈 오토메이션을 사용하여 가전제품을 비롯, 창문, 조명, 화재경보기, 주방 타이머 등 가정 내 전기전자제품을 다양한 제어기술을 이용하여 제어할 수 있다. 모두 중앙 허브로 연결되고 모바일 앱으로 원격 제어된다.[268] 스마트홈은 1990년대 등장해서 주목받았던 인텔리전트홈이나 홈오토메이션 등과 상당히 비슷해 보인다. 스마트홈과 이전의 인텔리전트홈과 홈오토메이

스마트홈(그림: 블로그 스완) [269]

---

267 《10년후 4찬산업혁명의 미래》. 110
268 켄트 먼들. 〈홈 스마트 IoT 홈: 사물 인터넷의 국산화〉. Toptal
269 blog.swann.com/what-is-a-smart-home/

션 등이 구별되는 가장 큰 차이는 핵심주체가 기술이 아닌 인간이라는 점이다. 인텔리전트홈과 홈오토메이션 등은 첨단기술을 주택에 적용하는데 초점을 맞추는 바람에 사람들에게 편의성보다 불편함을 안겨주었고, 실질적 효용성 부족과 주택비용의 상승 등 문제로 인해 결국 대중화에는 실패한 뼈아픈 역사를 가지고 있다. 반면 스마트홈의 경우는 인간에 초점을 두고 사람들의 일상을 어떻게 하면 더욱 편리하게 바꿀 수 있을지에 대해 주로 관심을 두고 있다.

인간을 편하게 만들기 위해 첨단기술들을 어떻게 활용할지 크고 작은 다양한 아이디어들이 도출되면서 스마트홈은 앞으로 인간의 삶을 근본적으로 바꾸고 주택의 새로운 패러다임을 제시할 것으로 기대를 모으고 있다. 무엇보다 제4차산업혁명의 핵심기술인 IoT와 AI, ICT, 빅데이터, 로봇공학 등 기술이 성숙하면서 스마트홈 산업에 대한 경제적인 접근을 가능케 하고 있다. 또한 스마트홈이 디지털 네트워크를 통해 공급자와 수요자 간 상품과 서비스를 자유롭게 거래하는 플랫폼 비즈니스 형태로 발전하고 있는 점도 기대를 모으게 한다. 전 세계 스마트홈 시장은 두 자릿수의 견고한 성장세를 유지하고 있다. 독일의 시장조사업체 스태티스타는 전 세계 스마트홈 시장이 2020년 773억 달러(약 86조 원)에서 2025년 1,757억 달러(약 196조 원) 규모로 2배 이상 급성장할 것으로 전망한다. 우리나라의 경우는 주거형태가 여러 사람이 함께 모여 사는 아파트가 절대다수여서 스마트홈 기술 개발과 적용에 한결 유리한 상황이다. 아파트 단지에는 수백 세대들이 모여있어 스마트홈을 구현할 때 규모의 경제가 작동해 단독주택보다 훨씬 더 경제적이고 효율적일 수 있다.[270]

---

270 김홍재. 〈즐거운 나의 스위트홈 '스마트홈'〉. 2021년 5월11일. 사이언스타임즈

1) 밀키트(Meal Kit)

아마존 밀키트 271)   밀키트(사진 LA타임즈) 272)

밀키트(Meal kit)는 기업이 고객에게 미리 준비된 음식 재료와 조리법을 보내 집에서 조리한 음식을 준비하는 구독 서비스-식품 서비스 비즈니스 모델이다. 미리 조리된 식사를 보내는 서비스를 식사 배달 서비스라고 한다. 이러한 가입 모델은 음식료품 산업이 더욱 대중화되고 널리 퍼진 개인화의 한 예로 꼽혀 왔다.273)

코로나19 팬데믹이 발생하기 전에는 집에서 요리해야 하는 테이크아웃 식사를 주문하는 것이 불필요했다. 그러나 팬데믹이 주방과 우리의 관계를 변화시키면서 셰프들은 테이크아웃에 지치고 집에서 레스토랑 경험을 재현(또는 적어도 재현을 시도)하고자 하는 새로운 고객 세트에 적용된다. 앤데믹으로 진입하고 코로나19에 대한 공포가 사라진 이후에도 밀키트는 꾸준한 인기를 유지할

271 앞의글
272 https://www.latimes.com/food/story/2020-12-29/diy-restaurant-meal-kits
273 위키백과

것으로 보인다.[274]

미국 18개 시장에서 사용할 수 있는 AmazonFresh 추가 기능을 구독하는 Amazon Prime 회원인 경우 Amazon 식사 키트를 집으로 바로 배송받을 수 있다. AmazonFresh 구독자는 회사와 Whole Foods의 파트너십 덕분에 원할 때마다 제품 배송 일정을 정할 수 있기 때문에 대부분의 식사 키트 구독 상자와 달리 이 서비스는 미리 예약되거나 미리 고정되거나 무겁게 포장되지 않는다. 키트 자체는 홈 셰프 및 HelloFresh 와 같은 서비스의 키트와 매우 유사하지만 레시피 카드와 미리 준비된 재료가 포함되어 있으며 큰 밀봉 상자가 아닌 종이봉투에 담겨 배송되며 각 식사 키트에는 상자당 2인분이 들어 있다.[275]

한국의 경우도 마찬가지이다. 소위 집밥이라 불리는 식사는 준비과정이 만만치 않다. 특별히 1인가구나 간편하게 식사준비를 하고자 하는 자들에게는 요리자체가 고욕이다. 이들을 위해 밀키트 제품은 사막의 오아시스 같은 존재이다. 퇴근길 밀키트 하나면 준비가 끝난다. 20분, 길게는 30분이면 그 복잡한 과정을 거쳐야 하는 요리를 식탁에서 먹을 수 있다. '된장찌개', '우삼겹 순두부찌개', '알리오올리오파스타' 등도 마찬가지다. 1~2인 가구가 증가하면서 가정 간편식 시장이 확대되고 있는 가운데 기존 데워먹는 식의 가정 간편식에 싫증이 난 소비자들이 '집밥'에 관심을 높였고, '신선한 식재료가 포함된, 그렇지만 조리시간은 단순하고 짧은' 제품을 찾게 되면서 밀키트 시장이 코로나19와 맞물려 급속히 증가하고 있다. 한국농촌경제연구원에 따르면 2017년 100억원

---

274 Garrett Snyder. 〈2020 was the year of the restaurant DIY meal kit. Here are 10 options to ring in 2021〉. DEC. 29, 2020. LA Times
275 Cassidy Olsen. 〈We Tried The New Amazon Meal Kits-Here's what happened〉. Reviewed

수준이었던 밀키트 시장 규모는 2020년 2000억원으로 늘었다. 식문화비즈니스연구소인 서울대학교 푸드비즈랩(Food Biz Lab)이 2019년 9월과 2020년 5월, 2020년 10월 등 세 기간을 기준으로 밀키트 제품을 분석한 결과, 코로나19 발생 전인 2019년 9월에는 브랜드는 10개, 제품은 270개였는데, 코로나19 발생 후인 2020년 5월에는 브랜드가 42개, 제품이 673개로, 10월에는 브랜드 61개, 제품 1010개로 더욱더 늘었다. 밀키트 시장의 성장은 해외도 비슷하다.

한국농수산식품유통공사(aT) 농식품수출정보(Kati) 리포트에서는 유럽 밀키트에 대해 "코로나19 위기로 밀키트 사업이 주목받고 있으며, 유럽 국가 소비자들이 집에서 식사하는 빈도가 증가하면서 식자재 구매와 조리를 간편히 해결할 수 있는 밀키트가 인기를 얻고 있다"고 밝혔다. 유럽 밀키트 시장의 전문기업인 헬로프레시는 2020년 3분기 주문건수가 1900만건으로 2019년 대비 114% 증가했고, 북·서유럽 뿐만 아니라 미국과 캐나다, 뉴질랜드, 호주 등에도 진출했다. 미국도 지난해 밀키트 시장 성장률이 약 70%에 이른 다음 올해 밀키트 시장 성장률은 18.2%로 떨어진 현상을 두고, "팬데믹 충격에서 회복되면서 성장세가 둔화되고 있긴 하지만 소비자 편의성 등에 힘입어 밀키트 시장의 성장은 여전히 이어지고 있다"고 분석했다. 일본 역시 맞벌이 가구나 독신 가구 증가로 소비자의 간편 상품 수요가 높아지고 있다면서 밀키트 시장이 지속적으로 커질 것으로 내다봤다.[276]

독자들 입장에서 밀키트를 스마트홈과 연관시키는것에 무리가

276 조영규. 〈집에서 즐기는 외식 '밀키트' 열풍…K-FOOD 해외 공략 기회 삼아야〉. 2021년 8월24일. 한국농어민신문

있다고 생각할수 있을 것이다. 그러나 필자는 4차산업의 발전에서 밀키트는 특별히 팬데믹에 대한 경험으로 발전해 나갈 것으로 생각한다. 특별히 스마트홈은 거주자들이 손수 요리를 할수도 있지만 스마트홈에서 홀푸드나 트레이더조, 코스트코, 이마트 등으로 배달서비스를 할 수 있게 될 것이며 밀키트의 수요 역시 지속적으로 성장해 나갈 것이다.

2) 3D 프린터

3D 프린터는 지금까지 만들어진 각종 도구를 생산하는 방식을 완전히 바꾸는 강력한 메타도구이다.[277] 3D 프린터는 모든 제품의 생산 방식에 변화를 일으키고 있다. 기존의 생산 방식은 깎고 자르고 붙이고 조립하는 식이었다. 3D프린터는 다양한 분야에서 사용이 된다. 프랑스 벤처회사 드론(Drawn)은 갈라테아(Galatea)라는 가구 제작용 3D프린터를 개발했다. 로봇팔 형태를 한 3D프린터는 대형 사이즈 가구도 제작 가능하다. 스포츠용품 업체 나이키는 2013년 세계 최초로 3D프린터로 제작한 축구화 '나이키 진공 레이저 탈론'을 출시했다. 세계적은 스포츠카 람보르기니는 새로운 자동차 개발에 3D 프린터를 사용하며 GE항공사는 금형제작 없이 곧바로 초정밀 엔진부품 20여 개를 대당 가격이 80만 달러가 넘는 최첨단 3D프린터로 생산한다.

이 프린터는 머리카락 굵기 1/3 정도로 정밀하게 철가루를 분사하여 레이저를 쏘아 부품을 자라나게 하며 20개의 개별 부품을 따로 제작한 후 용접하여 엔진 노즐을 만들었던 옛 방식에서 벗어나 3D 프린터로 한번에 인쇄할 수 있어서 안정성과 생산성 향상이 동시에 이루어졌으며 내구성도 5배 늘어났고 부품의 무게도

---

277 최윤식, 《메타도구의 시대》, 226

25%가 줄었다. 의류 산업의 경우 미래의 매장은 몸을 스캔할 기계, 수많은 디자인을 몸에 맞춰볼 대형 스크린, 빠르고 전문적인 3D프린터, 인쇄한 옷을 입어볼 수 있는 피팅룸만 있으면 된다. 미래 의류 산업은 소비자 개인을 대상으로 의상 스타일을 컨설팅해주는 서비스업이 될 것이다.

실리콘밸리 3D 프린터 기업 '낫임파서블랩(Not Impossible Labs)'은 전쟁으로 팔을 잃은 남수단 어린이에게 100달러의 저렴한 비용으로 인공팔을 만들어 공급했으며 한국계 미국인 그레이스 최가 개발한 200달러짜리 가정용 3D 프린터 밍크(Mink)는 색조 화장품을 제조할 수 있다. Structre 3D라는 벤처회사가 만든 디스커버리(The Discovery)라는 압출기를 3D 프린터에 연결하면 팬케이크를 인쇄할 수 있다.[278] 따라서 3D프린터를 이용하면 누구든지 아이디어를 내고 직접 제품을 디자인하고 출력하고 직접 소비할 수 있다.

예를들면 자신에게 맞는 신발은 267.5mm인 사람일 경우 시중에는 265mm와 270mm의 신발만 출시되고 있으니 자신에게 딱 맞는 사이즈가 아니다. 하지만 3D 프린터로 자신만의 신발을 제작하면 편안하게 신을 수 있는 신발을 가질 수 있다.[279] 또한 2016년 7월 세계 최초의 3D프린팅 레스토랑이 영국 런던에서 문을 열었다. 네덜란드의 3D 프린터 제조업체 3D바이 플로우(3D By Flow)가 바이 플로우(by Flow) 3D프린터를 이용해 요리를 만드는 레스토랑을 선보였으며 이 레스토랑에는 총 9가지 코스로 구성된 3D프린팅 음식을 맛볼 수 있다.

---

278 최윤식. 《메타도구의 시대》. 232-233
279 《10년후 4차산업의 미래》. 199

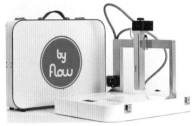

Flow에서 공개한 Focus 휴대용 3D 프린터 [280]   3D 바이오 프린터

　샐러드와 메인 요리는 물론 디저트까지 완벽한 풀코스 요리가
모두 3D프린터로 만들어졌으며 실제 셰프가 만든 것과 별 차이가
없을 정도로 맛을 낼 수 있을 뿐만 아니라 사람의 손으로도 만들기
힘든 정교하고 다양한 형태의 음식도 제작할 수 있다. 이러한 3D
프린터는 가정에서도 유용하게 쓰이게 될 것이다. [281] 이스라엘 스
타트업 알레프팜스는 최근 배양육을 만드는 '3D 바이오 프린터'
를 개발했다고 밝혔다. 3D 바이오 프린터는 동물 세포를 프린팅
할 수 있어 배양육 생산에 용이하다. 알레프팜스는 그동안 3D 바
이오 프린팅 육류 제조 기술을 개발했다.

　코로나19 팬데믹 사태가 발생하면서 식품 무역이 원활하지 않
자 세계 각국에 식량 안보에 대한 우려가 커졌기 때문이다. 세계
각국에서는 이 같은 식량 문제 전반의 대안으로 식품과 3D프린팅
등 다양한 기술을 접목한 푸드테크가 주목받고 있다. 알레프팜스
에 따르면 3D프린팅 기술은 최근 몇 년 새 세계 각국 70개 신생
업체가 생겨나면서 급성장하고 있다. 알레프팜스 관계자는 "3D
바이오 프린팅을 이용한 배양육은 기존 육류 수준으로 맛, 모양,
식감을 느낄 수 있다"고 설명했다. [282] 그리고 이스라엘의 또다른

280 https://www.geeky-gadgets.com/focus-portable-3d-printer-unveiled-by-
　　 flow-21-05-2015/
281 앞의 책 207-208
282 김지웅. 〈[IT핫테크] 이스라엘 스타트업, '3D 바이오 프린터' 개발〉. 2021년 8월8일. 전자신문

신생 기업인 리디파인미트(Redefine Meat) 역시 동물없이 고기를 생산할 수 있는 3D 프린터를 사용해 산업용 육류 생산에 도전했다. 프린터는 지방, 물, 세가지 식물성 단백질 공급원을 재료로 해서 육류 섬유 매트릭스를 인쇄함으로써 실제 육류의 질감과 풍미를 모방했다. 언리치3D(Anrich3D)는 이 과정을 한 단계 더 발전시켜 의료기록, 맞춤형 스마트 웨어러블의 히스 데이터(heath data) 및 수면 추적기에서 감지한 패턴에 맞는 3D 프린팅 식사를 제공한다.[283] 또한 3D프린팅 기술은 건축과 사회기반 건설까지 확대되고 있다.

3D프린팅은 집을 짓거나 음식을 요리하는 데도 이용이 가능하다. 중국 상해 원선 디자인 엔지니어링은 3D프린터로 24시간 내에 200㎡ 면적의 집 20채를 짓는 데 성공했다. 3D프린터로 집을 지으면 건축비를 50% 이상 절감할 수 있다.[284] 오클랜드에 본사를 둔 스타트업 마이티 빌딩(Mighty Buildings)사가 제작한 이 주택은 350 스퀘어 피트 규모의 스튜디오 모델로, 조립식 주택 라인에서 가장 작은 규모지만 스토브, 냉장고, 식기 세척기가 있는 부엌과 세탁기, 건조기가 있는 욕실 등 필수 공간들이 마련돼 있다. 마이티 빌딩사가 3D 프린터와 건축 로봇을 이용해 건설한 이 주택은 11만5000달러에 판매되고 있으며 거주 공간 또는 홈오피스로도 사용이 가능하다.[285]

텍사스 오스틴에서 3D 프린팅 주택 100채가 지어졌으며 2022년 초에는 3D 프린팅 주택이 부동산 거래 플랫폼 '질로우'(Zillow)에 매물로 올라와 화제였다. 미국의 3D 프린팅 기술업

---

283 《세계미래보고서2035-2055》. 313
284 《10년후 4차산업의 미래》. 207
285 클레이 송. 〈3D프린터로 만든 초소형 주택 판매〉. 2021년 3월2일. 미주중앙일보

체 'SQ4D'가 출력한 집(건축면적 130.7㎡)의 가격은 주변 시세의 절반보다 싼 3억대였다. 3D 프린팅 기술을 주택건설에 도입하는 이유는 싸고 빠르고 친환경적으로 건축할 수 있어서다. 미국 바이든 대통령은 "3D 프린팅 기술은 여러 생산 비용을 줄일 수 있는 놀라운 기술"이라며 강조하기도 했다. 해외 업체들은 시장 선점을 위해 발 빠르게 움직이고 있다.[286]

미래에는 보톡스를 맞지 않더라도 노화된 자신의 피부 위에 젊은 피부조직을 입힐 수 있게 된다. 마치 화장으로 주름살이나 기미 주근깨를 감추는 것과 같은 방식으로 사용될 가능성이 크다. 화장 대신 배양된 피부조직을 입으면 80대 노인이라도 젊은이처럼 보이게 될 것이다. 즉 부모가 자식보다 더 젊어 보일 수 있기에 겉모습만으로는 노인인지 젊은이인지를 구별하기 힘든 시대가 오게 될 것이다.[287]

3) 4D 프린터

4D 프린팅이란 3D로 프린팅한 물체가 스스로 변형하여 사용자가 바라는 결과물을 만드는 기술을 말한다. 3D 프린터로 출력한 결과물이 사람의 힘을 빌리지 않고 열이나 공기 같은 외부 요인을 활용하여 형태가 달라지도록 만드는 출력 방법이다. 4D 프린팅이라는 용어는 지난 2013년 미국 MIT대의 교수인 '스카일러 티비츠(Skylar Tibbits)' 박사가 처음 사용했다. 당시 MIT대 부설 자가조립연구소의 소장으로 근무했던 티비츠 박사는 자신의 연구 경험을 바탕으로 한 강연에서 4D 프린팅의 출현을 예고했다. 4D라는 명칭을 붙인 이유를 묻는 질문에 대해 그는 "3D 프린팅의 결

---

286 한은화. 〈"3D 프린팅 주택 사흘이면 짓는데…국내선 상용화 안돼 미국 수출"〉. 2022년 6월2일 중앙일보
287 《메타도구의 시대》. 478

과물이 시간에 따라 변화할 수 있는 또 한 차원(dimension)의 특성을 더했다는 의미에서 3D+1D, 즉 4D가 프린팅의 새로운 개념으로 자리잡을 것이라는 생각에 4D라고 명명했다"라고 답변했다. 기존의 3D 프린팅 제작 과정을 통해 만들어지는 결과물은 모델이 되는 대상을 마치 복사하듯이 그대로 출력하여 만드는 것이 특징이다. 하지만 4D 프린팅은 변형이 가능한 특수 소재를 사용하기 때문에, 시간이 지나면 출력한 결과물의 모양이 달라지게 된다.

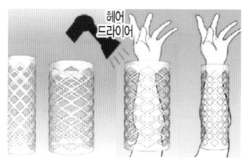

KIST가 개발한 4D 프린팅 깁스. 출력 후 온도에 따라 크기가 변형된다 ⓒ KIST

예를 들어 온도 변화에 따라 모양이 달라지는 형상기억합금을 4D 프린팅 재료로 사용했을 경우, 온도가 낮은 상태에서 출력했을 때와 온도를 높인 상태에서 출력한 결과물은 전혀 다른 모습을 갖게 된다. 비단 온도 뿐만이 아니다. 압력이나 습도처럼 소재 변형에 영향을 미치는 인자(因子)가 존재하는 한 4D 프린팅으로 출력한 결과물은 언제든지 모양을 변화시킬 수 있다. 이에 대해 티비츠 교수는 "4D 프린팅은 3D 프린팅이 가진 한계를 극복할 수 있는 신기술"이라고 평가하며 "기존의 3D 프린팅 시스템에 자가변환 기능을 결합한 기술인 만큼, 그동안 3D 프린팅 기술로 해결하지 못했던 문제들을 4D 프린팅으로 충분히 해결할 수 있다"라고 강조했다.[288]

288 김준래. 〈3D 프린팅 가고, 4D 프린팅 온다〉. 2019년 3월7일 사이언스타임즈.

4) 액티브하우스(Active House)

필자가 유년시절 상상했던 집은 한곳에 머무는 개념이 아닌 이동이 가능한 집이었다. 단지 상상 속에서만 존재했던 그 집이 현실화가 되어 다가오게 된 것이 액티브하우스(Active House)이다. 자동차 제조사들이 액티브 하우스 기술에 주목하는 이유는 이동 중에만 사용했던 자동차 공간을 추가적인 주거 공간으로 활용할 수 있기 때문이다. 거주지 역할을 하는 집과 이동 수단인 자동차가 일정 부분 경계를 허물며 새로운 공간을 창출하는 모습에서 심리스 트렌드를 엿볼 수도 있다.[289] 즉 거주 공간과 이동 수단의 융합을 의미하며 현재 액티브 하우스 개념은 아마도 RV(Recreational Vehicle)로 불리우는 캠핑카일것이다. 하지만 캠핑카는 캠핑을 가기위해 제작된 것일뿐 거주용도가 아닌이상 하우스로 볼수는 없다. 액티브하우스 구조 의 주요 목표는 사용자 중심의 유익한 실내 환경을 제공하는 것이다. 증가된 일광 및 기후 제어는 건물 거주자의 분위기와 성능에 핵심적인 기여를 하는 것으로 간주되며 액티브 설계에 필수적이다. [290]

엑티브 하우스는 자체적으로 에너지를 생산해 외부에서 별도의 에너지를 공급받을 필요가 없는 에너지 자립형 주거 양식 즉 에너지 효율이 높고 탄소 배출이 없는 '에너지 제로 하우스(Energy Zero House)' 개념을 갖고 있는 주거양식을 가리킨다. 액티브 하우스에서는 환경에 대한 부담이 적으면서 지속 가능한 신재생에너지를 주로 활용하게 된다. 이 때 사용되는 신재생에너지는 태양광, 태양열, 지열, 풍력, 바이오매스 등이 대표적이다. 특히 태양열을 활용하는 경우가 많아 액티브 솔라 하우스(Active solar house)

---

289 HMG 저널. 〈주거와 이동의 경계를 허물다, 액티브 하우스 콘셉트〉.
290 www.designingbuildings.co.uk/wiki/Active_House

라고도 불린다. 주
택의 지붕에 태양
열 집열판과 태양
전지를 설치하고
태양열을 전기 에
너지로 전환해 온
수나 난방 시스템
에 활용한다. 액티
브 하우스는 친환
경 건축으로 화석
연료를 사용하지

액티브하우스

않기 때문에 에너지를 절약하고 온실가스를 배출하지 않아 환경에
미치는 영향이 적다는 점에서 큰 관심을 받고 있다. 특히 태양열이
나 지열 등 자연 에너지를 활용해 자체적으로 에너지를 생산해 활
용하기 때문에 일반 건물에 비해 에너지 비용이 절감되며 에너지
자립도가 높다.[291] 이렇게 자립된 전기에너지를 전기자동차에 연
결하면 에너지비용 절감효과를 가져올 수 있다. 더 나아가 자동차
와 건물이 유기적으로 연결하게 되면 차량 탑승객이 외부 노출 없
이 차량과 건물 양쪽을 자유롭게 다닐 수 있게 되며, 건물에서 생
활할 때도 차량 공간은 물론 공조 시스템과 엔터테이먼트 시스템
까지, 차량의 기능을 마치 집과 사무실 전자기기처럼 활용할 수 있
게 된다. 건물과 모빌리티가 한치의 오차도 없이 연결, 해제될 수
있도록 모빌리티 루프를 확장해 건물과 도킹되도록 하는 게이트
구조와 시나리오를 설계했으며, 건물과 모빌리티 출입구 크기를
맞춰 사용자가 허리를 굽히지 않고 드나들 수 있도록 모빌리티 높
낮이를 조절하게 된다. 모빌리티가 건물과 연결되어 있는 시간 동

291 안광훈. 〈[알면 유익한 에너지 정보] 액티브 하우스(Active House)〉. 2022년 1월21일 기계설비신문.

안 건물 전원을 이용해 무선으로 충전될 수 있도록 하며 모빌리티 에어컨과 히터와 같은 공조 시스템 활용을 가능하게 한다.[292] 다만 이와 같은 형태의 주택은 미국 남가주를 비롯한 중남부의 태양열을 많이 받는 지역과 아프리카나 중동의 사막기후에서 가능하며, 중국의 황사와 미세먼지의 영향을 가장 많이 받고 있는 한국의 경우 태양열발전은 맞지않는다. 태양광 발전량은 비가 내리거나, 날씨가 흐릴 때 보통 10% 안팎으로 떨어진다. 미세먼지·황사도 비슷한 효과를 낸다.

한국의 경우 2021년 3월 전국 17개 시·도에 내려진 초미세 먼지, 미세 먼지 주의보·경보는 총 333회다. 2021년에 발령된 초미세 먼지, 미세 먼지 주의보·경보 횟수(432회, 4월 7일 기준)의 약 77%가 3월에 발령됐다. 3월은 보통 미세 먼지가 기승을 부리는 시기다. 환경부가 공개한 자료를 보면 2016~2019년 3월 초미세 먼지 평균 농도는 $30.7{\sim}38.9\mu g/㎥$ 사이로, 나쁨($36\mu g/㎥$ 이상) 기준을 웃돌거나 육박했다. 미세 먼지·황사는 시간이 갈수록 심해지고 있다. 2021년 3월 29일엔 전국에 미세 먼지 경보와 황사 위기 경보가 6년 만에 동시 발령됐다.

이날 대구에서는 미세 먼지 최고 농도가 $1,348\mu g/㎥$까지 치솟으며, 경보 기준인 평균 $300\mu g/㎥$의 4배를 훌쩍 넘어섰다. 서울도 6년 전인 2015년($569\mu g/㎥$) 황사 경보 때보다 $70\mu g/㎥$ 높은 최고 $639\mu g/㎥$까지 올라갔다.

미세 먼지·황사는 사람 몸에도 안 좋지만, 태양광 발전에도 악영향을 끼친다. 한국전력공사가 미세 먼지 저감 조치가 시행된 2019년 3월 1일부터 6일간 5개 발전사의 태양광 발전소 발전량

---

292 박경일, 〈현대차, 모빌리티와 건물 연결 '모바일 리빙 스페이스' 비전 공개〉, 로봇신문 2023년 1월30일.

을 비교한 결과, 저감 조치 기간 평균 발전량은 직전 6일보다 19%가량 감소한 것으로 나타났다. 특히 전남 영암 F1발전소는 최대 25.4%를 기록하며 최고치를 경신했다. 서울대학교 환경대학원 정수종 교수 연구팀이 2015~2017년 관련 자료를 바탕으로 기상 요소가 태양광 발전에 끼치는 영향을 분석한 결과, 미세 먼지는 △태양의 고도각 △기온 △습도에 이어 네 번째로 발전량에 큰 영향을 끼치는 것으로 나타났다. 고도각은 낮은 곳에서 높은 곳을 올려다볼 때 시선과 지평선을 이루는 각도를 말한다.

연구팀에 따르면 미세 먼지가 '나쁨' 수준일 때 태양광 발전량은 최소 19.3%에서 최대 22.1%까지 감소하는 것으로 나타났다. 초미세 먼지가 '나쁨'일 때도 발전량은 최소 11.1%에서 최대 13.4% 줄어들었다. 연구팀은 이에 대해 "미세 먼지가 태양광을 흡수하거나 산란시켜 태양광 패널에 도달하는 빛을 줄이기 때문"이라고 분석했다.[293] 반면 미국의 워싱턴주와 일리노이주, 인디애나주 등 비가 많이 오는 지역은 물방울로 고효율 전기를 생산하는 방식을 채택하는 것이 좋다. 홍콩 시립대(CityU) 과학자들이 이끄는 연구팀은 최근 에너지 변환 효율이 아주 높은 물방울 기반 전기발전기(DEG)를 개발했다.

이 발전기는 전계효과트랜지스터(FET)와 유사한 장치를 가지고 있어서, FET가 없는 유사한 장치에 비해서는 전력 밀도가 수천 배까지 증가할 수 있다고 발표했다. 연구팀은 네이처(Nature) 저널에 발표한 논문에서 이번 결과가 수력발전에 대한 과학적 연구를 진전시키고 에너지 위기를 타개하는 데 도움이 될 것으로 전망했다. 지속가능한 청정에너지 개발에 기여왕 교수는 "15cm 높이에서 떨어지는 100마이크로리터(100만 분의 100 리터)의 물 한 방

---

293 양원모. 〈[팩트체크] 미세 먼지·황사가 태양광 발전량 떨어뜨린다?〉 2021년 4월7일 이넷뉴스

울이 140V 이상의 전압을 발생시킬 수 있다는 실험 결과가 나왔다. 이는 100개의 작은 LED 전구를 밝힐 수 있는 전력"이라고 말했다. 그는 순간적인 전력 밀도의 증가는 추가적으로 에너지를 투입해서 나오는 것이 아니라 물 자체 운동에너지의 변환에서 비롯된다고 덧붙였다. 낙수로 얻는 운동 에너지는 중력 때문에 발생하므로 재생 가능한 무료 에너지로 간주된다. 이번 연구는 또한 상대 습도의 감소는 발전 효율에 영향을 미치지 않는다는 것을 보여줬으며, 빗물과 바닷물은 모두 전기를 발생시키는 데 사용될 수 있다.[294]

294 심재율. 〈물방울로 고효율 전기를 생산한다〉. 2020년 2월13일. 사이언스타임즈

소셜로봇

소셜휴머로이드로봇 소피아(사진 The Economic Times) 295)

최초의 로봇이 설계된 지 100년이 넘었다. 그리고 이 지능적인 기계가 점점 더 인간화되고 있다. 자율로봇이 인간의 도움 없이 잠재적으로 위험한 작업을 수행하던 것으로부터 우리의 정서적 동반자로 전환이 되고 있다. 소셜로봇의 시초는 아마도 Hanson Robotics에서 제작한 소셜 휴머노이드 로봇인 Sophia(사진)일 것이다. 소피아는 약간의 감정을 드러낼 수 있게 만들어졌다. 소피아는 컴퓨터 알고리즘과 함께 사물을 본다. 소피아에게 음성인식 기술을 제공하는 구글의 알파벳(Alphabet)에 따르면 이 로봇을 "시간이 지남에 따라 더 똑똑해지도록 설계했다"고 한다.296) 소피아의 예를 봤듯이 소셜 로봇은 빠르게 다음 주요 사용자 인터페이스가 되고 있다. 게다가 그들은 멀티 태스커이다.

가장 과소 진단된 질병의 징후가 있는 환자를 사전 선별하고, 다국어 여행 지원을 제공하고, 관광객이 명소를 탐색하고 발견하도록 돕고, 학생을 지도하고, 제품 정보를 제공하여 고객 참여를 강화하는 등 소셜 로봇은 점점 더 유용해지고 있다.

295 https://m.economictimes.com/magazines/panache/worlds-first-robot-citizen-attends-conference-in-india-makers-reveal-sophia-can-draw-now/articleshow/71633205.cms
296 《AI세계미래보고서2023》. 48

소셜 로봇의 예: a.NAO, 프로그래밍을 가르치고 인간-로봇 상호 작용에 대한 연구를 수행하기 위해 학교, 대학 및 대학교에서 연구 로봇으로 사용할 수 있는 프로그래밍 가능한 자율 휴머노이드 로봇. 또한 요양원 및 학교에서의 사용을 포함하여 다양한 의료 시나리오에서 테스트 및 배포되었다. b.PARO는 매우 귀엽고 진정효과가 있으며 감정적 반응을 이끌어내는 치료용 로봇 아기 하프 물개다. 그것은 주로 요양 시설, 특히 치매 환자를 위한 치료의 한 형태로 사용된다. c.Pepper는 얼굴 표정과 목소리 톤을 감지하고 분석하여 감정을 읽을 수 있도록 설계된 반 휴머노이드 로봇이다. 298)

소셜로봇 297)

세계경제포럼(WEF)이 소셜로봇을 10대 신기술로 선정했다.299) 1인 가구의 증가와 고령화 시대의 가속화 등으로 개인주의가 심화될 현대사회에서 반려로봇, 즉 '소셜로봇'의 등장은 필연적이다. 이들 반려봇은 인간의 일을 돕는 수동적인 대상에서 벗어나 인간의 일상생활을 보조하는 한편, 다양한 감성 인지 기능을 바탕으로 인간과 적극적으로 소통하는 역할까지 도맡을 것이다.300) 2022년 4월, 테슬라의 텍사스 기가팩토리에서 진행된 크리스 앤더슨 이사와 일론 머스크와 인터뷰에서 2050년에는 대부분의 집에서 로봇을 사용하게 될 것이라는 전망이 나왔다.301)

297 Keshav Murugesh. livemint.com
298 Keshav Murugesh. livemint.com
299 Priyadarshi Pany. 〈The Next Social Robot Can Read Your Emotions〉. 12/22/2021. CSM
300 세계미래보고서 2023. 108
301 앞의책. 103

소셜로봇은 가정에서 가사도우미 역할은 물론 회사의 비서, 그리고 잔심부름을 해줄 수 있는 역할까지 담당하게 될 것이다. 특별히 2050년에는 리얼돌을 이용한 로봇비서가 등장하게 될 것이다. 휴머노이드 로봇인 그레이스는 사람들의 얼굴과 목소리를 인식하고 기억하며 이름도 기억한다. 언어 능력이 좋아 영어와 중국어를 비롯해 20개국 언어로 소통이 가능하며 사람 얼굴에 있는 48개 이상의 근육을 시뮬레이션해 제작했기 때문에 자연스러운 표정을 지을 수 있으며 이전 대화를 회상하는 능력도 있다[302].

테슬라가 2022년 9월 30일 미 캘리포니아주 팰로알토에서 열린 '2022 AI데이'에 휴머노이드 로봇 '옵티머스' 시제품을 공개했다. 2021년 8월 '2021 AI데이'의 막바지에 일론 머스크 테슬라 회장은 2족 보행 휴머노이드 로봇 '테슬라봇'(Tesla Bot)의 개념을 소개했다. 머스크는 향후 발표될 휴머노이드 로봇이 다양한 용도로 활용할 수 있는 '범용 목적'의 로봇으로 생산 현장 등 여러 곳에서 사람들에게 도움을 줄 것이며 특히 인력 부족에 시달리고 있는 생산 현장에서 유용하게 활용될 것이라고 말했다. 테슬라는 배터리로 움직이는 이 로봇이 무거운 물건을 드는 것을 포함해 어려운 집안일을 처리할 수 있을 것이다.

옵티머스 로봇이 무대에서 성공적으로 걷는 모습을 보여줬지만 역동적이지는 않았다고 평가했다. 그럼에도 불구하고 전문가들은 테슬라가 휴머노이드 로봇을 선보이면서 로봇 시장의 전체 파이를 확대했으며, 로봇에 대한 관심을 높였다는 긍정적인 반응을 내놓았다.[303] 로봇의 개발이 단순노동시장의 종말로 이어지게 될 가능성이 농후하다. 결국 우리 사회구성원의 삶의 도우미 역할을 감당

---

302 앞의책. 111
303 장길수. 〈테슬라 휴머노이드 '옵티머스', '파괴적 혁신' 보여주지 못해〉. 로봇신문 2022년 10월 3일.

하게 될 것이다.

3 스마트워크(Smart Work)

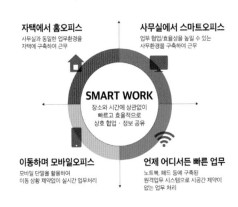

코로나19팬데믹으로 인해 재택근무체제로 업무환경이 변경이 되었다. 엔데믹을 맞이한 뒤에도 재택근무를 하는 기업문화가 자리 잡았으며, 기업환경에 따라 이러한 현상은 계속될 것이다. 즉 회사의 사무실은 베이스캠프 역할을 하고 업무의 대부분은 개인의 공간에서 재택근무와 화상회의 등으로 이루어진다.[304] 이는 기존 본사 외 임직원들의 거주지와 같은 위치를 고려하여 원격 근무가 가능하도록 거점 지역에 마련한 IT 기반의 사무실(기존의 '거점오피스'와 같은 개념이라고 봐도 무방)을 뜻한다.

스마트워크[305]

본사 근무의 장점은 살리되 재택근무의 단점을 보완한 오피스로 어디서든 근무할 수 있는 환경을 구축하여 안전성, 효율성, 성과지향성 측면에서 가장 이상적인 근무 제도를 만들 수 있다. 기업입장에서도 지방의 인재를 적극적으로 채용할 수 있으며 해외 진출 시에는 외국에 사무실이나 업장을 개설할 필요 없이 현지의 인재

---

304 《세계미래보고서 2021》.189
305 https://www.wadiz.kr/web/campaign/detail/92526

만 채용하면 된다. 그리고 해외 인재를 본사에 채용할 때도 훨씬 자유롭고 폭넓은 채용이 일어날 수 있다. 도심 한복판에 본사 사옥을 유지할 필요도 없다.[306] 미국의 채용 정보 사이트 플렉스 잡스(Flex Jobs)에 따르면, 원격으로 일하는 미국 직원의 수는 지난 5년 동안 44퍼센트 증가했으며 지난 10년 동안의 추이를 볼 때 무려 91퍼센트 증가했다. 전 세계적으로 근로자의 52퍼센트가 이미 일주일에 1회는 집에서 일하고 있었다.[307] 필자의 경우만 하더라도 언론기관에 종사하는 이유로 재택근무 의무조항에 해당하지 않았지만 재택근무를 하게 되었다. 엔데믹 시대에 접어들어 다시 회사에 출근하여 일을 하게 되었지만, 회사 사무실에서 근무하는 시간이 팬데믹 발생전보다 줄어들었다. 필자뿐만 아니라 필자의 지인 역시 회사에 출근하여 정해진 업무를 소화해야 했지만 팬데믹을 거치면서 회사가 원하는 한주간의 결과물을 얻어내는데 있어서 반드시 매일 출근해야 하는 것이 아닌만큼 회사출근과 재택근무를 병행하여 업무를 소화하고 있다.

306 《메타버스의 시대》. 201
307 앞의책. 190

4 스마트 식당

스마트 식당은 4차산업혁명시대의 산물이라고 봐도 과언은 아닐 것이다. 스마트 식당은 종업원 없이 운영되는 무인카페로 매장을 방문한 고객이 매장 입구 혹은 테이블에 설치된 키오스크를 통해 주문결제를 완료하면, 주문을 인식한 로봇팔이 아메리카노, 카페라떼 등 음료와 음식을 제조한다. 매장 이용 고객일 경우에는 서빙로봇이 음료 혹은 음식을 테이블까지 배달해주고, 포장 고객의 경우는 로봇팔이 커피, 음료, 음식을 픽업 존에 내려놓는 방식이다.

1) 키오스크와 AI서빙로봇

▲ 알지티가 운영 중인 로봇카페에서 한 고객이
키오스크를 이용해 주문하고 있다. (사진=알
지티) 308)

코로나19 팬데믹 시대에 접어들면서 많은 요식업체들이 인건비 절감을 위해 도입한 것이 AI서빙로봇이었다. 예전에는 웨이터나 웨이트레스들이 음식주문부터 서빙까지 도맡아 해왔지만 이제는 주문한 식탁에까지 AI서빙로봇이 음식을 가져다주게 되었다. 또한 식사가 마친 후 빈그릇을 AI서빙로봇에 설치된 선반에 올려놓으면

---

308 https://www.irobotnews.com/news/articleView.html?idxno=28348

▲ 키오스크를 작동하는 모습(사진: 박준호)
◀ 키오스크(사진: 박준호)

AI서빙로봇(사진: 박준호)

로봇은 빈 그릇들을 주방 설거지하는 곳으로 가져다 주게 되었다. 특별히 필자가 이 글을 쓰고있는 2023년 6월 현재 최저임금이 15달러인 미국 캘리포니아의 경우 로봇AI 도입으로 인건비 절감효과를 가져올 수 있게 되었다. 현재는 패스트푸드점 중심으로 키오스크가 운영이 되고 있으며 일반 식당의 경우 주문 서비스는 웨이터나 웨이트레스가 담당하고 있지만 각 테이블에 키오스크를 설치하여 음식주문을 카운터에서 하는 것이 아닌 키오스크를 통해 주문을 받는 곳도 있다.

이러한 서비스는 식당에서 인건비 지출을 줄일 수 있는 효과를 가져오게 될 것이다. 특별히 미국 캘리포니아 LA시와 LA카운티 최저임금이 지난 7월 1일 부터 일제히 인상됐다. LA시의 고용주들은 LA시 최저임금 인상 조례에 따라 지난 7월 1일부터 직원 수에 관계없이 최저임금을 기존 시간당 16달러 4센트에서 16달러 78센트로 인상했다. 지난해 7월 1일 LA시 최저임금이 16달러 4센트로 인상된 지 1년 만에 다시 시간당 임금은 74센트 오르게 됐다. LA 카운티의 경우 최저임금이 지난 7월 1일부터 15달러 96센트에서 16달러 90센트로 인상된다.

이에 따라 LA 카운티는 최저임금이 94센트가 올랐다. LA시와 카운티의 이런 최저임금 인상은 최저임금 인상 조례에 따라 물가상승률(CPI)이 반영돼 조정된 것이다. 대부분의 고용주들은 시간당 17달러로 최저임금을 지불할 전망이다.[309] 그리고 고용주들은 점진적으로 로봇 종업원을 고용하여 인건비를 아끼게 될 것이다. 또한 다음에 다룰 아바타 로봇을 이용하여 웨이터(웨이트레스)로 사용하여 음식주문을 받게 한다면 비용절감 외에 인간종업원들의 서비스를 받는거 같은 느낌을 받게 될 것이다.

2) 로봇카페

2021년 일본 도쿄 주오구 니혼바시에서 그랜드오픈 행사를 가진 '분신로봇[카페 DAWN'는 아바타(분신) 로봇 '오리히메'를 이용한 원격으로 직원이 일하고 있다. 이곳에서 일하는 이라가시 히로유키씨는 이곳에는 총 세 종류의 아바타(분신) 로봇이 있다고 소개했다. 이 카페를 만든 회사 '오리연구소'의 대표 상품인 '오리히메'로, 높이 23㎝의 탁상용이지만 두 팔을 들었다 내렸다 하고 고개를 상하좌우로 돌리며 손님과 대화를 한다.

120Cm 높이의 '오리히메-D'는 커피를 서빙하고, 가장 복잡한

---

309 김해원. 〈캘리포니아주 일부 도시들 최저임금 인상〉. 미주한국일보 2023년 7월11일

2021년 21일 일본 도쿄 주오구 니혼바시에 오픈한 '분신로봇카페 DAWN'에서 전직 바리스타가 원격으로 조종하는 '텔레 바리스타' 로봇이 '프렌치 프레스' 방식으로 커피를 내리고 있다. 도쿄=최진주 특파원 [310]

이날 오프닝 행사에서 오리연구소 창업자인 요시후지 겐타로(吉藤健太朗 · 34) 대표가 '오리히메-D'와 함께 기자 간담회를 갖고 있다. 도쿄 =최진주 특파원

동작이 가능한 '텔레 바리스타'는 '프렌치 프레스' 방식으로 직접 커피를 내린다. 이들 로봇은 손님과 계속 대화하지만 말하는 주체는 인공지능(AI)이 아니다. 일본 전국 각지에서 이 로봇을 조종하며 바리스타로, 서버로, 주문을 받는 사람으로 일하고 있는 '파일럿'이다. 총 50명의 파일럿은 근위축성 측삭경화증(ASL), 이른바 '루게릭병' 같은 난치병 환자나 중증 장애인, 기타 각자의 사정으로 인해 집에서 나가지 못하는 사람들이다. 누워서 생활할 수밖에 없는 와병 환자도 있고, 손으로 스마트폰 앱 화면을 터치하지 못하는 경우도 있다. 이런 경우는 이 회사가 개발한 '오리히메 아이(eye)'라는 입력 도구로 파일럿의 눈동자 움직임을 감지해 조종한다. 말하기 어려운 파일럿은 인공 음성을 활용하는 등 다양한 종류의 장애에 대응할 수 있도록 오랜 연구 개발 과정을 거쳤다. 이들이 원격으로 일하는 170㎡의 카페는 입구부터 모든 공간을 휠체어 이동이 편리하고 각종 장애에 대응할 수 있는 완벽한 '배리어 프리'(barrier free·장애물 없는)로 설계됐다.[311] 적어도 2050

310 https://m.hankookilbo.com/News/Read/A2021062111210004892
311 최진주. 〈日 '아바타 로봇 카페' 오픈…중증장애인도 바리스타 취업〉. 2021년 6월21일 한국일보.

년쯤에는 로봇카페에 있는 텔레바리스타와 오리히메는 실제 사람의 모습으로 진화가 될 것으로 예상되며 4차산업이 발달하는 속도에 따라서 인간의 모습을 한 로봇점원들의 등장은 빨라질지도 모른다.

시나리오 2050년 우리사회

아바타를 이용한 카페는 2050년에도 그대로 운영이 되고있다. 의학이 눈부실 정도로 발전이 되었지만 여전히 장애인들은 존재하고 있기 때문에 그들을 대상으로 한 일자리 창출은 지속적으로 이루어졌다. 2021년에는 로봇이 고객과 마주했다면 2050년에는 2000년대 인기영화배우인 조지클루니, 미셸파이퍼, 스칼렛요한슨 등이 전성기를 누렸던 모습의 로봇이 고객을 대하고 있다. 이러한 로봇 아바타는 실제 인간과 싱크로율이 거의 100%에 가까울 정도로 흡사하여 마치 실물배우의 서비스를 받는 것 같은 기분이 들 정도이다. 이 로봇 아바타는 아이러니하게도 실제 인간과 흡사하게 제작된 리얼돌(real doll)이다. 리얼돌은 성인용품산업에서 발전이 이어졌지만 이제는 로봇카페의 아바타로도 활발히 사용되고 있다. 이 아바타는 주로 신체장애를 가지고 있는 자들이 그들의 집에서 정해진 시간동안 VR기기를 통해 아바타에 접속되어 일을 하게 된다.

2000년대부터 일부 대형교회에서 운영하게 된 카페는 주로 커피전문점과 같은 기능인데 교회카페는 어느 정도 규모가 있는 교회들은 대부분 운영중에 있으며 이는 2050년에도 동일하게 운영이 되고있다. 초창기 교회카페는 젊은 집사나 청년들 중심으로 운영이 되어졌지만 4차산업혁명으로 인해 아바타를 이용한 카페가 생겨나게 되었고 이러한 카페는 카운터에 실제 연예인과 동일하게 생긴 리얼돌 아바타가 서비스를 하고있다. 담당부서는 소망부라고 불리는 장애사역부에서 담당하는데 신체장애가 있는 교인들이 아바타와 연결되어 사역을 하고 있으며 수익의 일부를 사례비로 받고 있다.

5 스마트교회

스마트교회는 아마도 다가올 미래에 적용할 수 있는 교회의 모습 중 하나가 될 것이다. 스마트교회는 건물규모가 큰 교회에서 할 수 있는 것이 아닌 어떠한 규모의 교회에서도 만들어 갈 수 있는 교회이다. 교회를 건축할 때 특별히 3D프린팅 기술로 건축을 하게 된다면 건축비용 절감효과로 교인들의 부담을 덜어줄 수 있게 될 것이다. 또한 미국의 중가주와 남가주, 아리조나, 텍사스, 오클라호마, 뉴멕시코, 알라바마와 멕시코, 중동, 이스라엘처럼 태양열이 강하고 일조시간이 긴 지역의 경우 태양열을 전기에너지로 전환할 뿐만 아니라 차량의 연료로도 사용할 수 있게 있을 뿐만 아니라 전기에너지 판매까지 이어진다면 전기에너지로 인해 발생된 수익은 선교와 전도비용으로 전환할 수 있게 될 것이다. 반면 비가 많이 내리는 미국의 워싱턴주, 콜롬비아 초코, 푸에르토 로페스, 인디아의 카시힐스, 기니의 우레카 등은 물방울로 고효율 전기에너지를 얻을 수 있는 방식의 전기발전기를 사용하여 교회 운영 및 사역을 펼쳐나갈 수 있게 될 것이다.

또한 스마트교회는 하드웨어적인 곳에서만 머무는 것이 아닌 소프트웨어적인 측면에서도 스마트한 교회이며 그것은 발상의 전환이 이루어지는 교회이다. 예를들면 스마트식당에서의 서비스를 장애인들이 담당할 수 있는 것처럼 스마트교회의 카페 사역에서 장애인들이 바리스타가 되는 것이다. 즉 로봇 바리스타를 조종하는 것을 장애인 교인이 하게 하는 것이다. 더 나아가 교인들과 교회방문객들이 편안하게 대할 수 있는 모습을 가진 리얼돌을 로봇과 연결하여 교회 안내담당부터 카페에서 사용하며 태양열이나 물방울을 비롯한 신재생에너지를 통해 전환된 전기에너지를 이들 로봇의 연료로 사용하게 된다면 과도한 예산지출은 사라지게 될 것이다. 그리고 이민사회의 교회의 경우 1주일 내내 교인이나 외부손님의 왕래가 잦은 교회를 제외하고는 대부분의 교회는 정규예배가 열리는 시간 외에는 대부분 교회문이 닫혀져 있다. 교회 예산문제로 풀타임 사역자를 고용할 형편이 안돼기도 하다. 그렇다고 담임목사를 제외한 부교역자가 필요하지 않은것은 아니다. 교회는 교인수와 상관없이 담임목사 혼자 사역하는 것이 아닌 부교역자와 함께 동역을 함으로 목회사역이 이루어지는 만큼 사역자는 항상 필요하다. 필자가 출석하는 교회역시 적은 인원이 모여 예배를 드리지만, 사역자의 필요한 교회이다.

아무튼 필자가 이야기한 스마트 교회는 2023년에 실현가능한 것은 아니다. 하지만 2025년을 향하고 있고, 수많은 4차산업관련 기술의 발달로 인해 필자가 언급했던 내용들이 현실화될 가능성이 많다. 따라서 로봇을 이용한 사역이 현실화가 된다면 교회에서는 사무원이나 관리간사 역할을 하는 로봇사역자를 활용한다면 교회운영에 도움이 될 것이다. 그리고 로봇사역자의 활성화로 인해 절감된 인건비는 지역선교나 해외선교 등으로 전환할 수 있게 될 것이다.

빠르면 2025년 이후 우리 사회는 좀 더 스마트해질 것으로 보인다. 이미 스마트 시티, 스마트 홈, 스마트 교육 등에 대한 연구와 계획이 활발히 진행되고 있으며 이는 단지 특정인만을 위한 전유물이 아니다. 교회를 비롯한 종교시설과도 밀접하게 연계되어 나아가게 될 것이다. 모든 것이 스마트해지는 사회가 되더라도 교회는 필요하다. 단지 스마트해지는 사회에 맞게 교회역시 스마트해진다면 스마트해지는 사회에 필요한 부분을 교회가 채우고도 남게 될 것이다.

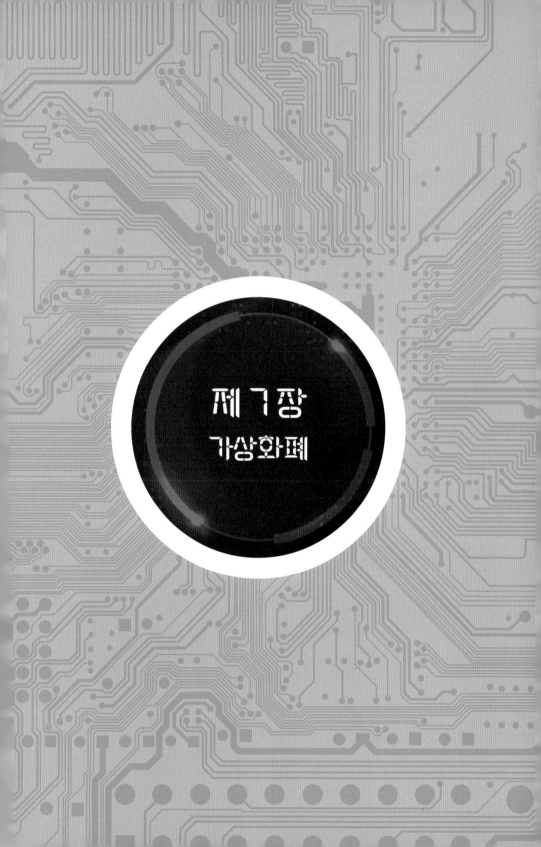

제 7 장
가상화폐

시나리오 2050년 우리사회

"

　플로리다 탬파에서 기독교 사역발전연구소를 운영중인 데이빗 초이 목사는 4차산업혁명이 본격화된 2025년 이후 전개되어온 기독교계의 대변혁으로 인해 교회운영에 대한 패러다임의 전환이 이루어져야 한다는 생각으로 기독교 사역발전연구소를 설립 운영하고 있다. 2019년말 시작된 코로나19 팬데믹으로 인해 많은 기업들이 재택근무체제를 도입했고, 교회역시 온라인 예배로 전환이 되었다. 2022년부터 팬데믹이 종식이 되고 위드코로나 등 엔데믹 시대가 열렸는데 좀처럼 팬데믹 이전과 같은 현장예배 환경으로 돌아오지 않고 있다. 2002년생인 독고영준 목사는 2040년 기독교 사역발전연구소를 개설하고 교회가 나아가야 할 방향에 대한 연구를 시작하게 되었다. 기독교사역발전연구소에는 소장인 데이빗 초이 목사를 비롯, 피터 현 박사, 쟌 리 박사, 제이콥 신 목사, 안드레 용 박사, 토마스 김 박사, 제임스 권 박사, 매튜 초이 목사, 필립 한 목사, 나다나엘 조 박사, 사이몬 박 박사, 폴 윤 박사, 메리 리 박사, 조엔 김 목사가 참여하고 있다.

　데이빗 목사는 탬파에 탬파에덴교회라는 사이버교회를 5년전인 2045년에 열고 목회활동을 하고있다. 그가 사이버교회를 운영하는 이유는 기독교 사역발전연구소에서 연구중인 내용들이 실제 사역현장에서 어떻게 적용되고 있는지, 실제적으로 사역에 도움이 되는지를 알아보기 위해서이다. 그리고 헌금 역시 온라인으로 받고있는데 벤모(Venmo)와 젤(Zelle), 그리고 가상화폐인 폴리곤과 디센트럴랜드의 마나, 리플, 스텔라루먼스를 받고있다.

　　블록체인은 제4차산업혁명의 근간이 되는 기술이며 미래 산업에 게임 체인저가 될 기술이며 암호화폐 이외에도 블록체인 기술의 활용 가능성은 무한에 가깝다.[312]

암호화폐(사진:나스닥) [317]

　　블록체인(Block chain)이란 정보를 기록하고 저장하는 탈중앙화 시스템이다. 일련의 순서로 연결된 데이터 단위('블록'이라고 함)로 구성된 일종의 분산 장부 기술 (Decentralized Ledger Technology)로, 각 블록에는 이전 블록의 고유 번호가 담겨 있어 체인을 형성한다.

　　일종의 데이터베이스 역할을 하며, 암호화폐에 활용되는 것으로 가장 널리 알려져 있다. 투명성과 탈중앙화 장점을 활용하여 스마트 계약이나 거버넌스 합의 플랫폼의 역할을 할 수도 있다.[313] 블록체인 기술의 핵심은 디지털 기록을 중앙 신뢰 기관 없이도 생성하고 교환할 수 있는 기술이며 암호 기술과 P2P 네트워킹을 현명하게 조합함으로써 블록체인 기술은 정보가 정확하고 투명하게 저장 및 공유되도록 한다.

　　이에 더해 모든 거래 내영을 확인할 수 있을 뿐만 아니라 프로

312 《세계미래보고서2020》. 55
313 June Moon. 〈블록체인이란 무엇인가요? 어떤 원리로 작동하나요?〉 2023년 6월1일 NordVPN

그래밍이 가능한 '스마트 계약'도 할 수 있다.[314] 암호화폐는 블록체인을 기반으로 암호화 기술을 사용해 만든 디지털 화폐이자, 분산 장부에 거래정보를 기록하는 디지털 자산이다. 암호화폐 중 가장 대표적인 것은 비트코인이다.[315] 2023년 5월19일은 비트코인 피자데이가 13주년이 되는 날이다. 비트코인 피자데이는 처음으로 비트코인으로 현물(피자)을 구입한 것을 기념하는 날이다. 19일 가상자산(가상화폐) 업계에 따르면 비트코인 피자데이는 2010년 5월22일 미국 플로리다에 사는 프로그래머 '라스즐로 핸예츠'가 1만 비트코인으로 파파존스 피자 두 판을 구매한 데에서 유래됐다. 당시 핸예츠가 구매한 피자 두 판의 가격은 30달러(약 3만 9945원)였다. 1비트코인을 0.003달러의 가치와 교환한 셈이다. 이날 오전 10시13분 기준으로 1만 비트코인은 3618억 9000만원이다. 비트코인의 현재 가치를 반영하면 한 판에 1809억4500만원짜리 피자를 먹은 것이다.[316] 비트코인은 2008년 10월 사토시 나카모토에 의해 공개가 되고 2009년 발행된 암호화폐이다. 이 비트코인(BTC)을 시작으로 이더리움(ETH), 카르다노 에이다(ADA) 등 가상화폐가 등장했고 현재까지 계속 거래가 되고 있다. 하지만 주식과 부동산 등과 달리 등락의 폭이 불안정하여 자산으로 사용하는것이 합당한지에 대한 의견이 분분하다. 더군다나 2023년 현재 가상화폐에 대한 논란이 지속적으로 나타나고 있다. 이미 테라루나(Terra, Luna)사태 FTX파산사태, 리플(XRP), 바이넨스 소송문제 등은 암호화화폐에 대하여 불안심리를 노출시키고 있다. 하지만 머지않아 이러한 불안심리가 진정이 될 것으로 예상되고 있다.

---

314 클라우스 슈밥. 《클라우스 슈밥의 제4차 산업혁명 더 넥스트》. 128
315 김명선. 《뉴마켓 새로운 기회》. 75
316 박수현. 〈다가오는 '비트코인 피자데이'…국내 거래소가 피자 쏘는 이유〉. 2023년 5월19일. 머니투데이.
317 https://www.nasdaq.com/articles/what-is-cryptocurrency-0

1 암호화화폐의 법정화폐화

암호화폐는 전통적인 통화 시스템 외부에 존재하고 기록 보관을 위해 블록체인을 활용하는 통화와 이러한 제품을 기반으로 하는 산업으로 정의된다. 암호화폐는 거의 모든 디지털 토큰을 가리키게 되었으며 그 중 일부는 통화로 사용되지 않는다. 현재 발행되는 많은 토큰은 암호화 방식으로 채굴되지 않습니다. 대신 그들의 공급과 가치는 일부 실제 기능에 연결되어 있으며 암호화는 거래를 기록하는 블록체인을 보호하기 위해서만 사용됩니다. 이들은 유틸리티 토큰으로 알려져 있으며, 그 가치와 발행은 대출 규모 또는 실제 적용과 같은 것을 기반으로 할 수 있다.[318]

암호화폐는 가상화폐라고도 불리며 전 세계 가상화폐의 경우 아직 달러를 대체할 만한 화폐는 아니지만, 결국 달러 패권을 꺾을 수 있을지도 모를 디지털 화폐 발행 시도가 국가적 차원에서 이어지고 있다.[319] 2030년 2월 프랑스 낭테르 상무법원이 비트코인을 '돈'으로 인정했으며, 비트코인 대출을 소비자 대출로 인정했으며, 해당 비트코인캐시는 비트스프레드의 소유라고 판결했다.[320] 2021년 9월 엘살바도르가 비트코인을 기존화폐 대신 사용할 수 있게 했으며 중앙아프리카공화국도 2022년 4월부터 암호화폐를 법정화폐로 허용했다. 그리고 우크라이나, 파나마, 쿠바 역시 암호화폐 시장을 개방하는 등 전 세계가 암호화폐를 법정화폐로 사용할 수 있는 날이 점점 더 가까워오고 있다.

---

318 마틴 틸리에. 〈암호화폐란 무엇입니까?〉 2022년 8월30일. 나스닥
319 클라우스 슈밥. 《클라우스슈밥의 위대한 리셋》. 91
320 《세계미래보고서2021》. 66

2 금융과 암호화폐

1) 중앙은행의 전자화폐 발행

스위스 바젤에 있는 BIS(Bank for International Settlememts) 의 2019년 1월 보고서에 따르면 전 세계 40개 이상의 중앙은행 이 CBDC(Central Bank Digital Currency) 및 블록체인의 기타 응용 프로그램을 연구 및 실험하고 있다.[321] CBDC는 중앙은행이 전자형태로 발행하는 디지털 화폐이다. CBDC는 법정통화로서 실 제화폐와 동일한 교환 비율이 적용된다. 따라서 가치 변동이 위험 이 없고, 중앙은행이 발행하기 때문에 화폐의 공신력이 담보된다 는 장점이 있다.[322]

CBDC(사진: 크립토타임즈 The CRYPTO TIMES)

CBDC에 대한 논의는 전세 계적으로 활발한 편이다. 특별 히 코로나19 영향으로 집에서 보내는 시간이 증가하면서 온 라인 결제가 급증하고 현금 사 용량은 급감하고 있기 때문이 다. 현재 가장 빠르게 CBDC 를 도입하고 있는 국가는 중국이다. 중국의 디지털 위안화는 인민 은행이 발행하는 법정화폐로 전자결제 기능을 결합한 저자 형태의 위안화이다.[323] 스웨덴 중앙은행 릭스방크가 이스라엘 중앙은행, 노르웨이 중앙은행 및 국제결제은행(BIS) 이노베이션 허브 노르웨 이 센터와 함께 CBDC의 국제 결제 및 송금 테스트 프로젝트 '아

---

321 《세계미래보고서2020》. 63
322 김명선. 《뉴마켓 새로운 기회》. 81
323 앞의책. 83

이스브레이커(Icebreaker)'를 시작했다.[324] 최근 스위스 중앙은행은 기관 간 거래를 돕는 도매형 CBDC 사업을 시작했다. 이탈리아 역시 마찬가지로 도매형 CBDC 사업을 진행 중이며 유럽 중앙은행과 연계되어 있다.

프랑스 중앙은행은 2022년부터 CBDC 발행에 적극적으로 나서고 있다. 스위스, 룩셈부르크 등과 함께 CBDC 시범 운행을 나섰으며 1억 유로의 채권을 발행하는 등의 모습을 보였다. 일본은 지난 4월부터 CBDC 시범 사업을 진행 중이다. 일본은 지난 6월 라이센스를 지닌 은행 및 금융기관에서 미국 달러(법정화폐)에 가치가 일대일로 연동된 스테이블 코인 발행이 가능한 규제 조치를 시행했다. 이에 최근 일본 최대 은행인 미쓰비시UFJ는 달러를 연동한 스테이블 코인 발행을 준비 중이다. 암호화폐에 엄격한 규제를 보이는 일본이 최근 기관을 중심으로 가상 자산 발행을 시도하고 있다. 한국은행은 지난 4월부터 핀테크 기업들과 함께 연계해 CBDC 실험을 이어나가고 있으며 5월 은행 연계 시스템에서도 정상 동작하는 것을 확인했다고 밝혔다.
아직까지 한은은 구체적으로 CBDC 발행 계획을 밝힌 바 없다. 그러나 미국은 계속해서 CBDC 발행에 부정적 견해를 보인다. 지난 22일 미 연준 제롬 파월 의장은 스테이블 코인을 하나의 통화로 인정하는 발언을 하는 한편 CBDC 발행에 대해서는 선을 그었다.[325] 주니퍼 리서치(Juniper Research)의 최신 보고서에 따르면 전 세계 CBDC 가치가 현재 1억 달러에서 2030년까지 2,130억 달러로 증가할 전망이다. 또 국경 간 결제 시스템 도입을 위한 치열한 경쟁이 벌어지면서 2030년까지 CBDC를 통한 거래의

---

324 홍광표. 〈스웨덴, CBDC 결제·송금 프로젝트 '아이스브레이커' 시행〉. 2022년 9월29일 토큰포스트
325 이승훈. 〈중앙은행 디지털화폐(CBDC) 발행, 세계적 유행… 미국만 "NO"〉. 2023년 6월18일 게임플

92%가 각 국가 내에서 이뤄질 것이라고 보고서는 예상했다. 미국 달러, 영국 파운드 등 전통적인 법정화폐로 뒷받침되는 디지털 화폐는 금융 포용성을 강화할 수 있다. 고객이 은행 계좌를 보유할 필요 없이 클라우드, 데스크톱, 노트북, 심지어는 USB에 있는 암호화된 '디지털 지갑'을 사용할 수 있기 때문이다. 예를 들면 국경을 넘나드는 CBDC 결제 시스템을 사용하면 이민자는 막대한 송금 수수료를 지불하지 않고 본국으로 돈을 보낼 수 있다. 또 기업은 훨씬 더 저렴하고 빠른 결제를 통해 국경 간에 상품 및 서비스 결제를 할 수 있다.

아울러 디지털 화폐는 소비자 현금 거래의 익명성을 제거한다. 소비 활동을 면밀하게 감시하는 국가(예: 중국 등)에서는 이를 통해 개인이 어떤 영화 티켓을 구매했는지, 술집에서 돈을 얼마나 썼는지 알 수 있다. 하지만 현금으로는 추적하기 어렵다.[326]

사이버 보안 리서치 업체 CTM 인사이트(CTM Insights)의 전임 CTO이자 경영 파트너 루 스타인버그는 CBDC가 지폐 인쇄 및 교체 비용을 줄이고, 사기 탐지를 개선하며, 사기꾼에게 지급된 돈을 더 쉽게 추적하고 회수할 수 있게 해준다고 말했다. 그는 "국경 간 결제를 간소화하고, 속도를 높이며, 수표나 송금 등을 처리하는 비용과 복잡성도 줄일 수 있다"라고 말하며 "비트코인 등의 암호화폐와 달리 미국이나 기타 신뢰할 수 있는 정부의 믿음과 신용이 뒷받침되는 CBDC는 통화 가치가 신중하게 관리되고 있다는 확신을 제공할 것이다. 정부가 법정화폐의 가치를 관리하고 유지하기 위해 하는 것처럼, 통화 공급량부터 금리까지 모든 것을 조정할 수 있다"라고 설명했다.

●●● CTM 인사이트 전임 CTO이자 경영 파트너 루 스타인버그 인터뷰

---

326 Lucas Mearian. 〈2,130억 달러 오가는 '쩐의 전쟁', 중앙은행 디지털 화폐(CBDC)의 현황과 전망〉. 2023년 3월14일. IT World

2) 은행의 블록체인 활용

블록체인 기술의 발전으로 은행과 증권 및 보험 등 금융관련 거래방식에 새로운 가능성이 생겼다. 제3자에게 수수료를 지급할 필요 없이 당사자 간 거래를 가능하게 한 것이다. 기존의 금융거래는 프로세스에서 수반되는 복잡성과 위험으로 인해 많은 비용이 들었지만 블록체인을 사용하면 거래 시간 단축, 비용 절감 및 실시간 사기 탐지와 같은 많은 이점을 갖게 된다. 여기에 데이터 분석 기술인 애널리틱스 프로세스를 결합하면 위조 불가능한 안전한 데이터와 완벽한 분석을 위해 구조화된 보안 데이터 계층이 추가되어 데이터 분석 기능이 개선될 수 있다.

따라서 은행은 금융거래에서 사기나 오류가 발생하고 나서 사후 기록을 분석하는 기존의 방식 대신 위험하거나 사기성이 잇는 거래를 실시간으로 추적해 사기를 원천적으로 방지할 수 있다.[327] 그러나 한국의 경우 암호화폐가 투기 광풍을 일으키면서 블록체인 기술에 대한 회의론이 대두되는 일이 발생했었다.

근본적으로 블록체인 기술을 바탕으로 등장했지만, 암호화폐는 무분별한 투기, 결제 수단으로서의 한계, 보안 문제 등과 같은 탈중앙화에 대한 허점을 드러냈기 때문이다. 하지만 이러한 단점은 기술과 제도로 보안이 되고 있으며, 블록체인 기술은 신뢰의 거래와 탈중앙화 거래를 폭발적으로 증가시키며 4차산업혁명의 근간이 되고 있다.[328]

미국 대형은행 뱅크오브아메리카(BofA)가 디지털자산 연구팀을 2021년 6월 신설했으며 신설한 암호화폐 연구팀에서 디지털자산으로 연구 범위를 확대했다. 같은해 10월 4일(미국시간) 뱅크오

---

327 《세계미래보고서2030》. 60
328 《카이스트미래전략》. 470

씨티그룹은 마침내 홍콩에 기반을 둔 자산 관리 회사에서 자금 조달을 주도함으로써 암호화폐 시장에 발을 들여놓았다.(사진: BeinCrypto 홈페이지)

브아메리카는 "디지털자산 입문서: 첫번째 이닝"이라는 보고서를 발표하면서 디지털자산 연구를 본격적으로 착수한다고 밝혔다.

뱅크오브아메리카는 제이피(JP)모건 체이스은행에 이어 미국 운용자산 규모 2위에 달하는 대형은행이다. 이번에 신설한 디지털자산 연구팀은 기존 암호화폐 연구팀을 이끌던 알케시 샤(Alkesh Shah) 글로벌 암호화폐 및 디지털자산 전략총괄이 전담한다.[329] 시티은행은 오는 2030년까지 민간 자산에서 블록체인 기반 토큰화 자산 사용자가 수십억 명에 달하고, 시장 가치는 4조 달러(한화 약 5220조원)에 육박할 것으로 전망했다. 씨티벤쳐스의 전무이사인 Luis Valdich는 "세상은 많이 변했다. 거시적 환경과 그 결과로 시장이 어려움을 겪고 있다"라며 "분명히 우리는 자본을 어디에 어떻게 배치할지에 대해 매우 신중하지만 디지털 자산 외부뿐만 아니라 디지털 자산 공간 내에서도 많은 기회를 적극적으로 활용하고 있다. 이는 최근 오너라(Ownera)를 위한 2천만 달러 자금 조달에 참여한 JPMorgan과 같은 씨티의 경쟁사에 대해서도 말할 수 있다.

2022년 초 Fidelity Investments는 고용주에게 직원의 401(k) 계획에 비트코인을 포함할 수 있는 옵션을 제공하기 시작했으며 Goldman Sachs는 고객이 대출을 받을 때 비트코인을 담보로 사용할 수 있도록 했다. 올해 초 Fidelity는 고용주에게 직원의

---

329 Brandy Betz. 〈뱅크오브아메리카, 디지털자산 연구팀 신설…"무시할 수 없는 크기로 성장"〉. 2021년 10월5일. 코인데스크코리아

401(k) 계획에 비트코인을 포함할 수 있는 옵션을 제공하기 시작했으며 Goldman Sachs는 고객이 대출을 받을 때 비트코인을 담보로 사용할 수 있도록 했다"고 말했다.[330] 2023년 3월 31일 시티은행이 3월 보고서를 통해 "오는 2030년까지 민간 시장에서 블록체인 기반 토큰화 자산 사용자가 수십억 명에 달하고, 시장 가치는 4조 달러에 육박할 것"이라고 전망했다. 씨티그룹은 "미 중앙은행(CBDC)이 실물 자산 토큰화를 통해 디지털 자산 시장으로의 대규모 유입이 이뤄질 것"이라고 전망했다. 보고서에 따르면 10년 안에 5조 달러(한화 약 6492조5000억원) 이상의 CBDC가 유통된다. 또 상호운용 가능한 결제 수단이라는 점과 개발도상국들의 도입으로 인해 CDBC 채택이 가속화 될 것으로 전망했다. 보고서는 디지털 자산 대규모 채택의 두번째 배경으로 전통 자산의 토큰화를 꼽았다. 보고서는 "자산 토큰화 시장이 2030년까지 거의 4조 달러(한화 약 5194조원)의 가치에 도달할 수 있다"고 추정했다.[331]

3) 대안화폐로서의 암호화폐

엘살바도르와 중앙아프리카공화국처럼 암호화폐를 법정화폐로 사용중인 국가들은 아니지만 사회의 불안정성으로 인해 법정화폐 사용이 용이하지 않은 곳도 있다. 아프가니스탄의 경우 2021년 카불(Kabul)에 탈레반군의 입성을 앞두고 혼란에 빠졌었다. 탈레반이 오기 전 외국계 은행은 모두 철수했고 국내은행 역시 문을 닫게 되었다. 환치기 업자들도 탈레반이 무서워 영업을 정지했다. 하지만 아프가니스탄 사람들은 스마트폰을 사용하고 있었다. 스마트폰은 비트코인을 비롯한 암호화폐를 자유롭게 거래할 수 있는 도

330 니콜라스 퐁그라츠. 〈Citigroup, Crypto로 이동하는 최신 기관이 됨〉. 2022년 10월7일 BeInCrypto.
331 박원빈. 〈씨티은행 "2030년 토큰화 자산 시장 4조 달러 육박할 것"〉. 2023년 4월2일. 토큰포스트.

구이다.[332] 아프가니스탄의 경우처럼 사회불안으로 인해 은행업무가 마비가 된 곳, 치안의 부재로 인해 시민들이 은행에 갈 수 없는 상황, 그리고 문명의 혜택을 받기가 어려운 곳에서 금융서비스가 이루어지지 않고 있는 곳에서는 암호화폐가 대안화폐이자 대안금융의 역할을 수행할 수 있다.

3 가상자산을 이용한 경제

가상자산이라 불리우는 암호화화폐 경제는 지속될 것이다. 그 이유는 현재 국가경제시스템에 있어 블록체인 기술과 접목하고 있으며 이와 연관된 암호화화폐가 깊숙히 연결되어 있기 때문이다. 필자가 거주하고 있는 미국을 비롯하여 대한민국, 일본, 중국 등 전세계의 경제는 블록체인 기술을 받아들일 수 밖에 없다. 몇몇 국가가 법정화폐로 비트코인을 지정한것처럼 전세계 모든 국가가 일률적으로 암호화폐를 법정화폐로 지정하지는 않겠지만, 블록체인 기술의 도입은 결국 가상자산이 국가경제에 차지하는 비중은 높아질 수 밖에 없을 것이다.

1) 간편 전자결제서비스

아마존을 비롯한 온라인쇼핑을 할때 마지막 단계는 구입하고자 하는 제품에 대한 비용지불이다. 비용지불은 크레딧카드나 현금카드로 결제를 하게 되지만 페이팔(Paypal)을 통해서도 결제를 하게 된다. 1998년 피터틸(Peter Thiel)에 의해 설립된 페이팔은 전자결제서비스를 제공하는 핀테크기업이다. 핀테크(Fin Tech)는 Finance(금융)와 Technology(기술)의 합성어다. 금융 서비스와

---

332 오태민,《메타버스와 돈의 미래》. 114

정보기술(IT)의 융합을 통한 금융서비스 및 산업의 변화를 통칭한다. 혁신형 금융서비스는 모바일, 소셜네트워크서비스 (SNS), 거대정보(빅데이터) 등 새로운 정보통신기술 등을 활용해 기존 금융기법과 차별화된 서비스를 제공하는 기술기반으로 발전하고 있다. 최근 급속히 확산되고 있는 모바일뱅킹과 앱카드 등이 대표적이다. 예금·대출·자산관리·결제·송금 등 다양한 금융 서비스가 IT·모바일 기술의 발달과 함께 새로운 형태로 진화하고 있다.

넓은 의미에서 이러한 흐름에 해당하는 모든 서비스를 핀테크라 할 수 있다. 서비스 외에도 관련 소프트웨어나 솔루션, 플랫폼을 개발하기 위한 기술과 의사 결정, 위험관리, 포트폴리오 재구성, 성과관리, 시스템 통합 등 금융 시스템의 전반을 혁신하는 기술도 핀테크의 일부다.[333] 페이팔이 2020년 10월 암호화폐 기업인 팩소스(Paxos)와 파트너십을 맺고 페이팔 계정을 통해 암호화폐를 거래할 수 있는 서비스를 론칭했으며 팩소스의 거래소인 잇빗(itBit)을 통해 사용할 수 있다.[334]

페이팔의 자회사 벤모(Venmo)는 미국의 대표적인 모바일 간편 송금 서비스로서 거래액 기준으로 미국에서 1위를 달리고 있다. 미국에서는 "Venmo me(벤모로 보내줘)"라는 표현을 자주 쓸 정도로 미국인에게 친근하다. 페이팔은 2021년 4월20일 벤모 앱에서 암호화폐 거래 서비스를 미국 이용자 대상으로 론칭했다.[335]

---

333 대한민국정책브리핑.
334 《뉴마켓 새로운 기회》. 88
335 앞의책. 89

페이팔은 벤모(Venmo)를 통해 암호화폐 매매 서비스인 크립토 온 벤모(Crypto on Venmo)를 시작했다. 벤모는 스마트폰 모바일 앱으로 결제나 송금을 간편하게 할 수 있는 일종의 간편결제 서비스다. 전화번호, SNS계정, 이메일 등과 연동해 송금을 쉽게 할 수 있기 때문에 밀레니얼 세대에서 특히 인기를 끌고 있으며, 현재 약 7000만명의 이용자를 보유하고 있다. 벤모 고객은 연동된 은행 계좌나 직불카드를 이용해 비트코인(BTC), 이더리움(ETH), 라이트코인(LTC), 비트코인캐시(BCH) 등 4 종류의 암호화폐를 사고 팔 수 있다. 페이팔의 2020년 자체 고객행동조사에 따르면 벤모 고객 중 30% 이상이 이미 암호화폐를 구입한 경험이 있으며, 그중 20%는 암호화폐 열풍이 재점화된 최근 1년 사이에 최초로 구입 경험을 쌓은 것으로 나타났다. 크립토 온 벤모는 페이팔과 마찬가지로 팍소스 트러스트 컴퍼니와의 제휴를 통해 서비스를 제공한다.[336]

2) 극장에서 암호화폐사용

미국 영화관 체인인 AMC에서 도지코인(DOGE)과 시바이누(SHIB)로 영화표를 살 수 있다. AMC는 미국 전역에서 DOGE와 SHIB로 결제할 수 있도록 모바일 애플리케이션을 업데이트했다. 이용자는 AMC에서 가상자산 결제 서비스인 비트페이(Bitpay)를 통해 결제할 수 있다. 거기서 가상자산 지갑을 연결하거나 결제를 위한 가상자산 지갑 주소를 받아서 결제하면 된다. AMC의 가상자산 결제 지원은 지난해 2021년 11월부터 비트코인(BTC), 이더리움(ETH), 비트코인캐시(BCH), 라이트코인(LTC) 결제를 지원하고 있다.[337] 시바견(시바이누)을 마스코트로 하는 도지코인은 테슬라

---

336 김동환. 〈벤모에서 비트코인 구매〉…페이팔, 암호화폐 서비스 확대〉. 2021년 4월21일. 코인데스크코리아
337 박범수. 〈이제 AMC서 도지코인·시바이누로도 영화표 살 수 있다〉. 2022년 4월18일. 코인데스크코리아

미국 영화관 체인인 AMC와 리걸에서 도지코인(DOGE)과 시바이누(SHIB)로 영화표를 살 수 있다.(사진: 박준호)

최고경영자(CEO) 일론 머스크의 지원을 받으며 대표적인 알트코인(비트코인을 제외한 가상화폐) 중 하나로 부상했다. 시바이누는 도지코인 대항마를 자처하며 개발된 코인이다.[338] 또한 미국 영화관 체인 리걸 시네마스(Regal Cinemas) 역시 디지털 결제 업체 플렉사(Flexa)와 제휴해서 비트코인, 이더리움, 라이트코인, 도지코인, US달러코인(USDC) 결제를 지원하고 있다.[339]

3) 요식업에서 암호화폐 결제

미국의 인기 멕시코 음식 전문 패스트푸드 체인 치폴레(Chipotle)가 비트코인(BTC)과 이더리움(ETH) 등 암호화폐 결제를 하고 있다. 치폴레는 현재 2,975개 이상의 미국 기반 레스토랑에서 디지털 결제 제공업체인 플렉사(Flexa)와 협업해 암호화폐를 받고있다. 플렉사는 치폴레에 비트코인(BTC), 이더리움(ETH), 도지코인(DOGE), 스테이블 코인인 USDC 등 98개의 암호화폐를 지원해 음식 값을 결제할 수 있도록 했다. 고객은 앱을 사용해 미국에 있는 약 3000개의 치폴레 레스토랑에서 암호화폐로 음식의 값을 지불할 수 있다. 플렉사로 결제하려면 고객은 디지털 자산을 저장하는 제미니(Gemini) 또는 SPEDN 앱을 다운로드해야 한

---

338 김선한. 〈美 극장체인 AMC, 도지코인으로 영화 티켓 결제 허용〉. 2022년 4월17일. 더글로벌경제신문
339 임준혁. 〈[아침브리핑] 미국에서 영화표 결제는 비트코인으로!〉. 2021년 11월24일 코인데스크코리아

다. 그런 다음 고객은 앱을 사용해 매장에서 탭을 해 결제할 수 있다. 서브웨이(Subway)는 2013년 매장에서 비트코인을 최초로 수용한 레스토랑으로 이름을 올렸다. 스타벅스는 자사 보상 회원이 타사 앱을 이용해 스타벅스 앱에서 암호화폐 현금 잔액을 전환할 수 있도록 했다.[340] 벨기에 브루셀에 있는 오스테리아 로마나

(Osteria Romana) 레스토랑은 비트코인, 이더리움, 그리고 라이트 코인을 지불수단으로 허용했다.

2021년 11월 11일 가상자산(암호화폐) 전문 미디어 비트코인닷컴에 따르면 '레스토랑의 거인'이라 불리는 랜드

비트코인, 이더리움, 그리고 라이트 코인을 지불수단으로 허용한 벨기에 브루셀에 있는 오스테리아 로마나 레스토랑(사진: Bruzz 홈페이지)[341]

리(Landry)가 뉴욕디지털투자그룹(NYDIG)과 제휴를 통해 500개 레스토랑에서 비트코인 포인트를 제공하기로 했다. 랜드리는 NYDIG와 협력해 '비트코인 로열티 프로그램'을 새로 내놨다.

이를 통해 320만 명에 달하는 회원 고객들은 500개 지점에서 식사 후 비트코인 포인트를 제공받게 된다. 랜드리는 랜드리 씨푸드, 버바 검프 쉬림프, 열대우림 카페, 미첼스 피시마켓 레스토랑, 모튼스 스테이크 하우스 등 60개 이상 브랜드의 500개 이상 고급 및 캐주얼 식당을 운영하고 있는 레스토랑 그룹이다.[342]

베네수엘라의 핏자헛도 2020년에 암호화폐를 수용하기 시작했다. 2021년 10월 30일(현지 시각) 코인텔레그래프 보도에 따

---

340 W, Lynn. 〈패스트푸드 체인 치폴레, 비트코인 등 암호화폐 결제 허용〉. 2022년 6월2일. BTCC.

341 www.bruzz.be/economie/osteria-romana-eerste-bitcoinrestaurant-van-brussel-2022-07-08

342 케빈 헬름스. 〈300만 명이 넘는 고객이 Landry의 보상 프로그램을 통해 500개 레스토랑에서 비트코인 포인트를 적립할 수 있습니다〉. 2023년 7월7일. 비트코인닷컴

르면 프랑스 파리에 있는 레스토랑 'Le Bistrot d'Eleonore et Maxence'는 결제 수단으로 시바이누(SHIB)를 추가하여 증가하는 암호화폐 채택 행렬에 합류했다. 이 같은 내용은 현지 주민이자 암호화폐 투자자인 나테노 데이비(Natheno Davy)가 공유한 동영상에서 알려졌다. 레스토링은 시바이누 채택 이후 방문 고객이 급증했다고 밝혔다.[343]

　한국 역시 예외는 아니다. 외식업에 관련된 기업들은 암호화폐 도입으로 낮은 결제 수수료 혜택을 볼 수 있고, 소비자는 할인된 가격에 제품 구매가 가능하다. 외식업체들은 암호화폐를 신용카드·전자지급결제 수단에 이어 새로운 결제 수단으로 주목되고 있다. 암호화폐 결제에 대한 외식업계의 관심이 높아지는 이유는 상대적으로 낮은 수수료다. 신용카드 수수료는 보통 1.5~2% 수준이다. 반면 가상자산은 1% 미만이다.
　가맹점의 부담을 덜어주면서 본사의 수익성도 높일 수 있는 방안으로 꼽힌다. 다만 가격 변동성이 크고, 가치 판단의 기준이 분명하지 않다는 점에서 결제 수단 도입에 신중해야 한다는 목소리도 있다.[344]

　외식업의 암호화폐 결제에 대표적인 코인은 통합결제 솔루션 기업인 다날의 자회사 다날핀테크가 발행한 암호화폐인 페이코인이다. 페이코인은 도미도피자, 커피전문점 탐앤탐스, 이디야커피, 치킨프랜차이즈 제너시스 비비큐(BBQ) 등과 업무협약을 맺고 서비스를 실시했다. 하지만 금융 당국은 페이코인을 다날 가맹점 결제 수단으로 지원하려는 사업 계획 추진을 위해선 특정금융정보법상

343 한지혜. 〈'시바이누 결제' 허용한 파리 레스토랑 "채택 후 고객 급증했다"〉. 2021년 11월1일 블록체인 투데이
344 조재형. 〈코인으로 결제해볼까…외식업 파고드는 '암호화폐'〉. 2021년 12월26일 아주경제

가상자산사업자, 그 중에서도 은행 실명계좌를 확보해야 하는 가상자산 거래업자로서 신고 수리할 것을 요구했었으나 다날핀테크가 금융당국의 요구에 응하지 못함에 따라 상장폐지가 되었다. 한국에서 요식업에서 암호화폐 도입에 어려움을 겪게 된 것은 아직 암호화폐 경제가 완전히 시장에 정착하지 못해서라고 보여진다. 하지만 미국을 비롯한 외국의 사례를 볼때 그리고 IT 강국인 한국의 상황을 고려해보면 요식업계에서의 암호화폐를 이용한 결제 시스템이 활성화 될 날도 가까워졌음을 짐작하게 된다.

4) 미래경제의 중요한 요소 암호화폐

4차산업시대에서 암호화폐의 역할은 지대하다. 특별히 미래경제의 중요한 요소가 될 것으로 보인다. 비트코인으로 대표되는 암호화폐는 대안화폐로 등장하고 있다. 그리고 사람들은 더 안전한 금융을 추구함으로 인해 씨티그룹(City Group), 골드만 삭스, 웰스 파고(Wells Fargo) 같은 금융기업이 미래에는 사라질 것이라는 예측이 있다. 하지만 직접 쓴 입금 전표를 가지고 창구로 가는 고령인구 고객이 있는 동안 은행은 유지될 것이다.[345] 그러나 앞에서도 밝혔듯이 국가경제시스템에서 블록체인은 필수적인 요소로 자리매김해 나가고 있다. 그리고 금융을 비롯한 모든 영역에서 탈중앙화로 전환이 되거나 전환이 시작될 것이다. 다만 중앙은행의 통제하에 있었던 중앙화 경제시스템이 탈중앙화가 이루어질 때 발생될 수 있는 염려는 불법과 탈법이 시도될 수 있는 오류이다. 블록체인의 역할은 국가마다 빠르게 혹은 천천히 진행될 것이다.

---

345 《세계미래보고서2050》.109

4 교회

블록체인경제를 사용함에 있어서 교회역시 예외가 될 수는 없다. 필자가 4차산업에 대한 이야기를 지인들과 나눌 때 간혹 제기되는 이야기가 암호화폐에 대한 부정적 시각 혹은 염려어린 이야기였다. 하지만 이러한 염려가 사라질 날도 가까워지고 있다. 페이팔의 벤모가 암호화폐 서비스를 실시하고 있으며 이는 교회에서도 암호화폐를 취급하게 될 날이 다가오고 있다고 봐야 한다. 크리스천 포스트에 따르면 미국에서는 이미 2019년부터 암호화폐로 헌금을 받기 시작한 교회가 등장했다. 플로리다 주 새라소타에 위치한 선 코스트 커뮤니티 처치가 대표적인 교회로 2019년 교회 홈페이지를 통해 비트코인, 이더리움, 라이트코인 등의 암호화폐로도 헌금 기부가 가능하다고 공식 발표한 바 있다.

2년 전인 2017년만 해도 '암호화폐는 검은 돈'이라는 인식이 일부 남아 있어서 교회가 암호화폐 헌금을 공식 인정한 것은 다소 혁신적인 일이었다. 래리 바우컴 담임 목사는 "다양한 헌금 기부 옵션을 지원하기 위해 암호화폐로도 헌금을 받기로 결정했다"라며 "세금 혜택이 필요한 일부 교인들로부터 이미 암호화폐 헌금 기부에 대한 문의가 있어왔다"라고 설명한 바 있다. 바우컴 목사는 암호화폐 헌금 중 액수가 가장 큰 헌금은 가장 최근에 기부된 비트코인으로 당시 시세 기준 약 5만 7,000달러라고 밝혔다.

보수적인 성향이 짙은 '남침례교단'(SBC)에서도 암호화폐로 헌금을 받는 교회가 등장했다. 미시시피 주 세인트 마틴에 위치한 백 베이 처치는 2021년 9월 SBC에서 최초로 암호화폐 헌금 징수를 시작한다고 발표했다. 설립된 지 3년밖에 안 된 백 베이 처치는

'전통'에서 탈피, 새로운 방식을 시도해 보겠다는 취지로 암호화폐 헌금 징수를 계획했다. 교회가 암호화폐 헌금 징수 시스템을 마련하는 절차는 생각보다 수월했다.

제일마이애미장로교회 크리스토퍼 베넷 담임목사(사진: 크리스토퍼 베넷 목사 트위터)

일부 교인들의 도움을 받아 암호화폐 거래소인 코인베이스를 통해 계좌를 개설한 뒤 9월 26일부터 암호화폐 헌금 징수를 시작했다. 이후 일부 교인들이 암호화폐로 헌금을 내기 시작했고 지금까지 기부된 가장 큰 헌금 액수는 시세 약 2,000달러 라이트코인이라고 교회 측이 밝혔다. 미국 최대 기독교 구호단체 '구세군'(The Salvation Army)도 2019년부터 암호화폐 기부 시스템 마련에 착수, 지난해 시험 기간을 거쳐 올해 연말을 앞두고 대대적인 홍보에 나서고 있다.

구세군은 지난해 암호화폐 기부 플랫폼인 '엔기븐'(Engiven)과 제휴하고 비트코인과 이더리움 등의 암호화폐를 통한 기부금을 받기 시작했다. 구세군 측은 "팬데믹 여파로 수백만 가구가 빈곤 등의 어려움에 처했다"라며 "올 연말 암호화폐 보유자들의 따뜻한 도움의 손길을 기다리고 있다"라고 기부를 당부했다.[346]

플로리다 마이애미에 있는 제일 마이애미 장로교회(First Miami Presbyterian Church)는 도지코인을 2022년 4월18일

346 〈암호화폐로 헌금 받는 교회 늘어〉. 2021년 10월9일. 미주한국일보 www.koreatimes.com/article/20211018/1385292

월요일부터 헌금으로 낼 수 있게 했다. 이 교회는 대면 예배와 온라인예배를 함께 보기에 온라인으로 헌금을 받는 기술을 보유하고 있으며 암호화폐를 헌금으로 받을 수 있는 기술을 가지고 있다.[347] 한국의 경우 대한예수교장로회 소망교회(담임 김경진 목사)가 교회 창립 44주년을 맞아 '랜선 나무심기 프로젝트'를 2021년 9월26일부터 10월6일까지 진행했다. 소망교회는 코로나 펜데믹의 사태를 겪으며 환경에 대한 중요성과 함께 전 세계가 하나로 연결되어 있다는 사실을 깨닫고, 나아가 하나님의 피조물인 자연생태계를 보존하고 아름다운 세상을 만들기 위해 작은 첫 걸음을 내딛고자 행사를 진행했다. 2주일 간 진행된 모금행사에서 약 1만 4천 그루의 나무가 기부되었고, 이는 세계 6개 국가(라오스, 러시아, 마다가스카르, 인도, 몽골, 필리핀) 등의 선교지역에 분배되어 심겨지게 됐다.[348] 소망교회의 메타버스 플렛폼을 이용한 랜선 나무심기 프로젝트는 한국교회의 가상화폐를 사용하여 선교를 한 대표적인 사례이다. 또한 해외선교를 함에 있어서 은행시스템이 열악한 지역을 대상으로 하는 경우가 많기에 선교사를 지원하는데 어려움이 있다. 따라서 암호화폐가 대안화폐로 사용이 가능한 만큼 선교비를 리플(XRP)이나 스텔라루멘(XLM) 같은 실시간으로 송금을 할 수 있는 가상화폐를 사용한다면 송금시 발생되는 적은 수수료로 보다 효과적인 선교비 지원을 할 수 있게 된다. 또한 미남침례회나 구세군에서 암호화폐로 도네이션을 받는 시스템이 마련된 만큼 한국교회와 한인교회에서도 암호화폐를 활용한 사역을 구상하는 것을 준비해야 한다. 앞에서도 언급했듯이 러시아 모스크바의 교회에서는 헌금시간에 크레딧카드 리더기가 청중석을 돌며 헌금을 걷는것처럼 헌금으로 암호화폐를 받는 교회가 생기게

347 존P. 누이. Dogecoin. 〈첫 마이애미 장로교인으로 교회에 가다 이제 DOGE 기부금 수락〉. 2023년 7월 7일. EWN.
348 이신성. 〈소망교회, 메타버스를 통해 '랜선 나무심기 프로젝트' 진행〉. 2021년 10월21일 가스펠투데이

될 것으로 보인다.

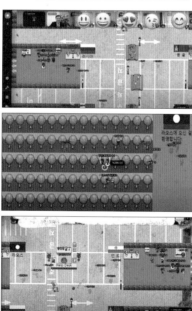

랜선나무심기프로젝트 포스터

클라우스 슈밥이 4차산업혁명을 주창한 이후 수많은 4차산업 관련 기술, 그리고 그것에 따른 미래에 대한 예측들이 발표되고 있다. 또한 이에 따른 각종 세미나가 열리고 있다. 특별히 기독교계를 대상으로 열리는 세미나는 4차산업 관련 기술에 대한 준비, 혹은 경계현상을 목격하게 된다. 세계적인 경영사상가 피터 드러커는 "격변의 시대에 가장 위험한 것은 격변 자체가 아니다. 지난 사고방식을 버리지 못하는 것"이라 말했다. 즉 철지난 사고방식을 버려야 하며 그래야 새롭게 다가오는 사고방식을 가지게 된다.[349]

4차산업이 발달함에 따라 많은 사람들이 미래에 대해 우려하고 있다. 많은 직업이 사라진다는 것에 우려하고 있는 반면 직업이 사라지는 것보다 더많은 직업이 생겨난다는 것에 대한 관심은 적은 듯 하다. 아마도 새로 생기는 직업과 본인과는 크게 상관이 없다고 생각되어서라는 생각이 든다. 하지만 크리스천들에게 패러다임 전환(Paradigm shift)은 이미 일어났다. 새로운 사고를 하게 됐으며, 새로운 방식에 대한 적응력을 갖게 된 만큼 예전 방식으로 돌아가지 않게 될 것이다.[350] 이미 새로운 방식에 대한 적응력을 갖게 된 만큼 예전 방식으로 돌아가게 되지는 않게 될 것이다. 몽고매리교회 최해근 목사는 "우리가 자주 착각에 빠지는 것 중의 하나가 교회와 예배에 대한 것이다. 외형적으로 웅장한 공간과 그 속에서 이뤄지는 수백 명으로 구성된 성가대가 찬양을 드리는 예배

349 김도인. 《목회트렌드2023》. 17
350 《한국교회트렌드2023》. 61

에 참여하게 되면 하나님조차도 그런 예배는 결코 지나가시거나 무시할 수 없으며 그래서 예배자들은 자신이 드린 예배와 자신이 가지고 있는 모든 고민과 기도제목이 저절로 응답받을 것 같은 생각에 빠진다. 반면에 변변한 피아노도 오르간도 음향시스템도 없을 뿐만 아니라 예배당 천장의 틈새로는 하늘마저 듬성듬성 보이는 그런 초라한 곳에서의 예배는 대수롭지 않게 보려는 경향이 있지 않은지 돌아보았으면 좋겠다"고 말했다.[351]

세상은 모든 것이 멈춰버린 것 같은 코로나 상황에서도 놀랍도록 빨리 움직이고 있었다. 우리가 팬데믹 기간 경험한 것처럼 이미 대면하지 않아도 모든 일상을 처리할 수 있는 세상이 되었다. 기업들은 적은 인원으로 더 많은 일을 할 수 있는 시스템이 구축되어 고용 없이 성장하고 있다. 아직 마음의 준비도 되지 않았는데 또 다른 실재 같은 메타버스 세상으로 우리를 부르고 있다. 여러 국가, 기관, 기업, 단체들은 새로운 개념의 세상을 위해 저만치 앞서 달려가고 있다. 그리고 이것은 코로나와 상관없이 이미 일어나고 있는 변화였다. 교회가 이런 변화를 정확히 읽지 못하면 우리는 어느 날 눈앞에 닥친 큰 격차 앞에서 허둥거리고 있는 교회의 모습과 직면하게 될 것이며[352] 이러한 모습은 이미 감지되고 있다. 필자가 만났던 목회사역을 하는 자들 중 메타버스를 비롯한 4차산업 관련 콘텐츠를 교회사역에 접목했을 때 발생되는 오류들, 즉 범죄 영역까지 들어갈 수 있는 현상에 직면하게 될 것이라는 우려섞인 이야기들을 하며 경계를 하는 모습이었다. 실제로 그들이 우려하고 있는 일들이 벌어지고 있는것은 사실이다. 하지만 그들이 놓치고 있는 것은 4차산업 이전에도 디지털 매체에서 범죄는 계속 벌

---

351 최해근. 〈문제는 맥도널드가 아니었네...〉 미주크리스천신문 2023년 6월 17일 3면
352 《목회트렌드2023》. 28

제9장 가상화폐 • 247

어지고 있으며 지금도 어디선가는 벌어지고 있다. 예를들면 보이스피싱이라던지, 해킹으로 인한 범죄가 있다. 어쩌면 그들의 우려이상으로 죄악에 노출이 될 수도 있다. 하지만 이미 우리들의 일상 속에 스며들고 있는 4차산업관련 콘텐츠를 사역에서 배제하는것은 이미 4차산업의 문화를 누리고 있는 세대들을 포기해도 좋다는 논리이다.

하나님은 우리가 자신의 사역에 참여하기를 원하신다. 그분은 우리가 없어도 능히 자신의 사역을 이루실 수 있지만, 우리에게 자기와 함께 일할 수 있는 특권을 부여하셨다. 그 덕분에 우리는 세상을 그분과 화목하게 하는 일에 참여할 수 있게 되었다.[353]

온라인을 비롯한 가상의 공간이라는 환경 역시 마찬가지이다. 오늘날 매일의 삶은 더는 '온라인'과 '오프라인'으로 나뉘지 않는다. 인터넷을 사용하는 많은 사람은 더는 온라인에서의 삶과 오프라인에서의 삶을 구분하지 않는다. 오히려 '온라인'에 접속해 있는 상태가 그들의 일상이며 그들의 사회적 현존이 되었다.[354] 신학자 자나 베넷(Jana Bennett)은 "인터넷교회가 존재할 수 있는가?"라고 묻는 것은 질문 자체가 틀렸다"라며 "우리가 온라인상에서 어떻게 그리스도께 신실할 것인가?"를 물어야 한다고 말했다.[355] 따라서 교회는 온라인과 오프라인이 함께 움직이는 하이브리드 교회가 되어야 한다. 교회는 시각 중심의 예배를 넘어서, 오감을 통해 몸으로 체험하는 현장예배를 기획해야 한다. 이에 따른 예배의 환경 구성 역시 매우 중요하다. 이미지 하나, 촛불 하나, 조명과 공

---

353 데이비드 키네만, 마크 메들록. 《디지털 바벨론 시대의 그리스도인》. 240

354 Christopher Helland, 《"Ritual," in Digital Religion: Understanding Religious Practice in New Media World》, ed. Heidi A. Campbell (New York, NY: Routledge, 2013). 26.

355 《예배, 디지털 세상을 만나다》. 131

간의 울림 하나도, MZ세대에게는 매우 커다란 가치로 경험된다는 것을 기억해야 한다. 교회가 교인들에게 줄 수 있는 가장 큰 실재감(presence)은 하나님의 현존(presence)이다. MZ세대가 실재 교회 공간 안에서 하나님의 현존을 느낄 수 있도록 교회의 오프라인 영역을 기획하고 구성해야 한다.[356] 그리고 이러한 기획과 구상은 그 다음세대인 알파세대와 그들의 다음세대까지도 이어지게 될 것이며 현재의 온라인 영역에서도 이와 동일하게 교인들이 체험할 수 있게 기획되어야 한다.

출애굽기 3장 5절에서 하나님은 모세를 부르시면서 "네가 선 곳은 거룩한 땅이니 네 발에서 신을 벗으라"고 말씀하셨다. 이는 우리가 있는 곳에 하나님이 임하시면 그곳이 곧 거룩한 곳이라는 의미이다. 마찬가지로 우리가 현재 거하는 곳은 물론, 이미 이세상에 영향을 주고 있는 AI를 비롯한 모든 기술과 영역 역시 거룩한 영역이 될 것이다. 하지만 AI를 비롯하여 이미 우리사회에 함께하고 있는 메타버스를 비롯한 4차산업영역을 세속적이라며 배척하게 된다면 기독교는 수도원화 될 것이며 신앙을 지키기 어려웠던 시절로 돌아가게 될 것이다.

---

356 《한국교회트렌드2023》. 89

코로나19 팬데믹 기간 재택근무를 할 때였다. 당시 언텍트라는 용어가 알려졌고, 목회자들의 모임에서 온라인 예배에 대한 이야기를 접하게 되었다. 어느 유튜브 채널을 통해 접하게 된 〈세계미래보고서〉는 생각지 못했던 세상이 이미 우리의 삶 가까이 다가왔음을 깨닫게 되었다. 팬데믹으로 인해 AI, 메타버스 등 4차산업 관련 기술의 발전이 최소 3년이상 빨리 이루어졌다. 대면으로만 이루어졌던 것들이 비대면으로 전환이 되었다. 대기권 근처에 저궤도 인공위성을 1,2000개 이상 띄운다는 이야기들, 비트코인을 비롯한 암호화폐의 활성화 등 새로운 세상이 다가옴을 피부로 느끼게 되었다. 필자는 '세상은 이렇게 빨리 변해가고 있는데, 그렇다면 교회는 어떻게 될까?'를 생각하게 되었다. 1970년대 이전 태어난 분들에게서 많이 접하게 되는 것은 뭐랄까 두려움 같은 것들이었다. 4차산업이 발전하면 마치 성경과는 상관없는 죄악이 창궐하는 세상이 될것처럼 이야기하는 자들, 전염병이 창궐하여 활개를 치는 현실 속에서도 예배당에 모여야 한다는 이야기들, 유튜브와 줌을 통한 온라인에서의 예배는 진정한 예배가 될 수 없으며, 단지 모이기 어려운 현실 속에서 임시방편으로 사용되는 유통기간이 존재하는 소모품같은 것으로 치부해버리는 모습들을 보면서, 현장과 비대면이 공존할 수 있는 것에 대해 생각하게 되었으며 이 책 〈이미 시작된 미래사회 그리고 교회〉를 집필하게 되었다. 이 책에서 '2050년

우리사회는 어떤 모습이며 어떤 것을 누리며 살고있을까'를 생각해봤다. 그리고 현재까지 지구촌에서 일어나고 있고 준비되고 있는 4차산업 관련분야-예를들면 저궤도 인공위성, 자율주행차, 메타버스-의 발전상황에 대해 그리고 그로인해 나타나게 될 우리들의 삶의 모습들을 쓰게 되었다. 하지만 분명한 것은 필자가 논했던 것들이 반드시 현실이 된다는 보장은 없다. 아니 전혀 다른 사회가 펼쳐질수도 있다. 하지만 그 어떤 사회가 우리눈앞에 펼쳐질 지라도 현재 우리가 누리고 있는 것과는 차이가 있을 것이다.

필자가 쓴 이 책이 4차산업혁명 시대를 살아가는 4차산업이 어색한 자들에게 도움이 되었으면 하는 바람이 있다. 또한 준비되지 않은 상태에서 비대면 모임에 적응해야 하는 수고를 경험했던 수많은 크리스천들에게 도움이 되었으면 하는 바람이다. 그리고 한국교회와 한인교회가 우리에게 주어진 4차산업시대를 놓쳐버리지 않았으면 한다. 이미 그 사회는 시작되었고, 그 사회에서 발생된 수많은 혜택들을 우리가 누리고 있으며, 우리 자녀세대들은 더 많이 누리고 있다. 그리고 우리가 상상했던 많은 것들이 현실로 나타나게 될 것이고 이미 현실이 되어버린 것들도 있다. 따라서 이 책이 이미 우리에게 다가온, 그리고 시작된 미래에 대해 대처해 나가는데 도움이 되었으면 하는 바람이다.

● ● ● ●

1. 도서자료

고삼석. 《5G 초연결사회, 완전히 새로운 미래가 온다》. 서울: 메디치미디어. 2019.

김도인 외 7인. 《목회트렌드2023》. 서울: 목회트렌드연구소. 2022.

김동묘. 《2022 한국이 열광할 세계트렌드》. 서울: 알키. 2021.

김명선. 《뉴마켓, 새로운 기회》. 서울: 경이로움. 2022.

김병삼 외. 《올라인예배》. 서울: 두란노. 2021.

김태현 이벌찬. 《AI 소사이어티》. 서울: 미래의 창. 2022.

닛케이 BP. 《2023 세계를 바꿀 테크놀로지100》. 서울: 시크릿하우스. 2022

데이비드 《키네만, 마크 메들록. 디지털 바벨론 시대의 그리스도인》. 서울: 생명의말씀사. 2020.

마우로 기옌. 《2030축의전환》. 경기도 파주시: 리더스북. 2021.

매일경제 세계지식포럼 사무국. 《세계지식트렌드2023》. 서울: 매일경제신문사. 2022.

미래전략연구원. 《10년후 4차산업혁명의 미래》. 경기도고양시: 일상이상. 2018.

박영숙, 제롬글렌. 《세계미래보고서2020》. 서울: 비즈니스북스, 2019.

─────────. 《세계미래보고서2021》. 서울: 비즈니스 북스, 2021.

─────────. 《세계미래보고서2022》. 서울: 비즈니스 북스, 2021.

─────────. 《세계미래보고서2023》. 서울: 비즈니스북스. 2022.

─────────. 《세계미래보고서2035-2055》. 경기도 파주시: 교보문고, 2020.

박영숙, 제롬글렌, 데이비드 핸슨. 《AI세계미래보고서 2023》. 서울: 더블북, 2022.

빈센트(김두언). 《넥스트》. 서울: 경이로움. 2022.

송민우, 안준식 《메타사피엔스》. 경기도 동탄시: 파지트. 2021.

심재우. 《메타버스 트렌드 2025》. 경기도 고양시: 글라이더. 2021.

오태민. 《메타버스와 돈의 미래》. 경기도 고양시: 혜화동. 2022.

윤기영, 이명호.《뉴 노멀 - 우리가 알던 세상은 끝났다》. 서울: 책들의정원, 2020.

이시안.《메타버스의 시대》. 경기도 파주시: 다산북스. 2021.

이윤석.《4차 산업혁명과 그리스도인의 삶》. 서울: 기독교문서선교회, 2018.

이임복.《메타버스 이미 시작된 미래》. 서울: 천구루숲. 2021.

장성배.《메타버스 선교로 사역을 확장하라》. 서울: 도서출판Kmc. 2022.

존   H. 이워트《뉴노멀 - 포스트코로나19시대 교회의 새로운 핵심 가치 만들기》. 서울: 요단출판사, 2020.

지용근 외 9인.《한국교회트렌드2023》. 서울: 규장. 2022.

최두옥.《스마트워크 바이블》. 서울: 유노북스. 2021.

최윤식.《당신 앞의 10년 미래학자의 일자리 통찰》. 경기도파주시: 김영사, 2020.

――――.《메타도구의 시대》. 경기도 파주시: 넥서스BIZ, 2021.

최윤식, 최현식.《앞으로 5년, 한국교회 미래 시나리오》. 서울: 생명의말씀사. 2020.

최재붕.《최재붕의 메타버스 이야기》. 경기도 하남시: 북인사이더. 2022.

최종인.《church@메타버스》. 경기도 파주시: 청우. 2022.

최해근.〈문제는 맥도널드가 아니었네...〉. 2023년 6월 17일 미주크리스천신문 3면

최형욱.《메타버스란 무엇인가》. 서울: 한스미디어. 2021.

카이스트 문술미래전략대학원 미래전략연구센터.《카이스트 미래전략 2023》. 경기도 파주시: 김영사. 2022.

케빈 리.《온라인 사역을 부탁해》. 서울: 두란노. 2021.

코넬 힐만.《메타버스를 디자인하라》. 서울: 한빛미디어. 2022.

클라우스 슈밥.《클라우스 슈밥의 제4차 산업혁명 더 넥스트》. 서울: 메가스터디북스, 2018.

――――――――.《클라우스 슈밥의 위대한 리셋》. 서울: 메가스터디북스. 2021

테레사 베르거.《예배, 디지털 세상을 만나다》. 서울: 기독교문서선교회(CLC), 2020.

토니 라인키.《스마트폰, 일상이 예배가 되다》. 서울: CH북스(크리스천다이제스트), 2020.

황안밍, 옌사오펑.《메타버스 세상을 선점하라》. 경기도파주시: 북스토리지, 2022.

Christopher Helland, 《"Ritual," in Digital Religion: Understanding Religious Practice in New Media World, ed. Heidi A. Campbell》 (New York, NY:

Routledge, 2013)

Clayton Christensen. 《The Innovator's Dilemma》. (Harper Business), 2000.

2. 인터넷자료

강영진. 〈메타버스에서 옷입기, 현실세계보다 훨씬 어렵다〉. 2022년 1월21일. 뉴시스.

https://newsis.com/view/?id=NISX20220121_0001732906

강 은. 〈청계천 자율주행버스 25일부터 운행 시작…"누구나 무료로 탑승"〉. 경향
신문 2022년 11월24일. m.khan.co.kr/national/national-general/
article/202211241101001

고재원. 〈美선 이미 운영중 완전자율차, 한국선 왜 운행 어려울까〉. 2022년 10월23일.
동아사이언스. m.dongascience.com/news.php?idx=56785

과학기술정보통신부. 〈세계 전역을 커버하는 저궤도 위성, 치열한 선점 경쟁 전개〉. 2020
년 2월18일. https://now.k2base.re.kr/portal/main/main.do

구본권. 〈'5G 이통' 첫발, 6G 되면 뭐가 바뀌나?〉. 서울: 한겨레, 2019.
hani.co.kr/arti/PRINT/891460.html

권규혁. 〈다양한 플랫폼으로 발전하는 미국 카셰어링〉. 2016년 5월 카마웹저널
www.kama.or.kr/jsp/webzine/201605/pages/trend_02.jsp

권수빈. 〈행사부터 강의까지, 성균관도 이젠 메타버스 시대〉. 2022년 3월21일. 성대신문
http://www.skkuw.com/news/articleView.html?idxno=23494

김경미. 〈[팩플] 일론 머스크의 스타링크, 비싸고 느려도 통신사들이 긴장하는 이유〉.
2023년 4월3일 중앙일보. joongang.co.kr/article/25152359#home

김동환. 〈"벤모에서 비트코인 구매"…페이팔, 암호화폐 서비스 확대〉. 2021년 4월
21일. 코인데스크코리아 www.coindeskkorea.com/news/articleView.
html?idxno=73445

김명희. 〈[에듀테크코리아]"학생마다 배우는 속도 다르다" 살만 칸 칸아카데미 CEO〉. 전
자신문 2021년 9월4일 www.etnews.com/20210914000147

김목화. 〈포스트 코로나, '온라인 예배'의 성경적 근거가 무엇인가〉. 서울: 기독교타임즈,
2020. kmctimes.co.kr/news/articleView.html?idxno=55031

김상철. 〈6G, 벌써 경쟁이 시작된다〉. 서울: 애플경제, 2020.
www.applen.or.kr/news/articleView.html?idxno=56781

김선한. 〈美 극장체인 AMC, 도지코인으로 영화 티켓 결제 허용〉. 더글로벌경
제신문 2022년 4월17일. www.getnews.co.kr/news/articleView.

html?idxno=580734

김성현. 〈메타버스 플랫폼 스페이셜, 전신 아바타 선봬〉. 2022년 5월17일 ZDNET Korea. https://zdnet.co.kr/view/?no=20220517162326

김예나. 〈미래 사라질 직업과 생겨날 직업은〉. 2017년 2월27일 한경매거진 plus.hankyung.com/apps/newsinside.view?aid=201702270122A&category=AA010&sns=y

김인환. 〈ICT 시장에 새로운 바람, 혼합현실(MR) 화두로 떠올라〉. 2016년 12월10일 산업일보. www.kidd.co.kr/news/188903

김준래. 〈3D 프린팅 가고, 4D 프린팅 온다〉. 2019년 3월7일. 사이언스타임즈. www.sciencetimes.co.kr/news/3d-프린팅-가고-4d-프린팅-온다/

───. 〈5G 이후 세상은 어떻게 변할까?〉. 서울: 한국과학창의재단 사이언스타임즈, 2019년 2월12일. www.sciencetimes.co.kr/?news=5g-이후-세상은-어떻게-변할까

김지웅. 〈[IT핫테크] 이스라엘 스타트업, '3D 바이오 프린터' 개발〉. 2021년 8월8일. 전자신문. www.etnews.com/20210808000020

김해원. 〈캘리포니아 주 일부 도시들 최저임금 인상〉. 2023년 7월11일 미주한국일보 http://dc.koreatimes.com/article/20230710/1472723

김홍재. 〈즐거운 나의 스위트홈 '스마트홈'〉. 2021년 5월11일. 사이언스타임즈 https://www.sciencetimes.co.kr/news/즐거운-나의-스위트홈-스마트홈/

나호정. 〈일본사회 일상속에 스며든 반려로봇〉. 2022년 4월4일 AI타임즈 www.aitimes.com/news/articleView.html?idxno=143756

남세현. 〈전화와 작업장 내 의사소통 -청각장애인의 직장생활을 돕는 보조기기-. 함께걸음〉 2013년 3월4일. cowalknews.co.kr/bbs/board.php?bo_table=HB22&wr_id=1303&page=15

니콜라스 퐁그라츠. 〈Citigroup, Crypto로 이동하는 최신 기관이 됨〉. 2022년 10월7일 BeInCrypto. https://beincrypto.com/citigroup-becomes-latest-institution-to-make-moves-into-crypto/

대한민국정책브리핑. 〈핀테크(FinTech)〉 www.korea.kr/special/policyCurationView.do?newsId=148865913

동아사이언스. 〈[우주산업 리포트] '우주인터넷' 정면대결 시작됐다〉. 2022년 4월8일. m.dongascience.com/news.php?idx=53524

동아일보. 〈[사설] '고독사 위험군' 153만 명… 개인의 문제 아닌 사회적 질병〉. 2023년 5월20일. www.donga.com/news/Opinion/article/all/20230519/119386698/1

류숙희. 〈경계 없는 NFT 도대체 뭐길래? 메타버스에 올라탄 글로벌 패션 10〉. 2022년 1월2일 패션엔미디어.fashionn.com/board/read_new.php?table=1004&number=39602

마틴 틸리에. 〈암호화폐란 무엇입니까?〉 2022년 8월30일. 나스닥
www.nasdaq.com/articles/what-is-cryptocurrency-0

매일경제. 〈AI 시대에 이런 직업은 안 된다? 사라질 일자리 VS 떠오르는 일자리〉. 2020년 8월13일. www.mk.co.kr/news/it/9474806

문예성. 머스크의 스타링크 맞짱 뜨는 中…위성 1만3000기 발사. 뉴시스 2023년 4월10일. mobile.newsis.com/view.html?ar_id=NISX20230407_0002258445#_PA

미주한국일보. 〈암호화폐로 헌금 받는 교회 늘어〉. 2021년 10월9일. 미주한국일보
www.koreatimes.com/article/20211018/1385292

박경일. 〈현대차, 모빌리티와 건물 연결 '모바일 리빙 스페이스' 비전 공개〉. 2023년 1월30일. 로봇신문 irobotnews.com/news/articleView.html?idxno=30660

박근태. 〈2031년까지 6G 저궤도 위성통신 검증할 14기 위성망 구축…한화시스템 2030년 이후 2000기 위성망 추진〉. 2021년 6월9일 동아사이언스.
www.dongascience.com/news.php?idx=47171

박범수. 〈이제 AMC서 도지코인·시바이누로도 영화표 살 수 있다〉. 2022년 4월18일. 코인데스크코리아 www.coindeskkorea.com/news/articleView.html?idxno=78876

박수현. 〈다가오는 '비트코인 피자데이'…국내 거래소가 피자 쏘는 이유〉. 2023년 5월19일. 머니투데이. https://news.mt.co.kr/mtview.php?no=2023051909241565656

박순봉. 〈테슬라 자율주행 안전성 또 논란…미국서 8중 추돌 사고, 당국 특별조사〉. 2022년 12월 23일 경향신문. m.khan.co.kr/economy/auto/article/202212231532001

박순찬. 〈"앞으로 10년간 전세계 대학 절반 사라질 것"〉. 조선일보 2020년 1월20일
www.chosun.com/site/data/html_dir/2020/01/20/2020012000113.html

박애리. 〈AI가 설교하고 찬양까지 인도…성도 반응은?〉 데일리굿뉴스 2023년 6월15일
www.goodnews1.com/news/articleView.html?idxno=422582&page=2&total=31870

박원빈. 〈씨티은행 "2030년 토큰화 자산 시장 4조 달러 육박할 것"〉. 2023년 4월2일. 토큰포스트. www.tokenpost.kr/article-128020

박지성. 〈5G도 너무 가깝다. 6G, 7G를 꿈꿔라〉. 서울: 테크월드, 2018.
www.epnc.co.kr/news/articleView.html?idxno=79001

박지희. 〈급증하는 비대면 심리 상담 앱…효과는?〉 2021년 5월6일. The Psychology Times. psytimes.co.kr/m/view.php?idx=1193&mcode=

박지훈, 박지훈, 〈"AI 시대 사라질 직업 탄생할 직업"〉, 2016년 5월2일 매일경제 https://www.mk.co.kr/news/culture/7326586

박혜섭. 〈업무용 메타버스 '호라이즌 워크룸' 첫 도입한 페이스북.. '혁신' '불필요' 갑론을박〉. AI타임스 2021년 8월23일. aitimes.com/news/articleView. html?idxno=140233

──────. 〈[스페셜리포트]③자율주행차, 어떤 사고가 났을까〉. 2021년 5월31일 AI타임스. www.aitimes.com/news/articleView.html?idxno=138745

백연식. 〈5G란 무엇인가, 기술진화 관점에서 5G 변화와 역할은〉. 서울: 디지털투데이, 2019. www.digitaltoday.co.kr/news/articleView.html?idxno=208653

백정열. 〈혼합현실(MR)기술동향〉. 대전: ITFIND, 2019. www.itfind.or.kr/WZIN/jugidong/1882/file2521900909034059008-188202.pdf

서명수. 〈순천향대, 가상·현실 융합 '하이플렉스 입학식' 개최〉. 2023년 3월2일 중앙일보. www.joongang.co.kr/article/25144185#home

선연수. 〈스마트 안경으로 같은 세상, 다른 시각〉. 서울: 테크월드, 2019. www.epnc.co.kr/news/articleView.html?idxno=90418

손지혜. 〈[ICT시사용어]저궤도 위성(LEO, Low Earth Orbit)〉. 서울: 전자신문 2020년 11월5일. www.etnews.com/20201105000207

송현진. 〈운전자에게 가장 필요한 커넥티드카 서비스는 무엇〉. 2023년 4월8일 카가이. www.carguy.kr/news/articleView.html?idxno=45540

클레이 송. 〈3D프린터로 만든 초소형 주택 판매〉. 2021년 3월2일. 미주중앙일보 https://news.koreadaily.com/2021/03/02/society/generalsociety/9136235. html

신기성. 〈온라인 교회는 기존 교회를 대체할 것인가?〉. Bayside, NY: NEWS M, 2017. www.newsm.com/news/articleView.html?idxno=18048

신은미. 〈한인타운서도 '자전거 공유' 이용〉. 2019년 2월17일 미주한국일보 http://m.koreatimes.com/article/20190226/1233491

신현규. 〈[실리콘밸리 리포트] 구글도 고심중인 '스마트 안경'…IT공룡들 "문예성. 머스크의 스타링크 맞짱 뜨는 中…위성 1만3000기 발사. 뉴시스 2023년 4월10일 반드시 만든다"〉. 서울: 매일경제, 2020. www.mk.co.kr/news/it/view/2020/02/138427/

심재율. 〈머스크, 위성 발사계획 '시동'〉. 서울: 한국과학창의재단사이언스타임스, 2018.

www.sciencetimes.co.kr/news/머스크-위성-발사계획-시동/

—— . 〈물방울로 고효율 전기를 생산한다〉. 2020년 2월13일. 사이언스타임즈 www.sciencetimes.co.kr/news/물방울로-수-천배-고효율-전기-생산한다/

Andy Boxall. 〈What is 6G? It could make 5G look like 2G, but it's not even close to reality〉. Portland, Oregon: Digital Trends, 2020.www.digitaltrends. com/mobile/what-is-6g/

아담킴멜. 〈[기고] 소비자 건강 향상시키는 3가지 혁신적인 웨어러블 헬스케어 디바이스〉. 2023년 1월4일. elec4. www.elec4.co.kr/article/articleView. asp?idx=30929#

안광훈. 〈[알면 유익한 에너지 정보] 액티브 하우스(Active House)〉. 2022년 1월21일 기계설비신문. www.kmecnews.co.kr/news/articleView.html?idxno=24378

양원모. 〈[팩트체크] 미세 먼지·황사가 태양광 발전량 떨어뜨린다?〉. 2021년 4월7일 이넷뉴스 www.enetnews.co.kr/news/articlePrint.html?idxno=3575

연합뉴스. 〈[사진오늘] 다시 집에서 만나게 된 '형·오빠 선생님'〉. 2018년 3월28일. www.yna.co.kr/view/AKR20180118172400013

염현주. 〈[대학가에 부는 '메타버스' 바람①] "입학설명회부터 졸업식까지" 대학가는 '메타버시티'로 변신 중〉. 2022년 11월9일. 스타트업투데이. www.startuptoday.kr/news/articleView.html?idxno=45809

오인규. 〈청진기 시장의 게임 체인저 '인공지능 스마트 청진기'〉. 2023년 3월24일. 의학신문. www.bosa.co.kr/news/articleView.html?idxno=2193571

우찬만. 〈2020년대 교육의 미래 대학학위 무용지물의 시대가 도래한다〉. 2023년 3월6일. 안산일보 ansanilbo.net/news/articleView.html?idxno=5674

웨이모 홈페이지. waymo.com/la/

유주경. 〈혼합현실(MR) 미국시장 동향 및 전망〉. 서울: KOTRA, 2018. news.kotra.or.kr/user/globalAllBbs/kotranews/album/2/globalBbsDataAllView.do?dataIdx=170115

—— . 〈혼합현실(MR) – 미국시장의 현주소는?〉. 서울: 헬로티, 2018.www. hellot.net/new_hellot/magazine/magazine_read. html?code=202&idx=43955&public_date=2018-12.

유지한. 〈中, 제 2의 스타링크 만든다 "1만3000개 위성 쏘아 올릴 계클레이 송. 3D프린터로 만든 초소형 주택 판매〉. 2021년 3월2일. 미주중앙일보획" 조선일보. 2023년 5월22일 chosun.com/economy/science/2023/05/22/3RCR7AI26JA7LLQVHGLMZ5ECIM/

유효정. 〈바이두, 상하이서 '로보택시' 시범 운영…5번째 도시〉. 2021년 9월15일 ZDNET Korea. zdnet.co.kr/view/?no=20210915081611

윤다빈. 〈"AI로 향후 5년간 일자리 1400만개 소멸, 은행원-데이터 입력 사무직 등 대체할것"〉. 동아일보 2023년 5월3일www.donga.com/news/Economy/article/all/20230503/119113763/1

윤상은. 〈"차세대 통신 주권 쥐려면 저궤도 위성 경쟁력 필요"〉. 2023년 6월14일 ZDNET KOREA. https://zdnet.co.kr/view/?no=20230614141547

윤신영. 〈머스크의 꿈이 현실로… 1만2000개 위성 띄워 '우주 인터넷' 시대 연다〉. 서울: 동아사이언스, 2019. dongascience.donga.com/news.php?idx=29186

이강봉. 〈나노로봇 기술, 어디까지 왔나?〉. 2021년 5월13일 사이언스타임스. www.sciencetimes.co.kr/news/나노로봇-기술-어디까지-왔나/

이경탁. 〈삼성전자, 6G 미래 준비한다… 차세대 통신 비전 백서 발표〉. 서울: 조선비즈, 2020. biz.chosun.com/site/data/html_dir/2020/07/14/2020071402091.html

─────. 〈韓 진출하는 일론 머스크의 '스타링크'… 5G 속도도 못 내는데 월 최대 64만원〉. 2023년 3월26일 조선비즈. biz.chosun.com/it-science/ict/2023/03/26/5LWSEQJO5ZDGHKIQY6U6RREKKM/

이상헌 외 2인. 〈VR AR MR을 아우르는 확장현실 eXtended Reality 기술 동향〉. 서울: 삼성SDS, 2018. samsungsds.com/global/ko/support/insights/VR-AR-MR-XR.html

이성규. 〈5G 시대엔 혼합현실(MR) 주목하라〉. 서울: 사이언스타임스, 2018. www.sciencetimes.co.kr/news/5g-시대엔-혼합현실mr-주목하라

이성원. 〈美 인튜이션 로보틱스, 노인용 동반자 로봇 '엘리큐 2.0' 출시〉. 2022년 12월13일 로봇신문 http://m.irobotnews.com/news/articleView.html?idxno=30296

이승훈. 〈중앙은행 디지털화폐(CBDC) 발행, 세계적 유행… 미국만 "NO"〉. 2023년 6월18일 게임플 www.gameple.co.kr/news/articleView.html?idxno=206295

이신성. 〈소망교회, 메타버스를 통해 '랜선 나무심기 프로젝트' 진행〉. 2021년 10월21일 가스펠투데이 www.gospeltoday.co.kr/news/articleView.html?idxno=9080

이영애. 〈2022 WURI랭킹, 종합 1위 '미네르바스쿨'…서울대는 16위〉. 조선에듀 2022년 6월9일. edu.chosun.com/site/data/html_dir/2022/06/09/2022060902756.html

이인창. 〈공동체 잃어버린 온라인 예배, 무엇으로 보완할까〉. 서울: 아이굿뉴스, 2020.

www.igoodnews.net/news/articleView.html?idxno=63019.

이정현. 〈아마존도 '우주 인터넷' 본격 시동… "스타링크 꼼짝 마" [우주로 간다]. ZDNET Korea. 2022년 4월6일. zdnet.co.kr/view/?no=20220406092037

이재덕. 미래 먹거리 '커넥티드 카'에 뛰어든 통신 3사〉. 2022년 11월13일 경향신문. m.khan.co.kr/economy/economy-general/article/202211131637001

이종혁. 〈강원대, 전국 대학 최초 '메타버스 캠퍼스' 공개〉 2022년 6 14일 춘천사람들. www.chunsa.kr/news/articleView.html?idxno=53726

이주영. 〈Z세대 다음은 누구? '알파세대'가 온다!〉. 2021년 8월30일. 경기도포털뉴스 gnews.gg.go.kr/news/news_detail.do?s_code=daily&number=2021083 01639415930C048

이철호. 〈[창간 27주년 기획] 글로벌 웨어러블 시장의 오늘과 내일〉. 2022년 9월28일. 스마트PC사랑 www.ilovepc.co.kr/news/articleView.html?idxno=44877

이형규. 〈코로나19와 기독교 예배〉. Nashville, TN: 연합감리교뉴스, 2020. www.umnews.org/ko/news/covid-19-and-christian-worship

임동욱. 〈뉴욕 길거리가 달라졌네…코로나 후 출근길 '필수템' [US포커스]〉. 2021년 12월3일 머니투데이 https://news.mt.co.kr/mtview. php?no=2021120308220434992

임종찬. 〈샌프란시스코는 어떻게 킥보드 키웠나〉. 2018년 9월5일 더스쿠프 www.thescoop.co.kr/news/articleView.html?idxno=31791

임준혁. 〈[아침브리핑] 미국에서 영화표 결제는 비트코인으로!〉 2021년 11월24일 코인데스크코리아www.coindeskkorea.com/news/articleView. html?idxno=76337

전혼잎. 〈기적 아닌 과학…뇌-척수 '무선연결'로 하반신 마비자가 12년 만에 걸었다〉. 2023년 5월25일 한국일보. hankookilbo.com/News/Read/ A2023052515450002708

전황수. 〈국내외 혼합현실(MR) 추진 동향〉. 대전: 정보통신기획평가원, 2019. www.itfind.or.kr/WZIN/jugidong/1880/file8569989650442277319- 188001.pdf.

정민경. 〈자라, 패션 메타버스 캡슐 컬렉션 출시〉. 2023년 5월12일. 어페럴뉴스. http://m.apparelnews.co.kr/news/news_view/?idx=205780?cat=CAT11A

정준모. 〈미국 교회, 예배 모습이 바뀌고 있다〉. 서울: 뉴스파워, 2020. m.newspower.co.kr/a.html?uid=45614

장길수. 〈테슬라 휴머노이드 '옵티머스', '파괴적 혁신' 보여주지 못해〉. 2022년 10월 3일

로봇신문. www.irobotnews.com/news/articleView.html?idxno=29665

장재득, 권동승. 〈5세대 이동통신 기술 발전전망〉. 대전: 한국전자통신연구원, 2015. ettrends.etri.re.kr/ettrends/155/0905002083/0905002083.html#!po=8.33333

장희정. 〈아바타가 입은 그 옷, 나도 사입었다·'피지털' 요즘 패션 트렌드〉. 2022년 11월5일. 경향신문. https://m.khan.co.kr/life/style/article/202211050600001

조영규. 〈집에서 즐기는 외식 '밀키트' 열풍···K-FOOD 해외 공략 기회 삼아야〉. 2021년 8월24일. 한국농어민신문. agrinet.co.kr/news/articleView.html?idxno=303194

조아름. 〈EU, 2035년부터 '합성연료 제외' 내연기관 신차판매 금지〉. 2023년 3월29일 한국일보 m.hankookilbo.com/News/Read/A2023032900430004539

조재형. 〈코인으로 결제해볼까···외식업 파고드는 '암호화폐'〉. 2021년 12월26일 아주경제 www.ajunews.com/view/20211224141906369

조주홍. 〈한국사회의 파편화 '나노사회'〉 2022년 3월 7일 넥스트이코노미. www.nexteconomy.co.kr/news/articleView.html?idxno=20240

존 P. 누이. 〈Dogecoin, 첫 마이애미 장로교인으로 교회에 가다 이제 DOGE 기부금 수락〉. 2023년 7월7일. EWN. en.ethereumworldnews.com/dogecoin-goes-to-church-first-miami-presbyterian-now-accepts-doge/

중앙일보. 〈웨이모 자율주행차 세계 최초 상용 서비스〉. 2018년 12월 5일. news.koreadaily.com/2018/12/05/economy/economygeneral/6796662.html

중앙일보. 〈전기차 빌려 타볼까? 생각보다 가까운 '블루LA'〉. 2018년 9월10일. 온더로드 http://autos.koreadaily.com/전기차-빌려-타볼까-생각보다-가까운-블루la/

최다래. 〈제페토, 랄프로렌 가상 컬렉션 선보여〉. 2021년 8월25일. ZDNET Korea https://zdnet.co.kr/view/?no=20210825155949

최 봉. 〈대학의 새로운 사회적 역할을 기대하며.〉. 2022년 6월 22일. 뉴스투데이 www.news2day.co.kr/article/20220621500170

최아름. 〈6G, 2028년께 상용화···광통신망 구축 '탄력'〉. 서울: 정보통신신문, 2020. www.koit.co.kr/news/articleView.html?idxno=78174

최태범. 〈전원일기 '응삼이' 故박윤배 부활시킨 가상인간 기술, 상용화된다〉. 2023년 1월30일 머니투데이. news.mt.co.kr/mtview.php?no=2023013010421522253

최정동. www.joongang.co.kr/article/23535399#home

최진주. 〈日 '아바타 로봇 카페' 오픈···중증장애인도 바리스타 취업〉. 서울: 한국일보 2021년 6월21일. hankookilbo.com/News/Read/A2021062111210004892

최현주. 〈가상·증강현실보다 진화했다는 혼합현실(MR)이 뭔가요〉. 서울: 중앙일보. 2018. news.joins.com/article/22415675.

케빈 헬름스. 〈300만 명이 넘는 고객이 Landry의 보상 프로그램을 통해 500개 레스토랑에서 비트코인 포인트를 적립할 수 있습니다〉. 2023년 7월7일. 비트코인닷 컴https://news.bitcoin.com/over-3-million-customers-earn-bitcoin-points-dining-at-500-restaurants-landrys-rewards-program/

켄트 먼들. 〈홈 스마트 IoT 홈: 사물 인터넷의 국산화〉. Toptal www.toptal.com/designers/interactive/smart-home-domestic-internet-of-things

테슬라 소프트웨어 업데이트. 2023년 5월26일. www.notateslaapp.com/ko/소프트웨어-업데이트/버전/2023.7.10/릴리즈-노트

하원규. 〈6G·7G 생태계는 어떤 모습일까〉 2019년 5월6일. 헬로디디 www.hellodd.com/news/articleView.html?idxno=68350

한은화. 〈"3D 프린팅 주택 사흘이면 짓는데…국내선 상용화 안돼 미국 수출"〉. 2022년 6월2일 중앙일보. www.joongang.co.kr/article/25080610#home

한지혜. 〈'시바이누 결제' 허용한 파리 레스토랑 "채택 후 고객 급증했다"〉. 2021년 11월1일 블록체인투데이 blockchaintoday.co.kr/news/articleView.html?idxno=19586

헤드라인제주 편집팀. 〈2040년 7G 시대 예측, "초연결 세상 온다"…'7G는 어떤기술?〉. 헤드라인제주 2014년 12월27일. headlinejeju.co.kr/news/articleView.html?idxno=229363

허정윤. 〈'온라인 수업 만족도 높아졌지만 문제는 그게 아냐'… 한국공학한림원 조사 결과〉. 2021년 10월19일 한국대학신문 news.unn.net/news/articleView.html?idxno=517517

─────. 〈미래학자 토마스 프레이 "'문제해결 중심 교육'해야 변화하는 사회에서 생존 가능"〉. 2021년 7월15일 한국대학신문. news.unn.net/news/articleView.html?idxno=512483

허주희. 〈송파구, 취약 홀몸 어르신 위한 반려로봇 '하하 호호' 지원〉. 2023년 5월4일. 실버아이뉴스. http://m.silverinews.com/news/articleView.html?idxno=11901

홍광표. 〈스웨덴, CBDC 결제·송금 프로젝트 '아이스브레이커' 시행〉. 2022년 9월29일 토큰포스트. www.tokenpost.kr/article-106994

황인상. 〈메타버스 교회 현실과 대응〉. 2022년 3월27일 크리스찬투데이. http://www.christiantoday.us/27469

AhnLab. 〈상상이 현실로, VR, AR, MR, XR, SR 뭐가 다를까〉. 2021년 1월 27일. www.ahnlab.com/kr/site/securityinfo/secunews/secuNewsView. do?seq=29885)

Ann-Marie Alcántara. 〈Tech Companies Want to Make Holograms Part of Routine Office Life〉. June 9, 2021. The Wall Street Journal www.wsj.com/articles/tech-companies-want-to-make-holograms-part-of-routine-office-life-11623232800

aws. IOT란 무엇입니까? aws.amazon.com/ko/what-is/iot/

Bianca Wright. 〈"실제 세계와 가상 세계의 '의미 있는' 만남" 혼합현실에 대해 반드시 알아야 할 것들〉. 서울: ITWorld, 2018. www.itworld.co.kr/tags/67757/혼합현실/108738.

Betsy Reed. 〈Virtual reality: Is this really how we will all watch TV in years to come?〉 April 8. 2017 The Guardian www.theguardian.com/technology/2017/apr/09/virtual-reality-is-it-the-future-of-television

Busola Olukoya. 〈It's All in the Mind: Insights to the development of mixed reality technology〉. Cambridge, MA: HARVARD UNIVERSITY Graduate School of Arts & Sciences SITN, 2018. sitn.hms.harvard.edu/flash/2018/mind-insights-development-mixed-reality-technology/

Brandy Betz. 〈뱅크오브아메리카, 디지털자산 연구팀 신설…"무시할 수 없는 크기로 성장"〉. 2021년 10월5일. 코인데스크코리아 coindeskkorea.com/news/articleView.html?idxno=75580

Diego Di Tommaso. 〈How Augmented Reality Can Humanise the Metaverse〉. cryptonews Oct 15, 2022 cryptonews.com/exclusives/how-augmented-reality-can-humanise-metaverse.htm

Garrett Snyder. 〈2020 was the year of the restaurant DIY meal kit. Here are 10 options to ring in 2021〉. DEC. 29, 2020. LA Times. www.latimes.com/food/story/2020-12-29/diy-restaurant-meal-kits

HMG저널. 〈주거와 이동의 경계를 허물다, 액티브 하우스 콘셉트〉. 2020년 8월13일 brunch.co.kr/@hmgjournal/204

Jared Spataro. 〈2 years of digital transformation in 2 months〉, April. 30. 2020.Microsoft. www.microsoft.com/en-us/microsoft-365/blog/2020/04/30/2-years- digital-transformation-2-months/

Jonathan O' Callaghan. 〈아마존이 위성 인터넷 지배권을 두고 스페이스X와 정면으로 맞서고 있다〉. 2023년 4월17일. MIT테크놀로지 리뷰.
www.technologyreview.kr/amazon-is-about-to-go-head-to-head-
with-spacex-in-a-battle-for-satellite-internet-dominance/

June Moon. 〈블록체인이란 무엇인가요? 어떤 원리로 작동하나요?〉 NordVPN 2023년
6월1일 https://nordvpn.com/ko/blog/blockchain-technology-explained/

K Oanh Ha. 〈When your boss becomes a hologram〉 07 March 2022 Bloomberg
www.businesslive.co.za/bloomberg/businessweek/2022-03-07-
when-your-boss-becomes-a-hologram/

KBS. 〈[지구촌 더뉴스] 뇌-척수 통신 연결…하반신 마비 환자 걷게 만든 기술〉. 2023년
5월26일 KBS 지구촌 더뉴스. news.kbs.co.kr/news/view.do?ncd=7685254

Keshav Murugesh. 〈Opinion | Social robotics will bring about a revolution〉. 29
Aug 2019 mintlivemint.com/technology/tech-news/social-robotics-
will-bring-about-a-revolution-1567093179461.html

Lucas Mearian. 〈2,130억 달러 오가는 '쩐의 전쟁', 중앙은행 디지털 화폐(CBDC)의 현
황과 전망〉. 2023년 3월14일. IT World
itworld.co.kr/t/72000/블록체인/282211#csidxe0600cde4a80b208edeb1
72ac1bb3b5

MOEF. 〈점점 쪼개지고 나뉘는 사회! 나노사회〉.
blog.naver.com/mosfnet/222557594106

Megan Reusche. 〈Extended Reality (XR) Series (1/4): Interview with Maja
Manojlovic〉. LA, California: UCLA Humanities Technology, 2019.
humtech.ucla.edu/technology/xr-series-interview-maja-m anojlovic/

Priyadarshi Pany. 〈The Next Social Robot Can Read Your Emotions〉.
12/22/2021. CSM www.csm.tech/blog-details/a-cut-above-alexa-
the-next-social-robot-can-read-your-emotions/

SonaliBloom. 〈HoloAnatomy: AR bodies, ARselves.〉. Boston, MA: Harvard
Business School Soldiers Field, 2017. digital.hbs.edu/platform-digit/
submission/holoanatomy-ar-bodies-arselves/

W, Lynn. 〈패스트푸드 체인 치폴레, 비트코인 등 암호화폐 결제 허용〉. 2022년 6월2일.
BTCC. www.btcc.com/ko-KR/coin-news/market-updates/fast-food-
chain-chipotle-accepts-cryptocurrency-payments-such-as-bitcoin

─────. 〈폴리곤(MATIC)란 무엇입니까? 어디서 구매할 수 있을까?〉. 2023년 4월
23일 BTCC www.btcc.com/ko-KR/academy/crypto-basics/what-is-
polygon